NEGRI

NO TRÓPICO 23°26'14"

NEGRI NO TRÓPICO 23º26'14"

ORGANIZAÇÃO Homero Santiago, Jean Tible, Vera Telles
REVISÃO Lígia Magalhães Marinho

ISBN 978-85-69536-13-0

ISBN 978-85-66943-43-6

Esta publicação foi realizada com o apoio da Fundação Rosa Luxemburgo com fundos do Ministério Federal para Cooperação Econômica e de Desenvolvimento da Alemanha (BMZ)

–

Autonomia Literária
COORDENAÇÃO EDITORIAL Cauê Seignemartin Ameni, Hugo Albuquerque e Manuela Capriogli Beloni
autonomialiteraria.com.br

–

Editora da Cidade
COORDENAÇÃO Anderson Freitas, Fabio Valentim, José Paulo Gouvêa
EDITORA EXECUTIVA Marina Rago Moreira
editoradacidade@escoladacidade.edu.br
ASSOCIAÇÃO ESCOLA DA CIDADE Anália Amorim
DIRETORIA ESCOLA DA CIDADE Ciro Pirondi
COORDENADORIA CONSELHO DE GRADUAÇÃO Alvaro Puntoni

–

n-1 edições
COORDENAÇÃO EDITORIAL Peter Pál Pelbart e Ricardo Muniz Fernandes
DESIGN GRÁFICO Érico Peretta
n-1edicoes.org

SÃO PAULO | SETEMBRO DE 2017

NEGRI
NO TRÓPICO
23°26'14"

AUTONOMIA LITERÁRIA

n-1 edições

APOIO

FUNDAÇÃO ROSA LUXEMBURGO

SUMÁRIO

PARTE III: **COMUM**

ANEXOS

APRESENTAÇÃO

Por Homero Santiago[1]*, Jean Tible*[2] *& Vera Telles*[3]

Entre outubro e novembro de 2016, tivemos a oportunidade de receber em São Paulo o filósofo e militante político Antonio Negri, cujo nome se firmou nas últimas décadas como um dos mais importantes pensadores da atualidade, e que, por uma feliz coincidência, teve quatro livros seus simultaneamente traduzidos e lançados no Brasil (*Marx além de Marx*, *Espinosa subversivo*, *Bem-estar comum* e *Quando e como eu li Foucault*).

De 25 a 27 de outubro realizou-se na Faculdade de Filosofia, Letras e Ciências Humanas da Universidade de São Paulo o colóquio *Diálogos com Antonio Negri*, evento organizado em conjunto pelos Departamentos de Ciência Política, Filosofia e Sociologia e que marcou a primeira visita de Negri à instituição. A intenção do encontro, no qual desde o início Negri engajou-se com o entusiasmo que lhe é característico, era servir, ao mesmo tempo, de introdução ao pensamento negriano e de balanço crítico de suas principais posições teóricas. Para tanto, os trabalhos se estruturaram principalmente em torno

1 Homero Silveira Santiago é filósofo e professor livre-docente da USP cuja obra está vinculada à Filosofia da Imanência, com enfoque em autores como Baruch de Espinosa, Karl Marx e Antonio Negri. É autor de *Espinosa e o cartesianismo*, São Paulo, Humanitas, 2004; *Amor e desejo*, São Paulo, Martins Fontes, 2011; *Geometria do instituído: estudo sobre a gramática hebraica espinosana*, Fortaleza, EDUECE, 2014.

2 Jean Tible é militante e professor de Ciência Política na USP. É autor de *Marx selvagem*, São Paulo, Annablume, 2013, e co-organizador de *Junho: potência das ruas e das redes*. São Paulo, Fundação Friedrich Ebert, 2014, e *Cartografias da emergência: novas lutas no Brasil*, São Paulo, Fundação Friedrich Ebert, 2015.

3 Vera da Silva Telles é professora livre-docente de Sociologia da USP. É organizadora de *Ilegalismos, cidade e política*, Belo Horizonte, Traço Fino, 2012, e autora de *A cidade na fronteira do legal e ilegal*, Belo Horizonte, Argvmentvm, 2010.

da trinca de obras publicadas por Negri em parceria com o norte-americano Michael Hardt: *Império* (2000), *Multidão* (2004), *Comum* (2009). Cada dia teve como eixo temático um dos conceitos centrais dessas obras e contou, no período da tarde, com uma mesa composta de brasileiros que buscaram discutir os desdobramentos desses conceitos e, na sequência, uma discussão aberta; à noite, uma conferência ou um debate (no segundo dia, com o economista equatoriano Alberto Acosta) em que Negri apresentava e avaliava o "conceito do dia".

Pensador político incontornável em nossos dias, Negri compartilhou sua paixão investigativa para apreender as mudanças recentes no capitalismo, as formas de mando/governo e, sobretudo, as resistências e a potência criativa e produtiva das lutas da multidão. De Seattle a Sidi Bouzid, passando pelo Zuccotti Park e pelas revoltas do junho brasileiro que se refletem na continuidade de seu trabalho com Michael Hardt (*Declaração* e *Assembly*), ele defendeu continuamente uma ampla reflexão sobre a democracia contemporânea e suas possibilidades.

Além do colóquio, em sua estada paulistana Negri tomou parte ainda numa série de atividades: uma conferência sobre Foucault no Sesc, um encontro com movimentos sociais e coletivos na Casa do Povo, um lançamento-debate na editora Autonomia Literária, inúmeras conversas com intelectuais, lutadores, militantes e dirigentes políticos.

Aqui, leitores e leitoras têm em mãos os documentos resultantes das atividades realizadas na USP e fora dela (com um relato desses dias e duas entrevistas). São os testemunhos materiais dessa estada intelectual e politicamente intensa, rica e alegre.

Por fim, gostaríamos de agradecer aos parceiros e instituições envolvidas nessa empreitada: os departamentos de Antropologia, Ciência Política, Filosofia, História e Sociologia da FFLCH e o de Medicina Preventiva da Faculdade de Medicina da USP; as editoras Autonomia Literária, Autêntica e n-1; Escola da Cidade, Casa do Povo, GMARX, Sesc, Fundação Rosa Luxemburgo, Biblioteca Mário de Andrade e vários outros.

BREVE APRESENTAÇÃO DA OBRA POLÍTICA DE ANTONIO NEGRI

Por Marilena Chaui[4]

Se examinarmos o conjunto das obras políticas de Negri, particularmente a trilogia que parte do Império e ruma na busca do Comum, poderíamos sintetizar, de maneira muito breve os elementos que as constituem como um percurso unitário.

Destacamos como principais elementos:

1. O desafio: compreender o presente *in fieri*, portanto não como um dado ou um fato, mas como acontecimento ou o fazer histórico da política.

2. O núcleo: compreender as transformações econômicas, sociais e políticas do capitalismo até sua forma atual como *capitalismo cognitivo*, introduzindo como operador da análise o conceito de *extração*, que ultrapassa os de abstração e exploração, e se opõe ao de *expressão* da multidão, levando à pergunta política fundamental: como vencer o processo extrativo?

3. O percurso:

a) Do imperialismo ao império. O movimento que conduz do imperialismo ao império revela o essencial, ou seja, *não há o "fora" do capitalismo*. O capitalismo não possui um exterior não-capitalista, e por isso já não são suficientes as análises de Marx, Lênin e Rosa sobre o imperialismo como conquista e absorção do "fora";

b) Da massa anônima à multidão. Trata-se de pensar o social retomando o conceito espinosano de *multitudo*, portanto constituído por singularidades (ou subjetividades) que se manifestam como potências de existir e agir. Donde a importância dos temas do desejo, da

4 Marilena de Souza Chaui é professora sênior do Departamento de Filosofia da USP, autora de vasta obra ligada à Filosofia da Imanência, dentre as quais *A nervura do real: imanência e liberdade em Espinosa*, São Paulo, Cia. das Letras. Fala de abertura do Colóquio sobre Comum, que serviu como uma apresentação geral do percurso de Negri.

linguagem e do trabalho imaterial perante a *extração* que deles é feita pelo capitalismo cognitivo;

c) Do comum como pressuposto pré-capitalista do capitalismo ao comum como *modo de produção*. Este é tomado pelo prisma da contradição entre o comum biopolítico e financeirizado – a *extração* – e o comum como *expressão* das capacidades da multidão ou dos processos autônomos de subjetivação e cooperação contra sua captura pelo capital. A contradição é buscada no modo de produção porque a multidão e o comum são a nova forma assumida pela classe trabalhadora.

O percurso leva à afirmação do esgotamento da democracia representativa e à análise das contradições postas pelo próprio capitalismo cognitivo de maneira que, hoje, a luta de classes se desenvolve em torno do comum, donde a pergunta fundamental: como o comum pode vencer o processo extrativo?

MEMÓRIAS DE UM COMUNISTA

Por Michael Löwy[5]

Toni Negri, *Storia di un comunista*, a cura di Girolamo de Michele, Milano, Ponte alle Grazie, 2015, 607 páginas.

Nessa "autobiografia filosófica" única em seu gênero, o célebre pensador conta, com muito espírito e fineza, e não sem distância crítica, sua juventude, seus primeiros trabalhos e seus combates no movimento pela autonomia operária. Politizado no seio da Juventude Católica italiana nos anos 1950, Negri vai tornar-se comunista antes de descobrir Marx. Passando bem rápido "da laicidade radical ao ateísmo virtuoso", vai inscrever-se – sem grandes ilusões – no Partido Socialista Italiano (PSI), paralisado pela divisão entre a tentação social-democrata e a submissão ao estalinismo. Mas, desde 1961, adere ao *operaísmo* da revista *Quaderni Rossi* (Raniero Panzieri, Mario Tronti), que propõe um retorno às fábricas para fundar, a partir das lutas locais, uma política operária anticapitalista. O jovem Negri se interessa muito por Kant, Hegel, Dilthey, Max Weber, Karl Mannheim – objetos de seus primeiros trabalhos filosóficos – mas permanece indiferente a Marx, ainda identificado ao *Diamat* estalinista; é só no curso dos anos 1960 que vai descobrir, graças a Lukács e a seus amigos *operaístas*, o Marx da luta de classes.

Próximo de Mario Tronti, cujos trabalhos põem à frente o trabalho vivo como subjetividade operária subversiva, vai dele se separar quando este decide reingressar no Partido Comunista Italiano (PCI) em 1967. É então que o comunista Negri vai fundar, com comitês de fábrica radicalizados, o jornal *Potere Operaio* e, pouco depois

5 Michael Löwy é um pensador marxista – e como tal, um militante – brasileiro radicado na França, onde trabalha como diretor de pesquisas do *Centre National de la Recherche Scientifique*. Tradução de Homero Santiago.

(1969), uma organização política com o mesmo nome, que se opõe ao reformismo do PC italiano e se define como "o partido da insurreição". Negri igualmente prossegue uma carreira acadêmica brilhante, tornando-se, na Universidade de Pádua, o mais jovem professor universitário italiano. Seu ensino se debruça sobre "As Doutrinas do Estado", a partir de três grandes pensadores antiestatais que ele reclama para si: Condorcet, Jefferson e Lênin!

O atentado fascista de Piazza Fontana, em Milão (1969), de que é falsamente acusado o anarquista Pinelli – pretensamente "suicidado" quando de um interrogatório pela polícia – suscita uma onda de indignação no país. O opúsculo (redigido por um coletivo de que Negri participa) *Massacres de Estado* – denunciando a colisão dos "serviços" estatais com os meios fascistas – vai vender 1 milhão de exemplares. Tentativas unitárias de *Potere Operaio* com *Lotta Continua* fracassam, e as com *Il Manifesto* de Rossana Rossanda ou com o editor "guevarista" Giangiacomo Feltrinelli – tragicamente falecido quando de uma tentativa de sabotagem – serão efêmeras (1970). Sempre trabalhando com os comitês de fábrica e redigindo panfletos incendiários, o filósofo de Pádua escreve um livro sobre Descartes, definido como "o principal ideólogo da revolução capitalista na Europa continental" e, de certa forma, como o inspirador do PC italiano, um "partido cartesiano". Toni Negri é partidário do "ilegalismo de massa" dos movimentos sociais, traduzindo-se por atos de sabotagem e expropriações de supermercados – uma das quais será encenada por Dario Fo – mas permanece contrário à militarização do movimento. Esses desacordos conduzirão à cisão de *Potere Operaio* e à criação, por Negri e os comitês de fábrica, de um novo movimento político, *Autonomia Operaia* (1973), que vai desempenhar um papel importante nas grandes greves e mobilizações do ano de 1977 – o "maio de 68" italiano.

Analisando as divisões do operaísmo italiano ao longo dos anos 1970, Negri distingue duas grandes correntes: os "escolásticos tomistas" (Panzieri, Tronti, Cacciari) que insistem sobre "a autonomia do político" e o papel hegemônico do Partido, e os "agostinianos" (Negri e seus amigos) que apostam na autonomia operária, e se opõem tanto ao capitalismo quanto a toda tentativa de hegemonia por um partido ou uma Igreja. Curiosamente Antonio Gramsci está ausente de seu horizonte intelectual a essa época – erroneamente assimilado ao PCI – e só será descoberto, tardiamente, quando de uma estada em... Paris em 1978!

Autonomia Operaia se opõe frontalmente à proposição de Enrico Berlinguer, o secretário-geral do PCI, de um "compromisso histórico" com a Democracia Cristã, e Negri faz, num opúsculo de 1977, a apologia da sabotagem como "a chave fundamental da racionalidade operária". Mas ele se opõe ao militarismo amoral e verticalista das *Brigate Rosse* (BR), que começam a praticar "execuções de inimigos" por essa época. Negri recusa categoricamente o homicídio político: "Nós nunca matamos. Deixamos o assassinato ao Estado". Em seus escritos, ele começa a avançar a tese do "operário social", que não se limita mais só às fábricas, mas se estende a toda a vida social urbana. Quando de uma estada em Paris em 1978, vai ensinar na Escola Normal da rua d'Ulm – um seminário sobre Gramsci com Robert Paris – e encontrar Félix Guattari, Gilles Deleuze, Jacques Rancière, Guy Hocquenghem e Alain Krivine (entre outros).

Preocupado ao saber do sequestro de Aldo Moro pelas BR, Negri se junta às tentativas de fazer pressão sobre os brigadistas para que liberem Moro. Em vão, já que, como se sabe, esse será assassinado por seus sequestradores. Pouco depois, o filósofo será preso (1979) sob a acusação absurda de ser "o cérebro intelectual das Brigadas Vermelhas" e, portanto, o responsável pelo assassinato de Aldo Moro! A narrativa para aqui, mas sabemos que essa prisão será o início de um interminável calvário judicial e carcerário do filósofo. Esperamos com interesse a sequência dessas apaixonantes memórias...

PARTE I

IMPÉRIO

I.1. AS CRISES DO PENSAMENTO

Por Homero Santiago

> *Fomos derrotados. Devemos reconhecer. Devemos convencer-nos que não há memória nem repetição possível de um acontecimento. Ainda que tudo se resolvesse, não seria um Ulisses que retorna a Ítaca, um Abraão que vai rumo ao desconhecido. Essa derrota representa um limite sólido, um obstáculo que só uma capacidade crítica enorme conseguirá retirar da via do conhecimento e da subversão social. Não nos resta senão repensar a derrota, suas razões, os pontos em que o inimigo nos bateu, lembrando que não há linearidade da memória, que há só uma sobrevida ética.*[6]

No campo da política, em se tratando de uma derrota real, é de bom alvitre reconhecê-la logo, sem ceder à tentação de brigar com os fatos e escamotear suas consequências. É o primeiro e incontornável passo rumo à compreensão do sentido dessa derrota, exercício tão penoso quanto necessário: a descoberta de que nossos esforços não estavam à altura dos desafios, o sentimento do abalroamento das certezas, a fissura que irrompe no que acreditávamos um maciço de pensamento e prática. Reconhecida a derrota – "fomos derrotados" – abrem-se duas maneiras de lidar com o evento, duas posturas diversas.

A derrota pode ser encarada, sentida, vivenciada de modo passivo. Ela obceca e pasma; o ânimo resta embotado e não se dispõe a prosseguir. As interrogações multiplicam-se: onde erramos? Por

6 Carta de Negri a Guattari, outubro de 1984, em Guattari & Negri, *Les nouveaux espaces de liberté*, Paris, Lignes, 2010, p. 174.

que foi assim? E aí sobrevém um "o que fazer?" inócuo e paralisante em face do que se toma por absoluta contingência: aconteceu porque tinha de acontecer, não tem explicação, não há nada a fazer. Entretanto, a *mesma* derrota também pode ser vivenciada de um modo ativo. Desejo de novo, olhar sereno, tanto quanto possível, para trás. Tranquilidade ensejada por saber que se fez o que podia ser feito, de forma que à pergunta "o que fazer?" segue-se a certeza de que, porque algo precisa ser feito, algo *pode* ser feito. Necessidade e possibilidade comungam na remobilização de forças que se concentram numa renovada atitude *crítica*.

A derrota é um momento crítico. Ela abre a crise. Não aquela que se costuma adjetivar, parcelando-a, "econômica", "política", "migratória". A derrota é crise no sentido primevo guardado no termo grego *krísis*: ação de distinguir, decisão; momento decisivo e difícil; na medicina está seu uso canônico: é durante a crise que o médico atua determinantemente, na encruzilhada entre a morte e a vida, o reforço da doença ou o restabelecimento da saúde; daí a necessidade de uma esmerada capacidade crítica.

Com demasiada frequência esquecemos que o *pensamento crítico*, consoante sua etimologia, não é nem um pensamento que ajuíza com absoluta neutralidade, nem um outro, que desatina sem nenhuma acurácia; são estas duas formas similares e opostas cujos paradigmas são ou a intelecção divina absolutamente equânime, ou o pensamento *cricri* absolutamente do contra. Já o pensamento crítico, em seu sentido mais forte, odeia os absolutos exatamente por ser pensamento *da crise*. Crítico é aquele pensamento que se dá, primordialmente, na crise. Esta é sua condição de possibilidade, é seu objeto, é seu propulsor. É na crise que ele floresce, pois é na crise que arrebanha forças viravoltando a situação, até o ponto em que a desdita possa apresentar-se, de alguma maneira, favorável. "A crise não é a conclusão de um destino, mas o pressuposto da existência. Somente os asnos podem refletir sobre a crise como resultado. Somente os visionários pretendem poder evitá-la. A crise é a condição, sempre[7] condição do próprio pensamento."

É acerca dessa arte da viravolta crítica que Negri se interroga quando, escrevendo sobre Espinosa no interior da prisão romana da Rebibbia ao início da década de 1980, redige algumas palavras que se tornariam célebres: "Deve haver um modo de reconhecer uma derrota sem ser derrotado, deve haver um modo de aceitar o limite da vontade sem negar a força construtiva do entendimento."[8] Afirmação vacilante ("deve haver") que deixa transparecer a ânsia de remédio para um ânimo abalado; palavras profundas com as quais o filósofo, mirando a si mesmo no espelho do espinosismo, esforça-se em promover uma decisiva (isto é, crítica, forjada desde o interior da crise) inversão do bordão, de matriz gramsciana e bastante abusado "pessimismo da razão, otimismo da vontade", o qual estipula, mesmo nas piores condições, quando tudo se mostra, segundo o intelecto, perdido, fazer das tripas coração e perseverar no otimismo e na esperança. Num texto negriano de setembro-outubro de 1982, lido e discutido no seminário dos presos políticos da Rebibbia, a urgência da revisão se apresentava: *pessimismo da vontade, otimismo do intelecto*, proclamava o filósofo.[9] É um espinosista que fala. Trata-se de perseguir a autonomia, que só é possível na fortaleza de ânimo e que encontramos em nós mesmos, em nossa melhor parte, isto é, no intelecto. Sem nada ceder ao voluntarismo, ou seja, à ilusão de uma vontade que tudo possa, inclusive contra as mais vigorosas determinações. A superstição é o capitalismo que controla a vida e dissemina

7 Negri, "'O retorno a Espinosa' e o retornar do comunismo", em Negri, *Espinosa subversivo e outros escritos*, Belo Horizonte, Autêntica, 2016, p. 131.

8 Negri, *A anomalia selvagem. Poder e potência em Spinoza*, Rio de Janeiro, Ed. 34, 1993, p. 230.z

9 Cf. Negri, "A proposito dell'aforisma 'Pessimismo della ragione, ottimismo della volontà' e della ragionevole opportunità di rovesciarlo", em Negri, *Fabbriche del soggetto. Archivio 1981-1986*, Verona, Ombre Corte, 2003.

o medo, mas sob ela também se insinua o erro da esquerda que, fascinada por essa vontade mística, esfrangalha a si mesma e às reais possibilidades de transformação social. "Razoável iluminismo contra o pessimismo gerado pelo materialismo tosco e, ao mesmo tempo, prudência no agir contra o terrorismo de uma vontade desmedida".[10]

Existem duas maneiras de nos tornarmos presas de uma derrota e da crise que dela deriva: recusar o acontecimento ou aceitá-lo como invencível. Existe apenas uma via de superação: *trabalhar, pensar, compreender.*

* * *

Império aparece em 2000, situando-se significativamente entre as enormes manifestações de Seattle (1999) e Gênova (2001). Suas raízes, porém, remontam muito para trás. A grandeza do trabalho, escrito com Michael Hardt, está em constituir um genuíno e potente fruto do exercício do pensamento crítico no sentido há pouco definido. Por um lado, resultante do prolongado repensamento da derrota sofrida na virada dos anos 1970 para os 1980: "suas razões, os pontos em que o inimigo nos bateu". Por outro, dada a convicção de que não há "repetição possível do acontecimento" nem "linearidade da memória", prova inegável de que a "sobrevida ética" é capaz de conduzir do reconhecimento da derrota à reabertura do horizonte, assumindo a forma de projeto: "devemos recomeçar".[11]

A derrota tematizada por Negri foi igualmente vivenciada com força por seu amigo Félix Guattari. Quando este publica em 1986 uma coletânea intitulada *Os anos de inverno*, inclui uma introdução

10 Negri, "Otimismo da razão, pessimismo da vontade" (entrevista). In: *Espinosa subversivo e outros escritos*, p. 267.

11 Sintomaticamente, quando a carta aqui em epígrafe aparece em italiano, o trecho "Fomos derrotados. Devemos reconhecer" ganha outra redação: "Fomos derrotados. Devemos recomeçar"; cf. Negri, *Fine secolo. Una interpretazione del Novecento*, Roma, Manifestolibri, 2005, p. 143.

que, de entrada, sem tergiversar o esforço, cuida de afastar o risco de mistificação dos fatos. "Sou daqueles que viveram os anos sessenta como uma primavera que prometia ser interminável; assim, tenho alguma dificuldade em me acostumar a este longo inverno dos anos oitenta".[12] Ao contrário da sazonalidade da natureza, à primavera seguiu-se a estação fria. O panorama é desolador. Desencantamento, avanço tecnológico e recuo democrático, capitalismo mundial integrado (CMI), crise aguda que acarreta um excepcional desequilíbrio de forças entre explorados e exploradores. "A crise... A crise... Tudo vem sempre daí!".[13] Os ventos invernais são adversos e regelam o ânimo. Guattari confessa equilibrar-se entre o "hiperpessimismo" e o "hiperotimismo"[14]; necessidade ambivalente de, em simultâneo, reexaminar a derrota e tentar colher nas lutas os signos de uma nova estação. O "lado catastrófico" da história não pode ficar com a derradeira palavra. "Eu continuo a pensar", esclarece, "que convém conservar uma sorte de serenidade, pois as condições 'objetivas' – é verdade que quase já não se ousa usar esse termo! – permitem esperar verdadeiras revoluções, ao mesmo tempo molares e moleculares, dando-nos os meios de construir uma outra ordem social".[15]

Não descobrimos aí o empenho em realizar uma viravolta idêntica àquela pela qual Negri se interrogava a partir de Espinosa? A carta aqui invocada em epígrafe testemunha a coincidência de atitudes, inclusive no que se refere aos estados anímicos: otimismo do intelecto, pessimismo da vontade, hiperotimismo, hiperpessimismo, prudência, serenidade. A convergência se materializa no volume conjunto *Os novos espaços de liberdade*, de 1985.

12 Guattari, "Introduction", *Les années d'hiver, 1980-1985*, Paris, Les Prairies Ordinaires, 2009, p. 31.

13 Idem, p. 33.

14 Guattari, "Petites et grandes machines à inventer la vie", in: *Les années d'hiver*, p. 173.

15 Idem, p. 174.

É preciso audácia para arrostar o inverno. Não se pode deixar a lembrança da feliz primavera ensejar sonhos de repetição; as estações políticas desconhecem a circularidade da natureza. Retomar o sentido profundo de 68, tarefa que Guattari e Negri se propõem naquele momento, exige tanto esconjurar a "neurose da derrota"[16] que empesteia o ambiente quanto recomeçar o trabalho de "liberação da vida e reconstituição da razão".[17] "Reconstrução do mundo", já dizia Negri na epístola de 1984 mensurando a grandiosidade da empreitada.[18] O enfrentamento se deve dar à altura do inimigo. A dupla não faz por menos e, *criticamente*, exercita a máxima radicalidade mediante a elaboração de um "projeto de reinvenção do comunismo". "Sim, o comunismo é possível"; 1968 é marco para uma "redefinição do comunismo"; "reatemos com as raízes humanas do comunismo"; "chegou o momento de a imaginação comunista se pôr à altura das ondas de mudança que estão submergindo as velhas 'realidades' dominantes".[19]A operação ganha um matiz maquiaveliano: recomeçar é retornar aos princípios, e *o princípio é o comunismo*. Os ventos que em meados da década de 1980 sopram desde o leste europeu o sugerem: a derrocada do socialismo abre espaço para um novo comunismo imune ao stalinismo; o sindicato Solidariedade acena para uma outra organização do trabalho; um novo sujeito rebelde, que não a classe média nem o operariado, desponta aqui e ali. Em definitivo, Lênin e a ditadura do proletariado devem ceder lugar à perspectiva luxemburguista do comunismo como "democracia constituinte". "É muito provável", escreve Negri no balanço do livro que elabora ao final de 1989 como posfácio à tradução norte-americana, "que quando o movimento subversivo se recolar de pé nas próximas décadas (pois ele

16 *Les nouveaux espaces de liberté*, p. 124.

17 Idem, p. 75.

18 *Les nouveaux espaces de liberté*, p. 177.

19 *Les nouveaux espaces de liberté*, pp. 137, 25, 32, 131, 135.

vai se recolar de pé, é evidente), deverá debruçar-se de novo sobre essa questão".[20] Não obstante a nevasca do "fim da história", a investigação é teimosa: "o comunismo é o programa essencial e mínimo".[21]

Em 2010, em brevíssima nota que abre a republicação de todo o material, Negri novamente reavalia o teor daquelas análises e reconhece o engano da "confiança excessiva" nos ventos do Leste, isto é, na "transição gorbatcheviana". Porém, mais uma vez, o pensamento crítico esforça-se em fazer dos reveses força. "Como sempre, após um terremoto (...), é preciso tudo reconstruir e é cansativo: é preciso liberar o terreno dos destroços. Nós trabalhamos nisso ainda".[22]

É precisamente entre esses dois pontos, e perseguindo a continuidade de um mesmo programa, que pensamos estar *Império* e a série de obras que ele inaugura: como essa obra oferece um diagnóstico de época, *Multidão* (2004) reflete sobre um novo sujeito político e *Comum* (2009) esboça um projeto constituinte comunista (proposta de tradução livre, mas absolutamente fiel, do título original da obra: "Commonwealth" = comunismo). Daí a importância de identificar a matriz da trilogia, isto é, sua condição de possibilidade, naquele momento de crise mais aguda em que brotam *os novos espaços de liberdade*. O liame entre os conceitos de CMI e império é um dos pontos mais vistosos; tanto mais significativo é que a Guattari tenha sido dedicado o livro de 1994 escrito com Michael Hardt, *Trabalho de Dioniso*, que propõe uma renovação substantiva nos rumos analíticos. Com efeito, para Negri, o longo inverno já estava a terminar, graças aos primeiros raios de sol mais intenso. Em sua climatologia da luta de classes, isso se dá de modo inequívoco em meados de 1990. Ao menos é o que deduzimos do título do volume que ele publica em 1996: *L'inverno è finito*. O marco é dado pelo movimento grevista

20 Negri, "Postface, 1990", *Les nouveaux espaces de liberté*, p. 211.

21 Idem, p. 215.

22 *Les nouveaux espaces de liberté*, p. 198.

de 1995 na França, que "assinala a *primeira ruptura massificada* do regime político-econômico-ideológico na época liberal (...) o início do fim da contrarrevolução do século xx".[23] Inicialmente uma disputa por questões estudantis e trabalhistas, o movimento logo toma a forma de mobilização que envolve toda a população metropolitana parisiense. Pela primeira vez se tem "uma greve metropolitana" que ocorre num "contexto biopolítico"; a luta se dá contra o conjunto das regras que controlam a vida, a reprodução do proletariado, sob o lema "todos juntos", assim lido por Negri: "'Todos juntos' é um projeto de transição ao comunismo", animado por um novo sujeito da luta – o "trabalhador imaterial" – e um novo tipo de luta.[24]

* * *

O interesse em retraçar brevemente essa gênese crítica de *Império* e do ambicioso projeto de reinvenção do comunismo em que se insere a obra está na oportunidade de lançar uma interrogação incontornável: em que pé estamos, hoje, na efetuação desse programa primaveril?

Ao menos até 2012, quando Hardt e Negri publicam *Declaração*, as coisas pareciam ir razoavelmente bem. Na esteira da crise escancarada em 2008, veio a abertura de um novo ciclo de lutas em escala global, desde os Indignados espanhóis até a Primavera Árabe, passando por inúmeros questionamentos sistêmicos que pipocavam um pouco por toda parte. A nova estação era tal que os autores se permitiram até rever um ponto decisivo de *Império*. Ao passo que este ainda cobrava manifestos que cumprissem uma assim nomeada "função profética espinosana",[25] tratava-se então de descartar essa via ("isto não um manifesto", brandia o subtítulo e a linha inicial do

23 Negri, "Un nuovo pubblico", *L'inverno è finito. Scritti sulla trasformazione negata (1989-1995)*, Roma, Castelvecchi, 1996, p. 8.

24 Idem, pp. 15, 18.

25 Cf. *Império*, Rio de Janeiro, Record, 2005, p. 84.

trabalho) e apostar numa nova forma discursiva: *declarar* um novo estado de coisas, novos direitos, e rumar para uma "nova constituição". Conforme o final do livro, cuja fé no acontecimento do constituir-se de "uma sociedade justa, igual e sustentável, em que todos tenham acesso ao comum e o dividam",[26] não deixa de apresentar certa inflexão pascaliana, era mister assumir uma "tarefa paradoxal": "devemos nos preparar para ele, ainda que sua data de chegada seja desconhecida"; "se preparar para um acontecimento imprevisto pode ser a melhor maneira de entender o trabalho e as realizações do ciclo de lutas de 2011".[27]

Lendo essas linhas com olhos de hoje, quanta diferença! Desnecessário muito insistir. A Primavera Árabe deu no que deu, embrutecimento de regimes já rígidos, guerra civil síria; a contestação foi bloqueada (não raro criminalizada) e perdeu espaço ao discurso do *status quo*; os nacionalismos se fortificaram, a crise migratória atingiu um ponto de horror inimaginável. Na América do Sul em particular, que volta e meia servia a Negri de ilustração privilegiada do novo momento constituinte, bastaram alguns anos para tudo retroceder em passo célere, numa feroz resposta de classe às tentativas de transformação social e à ascensão de novos sujeitos. Novo inverno? Embora seja difícil responder taxativamente, convém não brigar com os fatos e suas consequências teóricas e práticas. Em companhia dos negócios e dos atentados à humanidade e ao planeta que lhes franqueiam a estrada, multiplicam-se os indícios de que o ousado projeto comunista que sucedera ao inverno dos anos 1980 deparou um horizonte negro – como se, também em política, o aquecimento global acarretasse a alternância acelerada de temperaturas extremas. O caso brasileiro é um entre outros tão tenebrosos quanto, mas pela inevitável proximidade serve-nos de paradigma dos enfrentamentos a

26 Hardt & Negri, *Declaração. Isto não é um manifesto*, São Paulo, n-1 edições, 2014, p. 135

27 *Declaração*, pp. 136 e 138.

que logo seremos convocados. Seria tedioso perder-se em perguntas inócuas e amargas autocríticas, ou na estridência típica de criança contrariada pelo amiguinho de até pouco tempo atrás – atualmente há disso à esquerda. Entretanto, é bom salientar: isso não nos safa da imprescindível avaliação do ocorrido nem do pressentimento de que, novamente, o pensamento será chamado a exercer-se de modo ativo em face das agruras da crise; ainda uma vez precisará desvelar-se, tornando-se verdadeiramente crítico. O risco de não o fazer é restar na passividade e deixar-se enlear pela "neurose da derrota".

Por isso mesmo, a despeito de tudo o mais, é provável que o maior benefício da presença de Toni Negri entre nós hoje, quer em sua pessoa, quer por suas obras, seja inspirar-nos justamente a tentar de novo a intrépida viravolta. Uma potente e sagaz alegria capaz de arrostar as vicissitudes do tempo – a crise – sem fraquejar na pasmaceira; discurso que vale principalmente pela virtude (em sentido maquiaveliano) que veicula e pela fortaleza de ânimo (em sentido espinosano) que o protege no enfrentamento da fortuna. Reconhecer a derrota sem ser derrotado; saber enxergar aí o momento do recomeço. "Fomos derrotados. Devemos recomeçar". Tais palavras parecem retornar à ordem do dia. Os desafios do início dos anos 1980 se reimpõem, e agora tornam-se plenamente nossos. O amargor pode ter seu espaço, mas só o devido, isto é, apenas aquele que prepara o contra-ataque. Como será, é impossível saber. Certo é que a lida do pensamento com a crise não pode nem deve fazer economia de seu trabalho sobre *as suas próprias crises*. Reconheçamos que sem tais crises o pensamento mesmo talvez não acontecesse; ao menos não em sua forma mais poderosa, digna e urgente, a de pensamento crítico, quer dizer, forte o bastante para assumir que, embora o mundo não seja tal como o queremos, sempre podemos compreendê-lo a fim de recomeçar a construção do novo mundo que desejamos. *Sobrevida ética*.

I.2. O PONTO DE VISTA DA CRÍTICA

Por Vera Telles

Lá se vão muitos anos, quase duas décadas, desde que o *Império* foi publicado. Ao rever minhas notas de leitura logo de sua publicação no Brasil, em 2001[28], retenho a questão que então figurava no topo das primeiras linhas: exigência de se deslocar o ponto da crítica. Nos termos dos autores: o ponto de vista da crítica. Quer dizer: não apenas a constatação de que as fundas transformações então em curso exigiam novas categorias, outro léxico, outro espaço conceitual para conferir inteligibilidade às evidências de uma nova ordem do mundo, mas também – ou sobretudo – a definição de um ponto de vista a partir do qual a crítica poderia se tornar possível, e efetiva: uma crítica capaz de acolher os sinais de alternativas que poderiam estar se desenhando nas dobras da "soberania imperial" (p. 228).

Naqueles anos, nas circunstâncias da época, a questão vinha ao encontro de um imenso desconforto de muitos frente aos termos como, no campo do debate político e acadêmico, tentava-se dar conta de um mundo social revirado em relação às décadas anteriores. A questão aparecia como uma chamada vigorosa para que se desvencilhasse de vez dos termos que pautavam esses debates, mal disfarçando o lamento pela desestabilização, a rigor, erosão do que então parecia ser os pilares do mundo político: a classe operária já não era a mesma, estilhaçada que fora nas várias figuras do trabalho pós-fordista, o espaço público como lugar da política se desvanecia sob a lógica privatizante dos mercados, os chamados espaços democráticos de

28 Hardt, Michael; Negri, Antonio, *Império,* Rio de Janeiro, Record, 2001.

participação já tinham sido capturados pela lógica gestionária do social, as diferenças entre o léxico da cidadania e o léxico dos mercados se esfumaçavam sob o primado do *ethos* empreendedor; noções de direitos e cidadania pareciam esvaziados de sentido político, não mais especificavam posições, muito menos davam a cifra da matriz conflituosa anterior e, na melhor das hipóteses, operavam como retórica vazia de governantes, gestores públicos e partidos.

Para além das circunstâncias de contexto, o desafio – e provocação – estava no plano em que a questão era proposta no *Império*, pertinente aos parâmetros pelos quais entender e colocar em perspectiva um mundo que fazia implodir as referências cognitivas e normativas pelas quais se pensava o lugar da política, e da crítica política. Pois são essas referências que, nos termos dos autores, haviam se esfarelado sob o peso da lógica expansiva de um capital globalizado que transpassava todas as fronteiras e limites (não há mais fronteiras, não há mais limites); que desencadeava processos não mais contidos e passíveis de serem regulados nos limites dos espaços nacionais (e dos Estados-nação), acompanhando as transformações fundas dos modos de produção de riqueza (e valor), agora descolados dos dispositivos do trabalho concreto, para capturar todas as dimensões da vida e das formas de vida – *biocapitalismo*, ancorado nas formas do trabalho imaterial que faz da própria produção da vida, das formas de vida, do social e da produção do social, das subjetividades e produção de subjetividades esteios de sua própria valorização; ao mesmo tempo, no mesmo passo, as formas de controle também elas se descolam dos espaços institucionais e disciplinares conhecidos, para se desdobrar em dispositivos flexíveis, modulares, descentralizados, expansivos tanto quanto intensivos porque ancorados nas vidas e formas de vida, levando longe as evidências da sociedade de controle que Deleuze havia diagnosticado no início dos anos 1990.[29]

29 Deleuze, G. *Post-scriptum* sobre as sociedades de controle. In: *Conversações*, São Paulo, Editora 34, 1992. p. 219-226.

Nesse movimento, o que vai para os ares são todos os binarismos que pautaram a modernidade e sua crise, e a sempiterna "crítica da modernidade"– público e privado, sociedade civil e Estado, ordem civil e ordem natural, o dentro e o fora, o interior e o exterior. Não existe mais um exterior ao mercado, não apenas porque o globo inteiro é seu domínio, mas também porque a produção da vida e das formas de vida são também elas capturadas e mobilizadas como fronteiras de expansão dos mercados e dos capitais. E, sendo assim, esfacelam-se as mediações que antes articulavam sociedade, economia e política, e em cujas dobras os embates políticos poderiam ser processados, ao menos geridos, administrados – "o lugar da política foi desefetivado", dizem os autores (p. 208). Mais ainda: "os binários que definiram o conflito moderno tornaram-se difusos"; os conflitos centrais em torno dos quais se organizava o espaço político dos Estados-nação, e que definiam o sentido da "crise da modernidade", ou da modernidade como crise, dão lugar a "uma rede flexível de microconflitos" (p. 209), proliferantes, por toda parte, com lugares imprecisos, não localizáveis, de tal forma que resta à soberania imperial um esforço sempre relançado, e que sempre vaza, de fazer a gestão dessa "onicrise" que se difunde por todos os lados, administrar as diferenças, tentar ordená-las sob dispositivos de controle e comando.

Esses deslocamentos, entre outros, é que são colocados em perspectiva pelo conceito de Império, que se caracteriza por fronteiras móveis e dinâmicas, que se expande sem limites, na própria medida em que seu domínio, domínio do capital, abarca a própria produção do social, das vidas e das formas de vida, fazendo dele "a forma paradigmática do biopoder" (p. 14). Não seria o caso aqui de repassar em detalhe as teses principais do *Império*, e nem foi minha intenção nessas linhas rápidas e certamente incompletas, dar conta da lógica interna que move o andamento dos argumentos. Muito menos dar conta da alta voltagem teórica – e filosófica – que o conceito de Império mobiliza, assim como o de Multidão e Comum, tríade conceitual que precisaria ser trabalhada nos nexos internos que os articulam em um mesmo espaço teórico. Aqui, o que me importa é tão somente marcar o ponto, a provocação que esse livro, ainda hoje, nos propõe para lidar com as questões postas no mundo atual.

Retomando o fio da meada: hoje, passados tantos anos, se é verdade que a exigência de se superar o chamado paradigma da modernidade não é mais algo que nos interpela, se a "crise da modernidade" já não mais opera como fundo (ou fantasma) que retinha o debate em seus próprios termos, pelo negativo, nem por isso está resolvido o "ponto de vista da crítica". Mas, então, ainda nessa aproximação ligeira de uma obra tão cheia de meandros nem sempre fáceis de seguir, será preciso reter a outra face do Império: o movimento molecular das multidões, essas multiplicidades e singularidades que formam constelações e redes não homogêneas, que se compõem e se recompõem conforme circunstâncias, mas que sinalizam as linhas de fuga do Império. Diferentes das agregações molares do Povo e da Classe, as multidões não podem ser representadas, escapam às identidades definidas e geridas pelos dispositivos de poder e fazem vazar os poderes do Império não tanto pela oposição frontal, mas por algo como uma desativação dos lugares de poder, por conta de movimentos oblíquos, transversais, "batalhas que podem ser ganhas por subtração ou defecção", evacuação dos lugares de poder (p. 230).

Assim como Império, Multidão é um conceito que tem como seus principais componentes a singularidade e a multiplicidade, designando no mesmo passo as dinâmicas moleculares de seus movimentos. Sendo conceito, é também um ponto de vista, uma perspectiva pela qual recuperar em nova chave a história das lutas, oposições e formas de resistência que, desde sempre, marcaram a dinâmica política dos espaços nacionais e que ganham outras configurações e outras formas nos tempos do Império. É um prisma pelo qual se coloca em evidência a matriz conflitual do Império, visto não como forma acabada, mas como processo em aberto, e que entrega os sinais a partir dos quais é possível pensar os novos tipos de resistência a ser inventados. Entre a Classe Operária e a Multidão, duas figuras de sujeitos coletivos, temos a cifra das mutações históricas que presidiram a formação do Império. Conceito, Multidão opera como dobradiça que permite articular as circunstâncias históricas de formação do Império com as mutações operantes no campo da produção e do trabalho. Passagem do trabalho material para o imaterial, que abarca todas as dimensões da vida social, redefinindo por inteiro as relações entre produção e reprodução social. Nesse ponto, poderíamos ir longe ao explorar os sentidos de uma ontologia do social em que se articulam os nexos entre multidão, trabalho imaterial e biopolítica, os nexos entre potência e o trabalho imaterial que mobiliza as vidas, os corpos, as subjetividades, os afetos, a linguagem, os nexos entre a multidão como potência, potência e a produção do comum. Multidão: "conceito não empírico de classe", diz Homero Santiago[30], no qual se enlaçam os nexos entre ontologia e política, prisma pelo qual as novas figuras do sujeito coletivo podem ser definidas pela sua potência de agir.

Mas é em outra direção que sigo nestas linhas. Neste percurso tateante e muito lacunar, sou movida pelos desafios postos por uma socióloga, envolvida nos estudos urbanos, preocupada como os dispositivos de pesquisa que permitam discernir as linhas de força e os campos de conflito que perpassam o mundo urbano da atualidade, a cifras possíveis pelas quais passar em meio a essa espécie de vertigem suscitada pela velocidade dos acontecimentos que se sucedem, e também dessa miríade igualmente vertiginosa de movimentos, coletivos e formas variadas de ativismo que agitam o cenário político de nossas cidades.

Pois, então, retomando o ponto, seria possível dizer que postular a multidão como conceito e referência teórica não dá por resolvidos os nossos problemas. É preciso especificar a questão. Bem sabemos,

30 Homero Santiago, um conceito de classe. *Cadernos Espinosanos*, v. 30, 2014, p. 24-48

e sobre isso já nos alertavam Deleuze e Guattari[31], os movimentos moleculares das multidões podem muito bem se compor e se agregar nas formas de microfascismos, também eles proliferantes no tecido social. Mais fundamentalmente, a potência criativa do trabalho imaterial que define o solo comum e as comunicações transversais das multiplicidades, pode ser e é efetivamente capturada pela lógica dos mercados, ela própria pode se constituir, e se constitui, em fronteiras de expansão dos mercados. É o reino do assim chamado e hoje celebrado empreendedorismo, figuras do trabalho inteiramente capturadas pela lógica e *ethos* do mercado. E é o que se vê estampado nos cenários urbanos contemporâneos, figuras de uma cidade transformada em algo como uma feira de variedades, em que se expõe e celebra uma inefável dita "economia criativa, de amplo apelo midiático, alegremente celebrada por gestores urbanos de plantão, que mais parecem corretores empenhados em vender e bem vender a cidade transformada ela própria em mercadoria".

Mas, então, o ponto que faz a diferença está na perspectiva, o ponto de vista da crítica, pelo qual fazer aparecer ou reaparecer as linhas de força dos antagonismos que atravessam o mundo social, colocando em evidência os dispositivos de controle que bloqueiam a atividade da multidão, que operam a expropriação, desapossamento e esvaziamento de sua potência, potência de produzir o comum.[32] Nos termos de Negri, em outro texto[33], será preciso colocar em evidência a diagonal política que atravessa o diagrama biopolítico como espaço no qual as vidas, as formas de vida, produção e reprodução das vidas, em suas várias dimensões, são controladas, capturadas, expropriadas ou esvaziadas de suas potências – a "pilhagem capitalista da vida"

31 Deleuze; Guattari. *Mil Platôs: capitalismo e esquizofrenia*, São Paulo, Editora 34, 1997.

32 Negri, *Cinco lições sobre o Império*, Rio de Janeiro, DP&A, 2003, p. 231.

33 Negri, *Qu'est-ce qu'un événement ou un lieu biopolitique dans la métropole? Multitudes*, v. 31, n. 4, p. 17–15, 2007. Disponível em http://www.cairn.info/revue-multitudes-2007-4-page-17.htm

inscrita nos modos de circulação das riquezas, na ação das forças policiais, na normalização das formas de vida, na moldagem das subjetividades. A diagonal política diz respeito às relações de poder inscritas no diagrama biopolítico e nas quais se joga a partida em torno da "potência da vida que resiste" e "sua exploração biopolítica" (p. 19)

É essa diagonal política que interessa aqui reter. Se é em torno dela que as formas antagônicas reaparecem, seria possível dizer que é em torno dessas linhas de força que se configuram "campos de gravitação"[34] das multiplicidades heterogêneas que se comunicam em suas transversalidades. E a cidade e os espaços da cidade são os lócus em que esses processos se constelam, na própria medida em que o diagrama biopolítico remete às dimensões urbanas da vida, nas suas redes, nos seus serviços, nos modos de viver e circular, nos acessos, e bloqueios, aos seus recursos. Pois, então, será importante tomar a cidade como plano de referência para seguir os traços desses campos de gravitação, algo como uma cartografia política dos antagonismos que a atravessam.

A cidade não é apenas a arena em que as resistências se expressam, pois, no cerne desses antagonismos está a própria produção de seus espaços, de suas estruturas, de seus meios e de seus recursos. Não é apenas o cenário em que as vidas são vividas. É dela, de seus espaços, de seus circuitos, de seus recursos, que seus habitantes não apenas dependem para levar suas vidas, pois em torno delas estão em questão as possibilidades da produção das vidas e das formas de vida. Nos termos de Hardt e Negri, a cidade – a metrópole – pode ser considerada o esqueleto e a espinha dorsal da multidão: o ambiente material

34 Lanço mão dessa noção, "campos de gravitação", no sentido que lhe dá o historiador E.P. Thompson, em texto que merece ser lido ou relido pelas analogias históricas e políticas que podemos encontrar entre os tempos e circunstâncias da "luta de classes sem classes". Cf. Thompson, E.P. "La sociedad inglesa del siglo XVIII: lucha de clases sin clases?". In: *Tradición revuelta y consciencia de clase - estudios sobre la crisis*. Barcelona, Editorial Critica, 1979, pp. 13-61.

e social que suporta suas atividades, o meio social que constitui o repositório e conjunto de qualificações, de afetos, de relações sociais, hábitos, desejos, conhecimentos, circuitos culturais.[35] Em uma formulação que tem proximidades com David Harvey[36], em que pesem as diferenças de chaves teóricas e campo conceitual, a metrópole, dizem os autores, corresponde ao que foi a fábrica para os operários industriais: transformada em tecido produtivo generalizado, é também o lugar em que se realiza a produção do comum e, nesse caso, os antagonismos se processam em torno dos dispositivos de poder que acionam processos de expropriação, apropriação, privatização do comum, ao mesmo tempo em que se produzem hierarquias, desigualdades, assimetrias de recortes diversos que buscam esvaziar, ou neutralizar, ou reverter a potência da multidão. É nisso que as formas de controle se cristalizam, mas é isso também que faz com que os espaços da cidade se transformem em lugar de resistências possíveis.

Eis a diagonal política que atravessa e se entrelaça com o diagrama político inscrito nos espaços da cidade, nas vidas e formas de vida, em tudo o que diz respeito ao que os urbanistas chamam de metabolismo urbano. Os dispositivos de poder estão inscritos nos modos como os espaços se organizam e se distribuem, como as estruturas, equipamentos e tecnologias urbanas organizam a distribuição e circulação das pessoas, das mercadorias, das riquezas, dos capitais. Na materialidade das cidades inscrevem-se as regras invisíveis que regem os espaços e organizam as vidas cotidianas de seus habitantes, tornando possíveis algumas coisas, impossíveis outras; abrindo acesso para uns, bloqueando para outros; programando diferenciadamente as rotinas, os ritmos, de uns e outros. Claro, é toda a topografia das desigualdades e segregações que se inscreve nisso tudo.

35 Hardt; Negri, A. *Commonwealth*. Cambridge: Harvard University Press, 2009.

36 Harvey, D, *Cidades rebeldes: do direito à cidade à revolução urbana*, São Paulo, Martins Fontes, 2014.

Sabemos. Mas o ponto é outro: pois trata-se de dispositivos de poder inscritos no modo como esses espaços e seus circuitos se distribuem pela cidade, nos modos como se faz a gestão dos seus acessos, dos movimentos, de seus deslocamentos.

Nessa chave podemos entender melhor o efeito disruptivo das multidões quando ousam contornar, questionar, reverter ou inverter essas regras, tornando visíveis as relações de poder onde antes existiam, ou pareciam existir, apenas as rotinas geridas pelas tecnologias urbanas, fazendo trincar os consensos mudos inscritos nos ordenamentos geridos e administrados e policiados da cidade. E é nessa chave que podemos entender os efeitos disruptivos dos registros das insubordinações moleculares, de singularidades que insistem e persistem em sair ou escapar dos lugares administrados com seus protocolos e identidades definidas, que se movimentam nos espaços limiares em que essas identidades perdem eficácia, em que as multiplicidades se encontram e se compõem ou se recompõem, e elaboram os sentidos do comum em suas vidas e formas de vida. Efeitos disruptivos, poderíamos dizer, pois são registros de tensões e fricções que ganham, no cenário das cidades contemporâneas, retomando aqui os termos de Negri, as figurações de uma "guerra civil molecular" em um contexto em que os conflitos não são mais passíveis de serem resolvidos nas modalidades "modernas" da mediação e da representação, insubordinações que aparecem, por isso mesmo, como registros de ameaça e uma desordem disseminada que os dispositivos de controle não podem manter.[37] A virulência desmedida das formas de contenção e repressão – vemos isso cotidianamente, aqui e alhures – que se abate sobre essas pequenas ou grandes insubordinações, das ações desses corpos e afetos insubmissos, terminam por constituir outros tantos campos de gravitação que fazem ecoar no cenário das cidades, aqui e alhures, por todos os lados, as tensões, as

37 Negri, *Cinco lições sobre o Império*, op. cit., p. 82.

fricções, os conflitos que pontilham os movimentos moleculares das multidões, produzindo espaços limiares em que as transversalidades e convergências podem e muito frequentemente se constelam em formas inusitadas de rebelião.

Nessas "formas biopolíticas de contestação" é toda uma trama urbana da vida e das formas de vida que está em questão – modos de viver e habitar, de circular e ocupar os espaços, de trabalhar e de fazer circular os saberes, os afetos, a linguagem, as comunicações transversais. Em torno das linhas de força dos antagonismos, em suas várias figurações, que atravessam o diagrama biopolítico das cidades, talvez se tenha as pistas para elucidar, para retomar aqui os termos de Negri, os nexos internos entre resistência, insurreição e o poder constituinte das multidões. Mas essa é questão que fica em aberto. É da ordem da prática, da invenção política. E cabe a nós acolher esses sinais, prospetar seus sinais na cidade, seguir e se compor com a experimentação política que vem se processando nesses lugares.

I.3. IMPÉRIO: LIÇÃO BRASILEIRA

Por Antonio Negri[38]

Quando *Empire* foi concebido, mais ou menos em 1995, estávamos no meio de duas crises maiores: a do horizonte geopolítico e a das formas de vida e da organização social do trabalho que nos eram costumeiras.

Com relação ao primeiro ponto: a "Guerra Fria" tinha acabado; o Muro de Berlim tinha caído, o ciclo do "socialismo real", ou seja, o "breve século" aberto em 1917, estava acabado.

Dava-se com isso uma transição do mundo moderno e de seus paradigmas ao "pós-moderno", uma verdadeira fratura que certamente se originara a partir das descolonizações dos anos 1960 e da crise do fordismo nos anos 1970, mas que agora se afirmava plenamente com a queda da União Soviética e a instauração do mercado único global. Eis o ponto de ruptura do horizonte geopolítico.

A tensão entre a quase total ausência de limites (espaciais e temporais) à circulação do capital em escala global e o limite intrínseco à soberania moderna originava então uma crise das "estatalidades" nacionais, hoje não mais capazes de apresentarem-se como estruturas fundamentais de referência para o capital. A crise dos Estados-nação punha a urgência teórica e a necessidade de abandonar a doutrina do imperialismo, baseada numa subdivisão espacial que não era mais útil para analisar dinâmicas e desenvolvimentos do capitalismo contemporâneo. À categoria política de "imperialismo" se podia e se

38 Texto da conferência proferida por Negri no Auditório da História da USP, em 25 de outubro de 2016, primeiro dia do colóquio *Diálogos com Antonio Negri*, traduzido por Homero Santiago.

devia contrapor a de "Império", entendida como novo modelo de governança, ideia de uma soberania pós-moderna capaz de governar a acumulação de capital na era da financeirização e da instantaneidade tecnológica.

Agora, portanto, a crítica do conceito de soberania era fundamental para a compreensão da nova condição internacional. Na modernidade, a expansão das fronteiras do Estado-nação implicava, com efeito, a ampliação da sua soberania fora e além do espaço já submetido à sua organização. Mas aqui, a soberania dos Estados-nação, concebida segundo o ordenamento westfaliano próprio da Idade Moderna, encontra-se numa fase de crise: a pós-modernidade se apresenta como o momento em que a máquina do Estado-nação dá passagem a outros dispositivos de governança, mais eficazes no ordenamento dos mecanismos de produção, reprodução e acumulação de capital no espaço global. Considerada do ponto de vista da globalidade de comércio, a "pós-modernidade" nos mostra um mundo "liso", e o Estado-nação, uma vez *sujeito*, torna-se ele mesmo *objeto* da globalização. Esse é o elemento decisivo e constitutivo da pós-modernidade, analisado em *Império*. O Estado é, por assim dizer, internacionalizado.

Isso não significa que os Estados-nação e as fronteiras desaparecem. Simplesmente, com o avanço do processo de globalização, a soberania dos Estados-nação, embora ainda efetiva, progressivamente declina. A soberania dos Estados-nação não desapareceu, mas mudou e está mudando.

O processo imperial está em curso, e o Império se apresenta como uma tendência, em parte realizada, mas ainda completamente *in fieri*. Do mesmo modo, a percepção de um declínio da soberania dos Estados-nação deve ser entendida como percepção da crise deles: isso significa que a *soberania* se transfere do Estado-nação e *vai para alguma outra parte*. O problema é definir onde, e é um problema que resta aberto.

A "nova" soberania imperial está ainda por construir. Em *Empire* não se tratou nunca de dar substância a uma nova soberania que está ainda por construir. Não se tratou nunca de pôr um "ou" [exclusivo] entre soberania "moderna" e soberania "imperial" (pós-moderna), mas de analisar uma passagem, uma crise da primeira em relação às pressões da segunda, uma tendência num campo ainda aberto a possibilidades diferentes. Depois que a ordem Westfália caiu, na medida em que não está mais em condições de "exercitar o controle da relação de capital" de maneira autônoma (dizíamos então: "as lutas operárias internas ao Estado-nação, as lutas anti-imperialistas e anticoloniais que se desenvolveram na cena mundial e aquelas pela liberdade contra o 'socialismo real' – todas essas lutas impedem doravante o Estado-nação de ser ponto de equilíbrio e garantia soberana do desenvolvimento capitalista") – bem, dado isso, fica claro de alguma forma que o Estado permanece um dos agentes importantes para a circulação do capital global: o Estado-nação e a sua soberania cessam todavia de ser elementos únicos (ou fundamentais) e são englobados como partes de uma estrutura de comando – a "imperial" – de sinal diferente.

Para demonstração: a posição dos Estados-nação participantes da cúpula do G8/G20. No primeiro plano da pirâmide da "constituição global" está o poder americano e de poucos outros, ao passo que os outros Estados-nação, colocados num nível subordinado, são de alguma forma levados em consideração por via das numerosas tarefas que desenvolvem: mediação política relativamente aos poderes hegemônicos globais, contratação relativamente às corporações transnacionais e redistribuição da renda com referência às necessidades biopolíticas em seus próprios territórios. Em *Empire* não há, como alguns críticos sustentaram, uma desqualificação absoluta dos Estados-nação, nem a previsão do declínio inexorável deles. Os Estados-nação são filtro de um fluxo de circulação global e reguladores da articulação do comando global. Esses "filtros" se encontram agora inseridos numa estrutura de governança global que os interconecta de maneira sempre mais determinante. A arquitetura dessa estrutura é piramidal, e a sua Constituição é definida "híbrida" na esteira do modelo polibiano. Modelo que considera, no nível imperial (tratava-se da Roma de Augusto), a copresença das três formas do governo: monárquico no império, aristocrático e/ou oligárquico para os Estados-nação, democrático para os movimentos.

Essa é, portanto, a função dos Estados-nação no contexto global, após o fim do imperialismo moderno, quando este – por causa de suas segmentações espaciais – tornou-se um obstáculo para a circulação global do capital. O capital se move doravante num plano transestatal.

Para sustentar nossa tese, como marxistas que éramos e continuamos sendo, recordamos as posições assumidas por Luxemburgo no debate clássico sobre o imperialismo. Segundo Rosa, o imperialismo é o instrumento fundamental da acumulação de capital, na medida em que processo de capitalização do "fora" não capitalista sobre reproduzir uma acumulação moldada sobre aquela, originária, descrita por Marx. Partindo dessa análise – e das de Lênin, Kautsky e Hilferding –, a pós-modernidade global é caracterizada pela ausência de todo "fora" em sentido quer conceitual, quer territorial. A acumulação de capital em escala mundial não pode reproduzir as dinâmicas do imperialismo, descrito por aquelas análises em que justamente "fora" – hoje ausente – é o objeto primeiro da depredação capitalista. A dinâmica de interiorização do "fora", por parte do imperialismo capitalista alcançou o seu ponto de não retorno, quando se dá a "subsunção total" do espaço do capital. É essa determinação que transformou o imperialismo em "Império". Este último nasce porque o imperialismo deixou de ser uma estrutura de acumulação do capital, constituindo, antes, o limite dele. Não se trata, pois, de mera sucessão temporal, mas de uma verdadeira *mudança de paradigma*, de uma fratura não mais recomponível. Decerto, após o fim do imperialismo, não acabaram a acumulação de capital no mundo e a exploração de recursos e de populações, mas esse processo não é mais unidirecional e territorialmente confinado no esquema da concorrência e conflitualidade entre os Estados-nação, como na doutrina imperialista clássica. Mas essa acumulação, diferentemente do passado, desenvolve-se segundo figuras multidirecionais. Se Lênin definia o imperialismo como "o estágio monopolista (e colonial) do capitalismo", podemos ora identificar o "Império" como o estágio "descolonizado" desse capitalismo, ou seja, aquele em que a acumulação de capital em nível global não segue mais esquemas binários – por exemplo colônia-metrópole. "O mais-valor capitalista produzido na Índia é apropriado em muitos países, inclusive na Índia", como nos recorda o "subalterno" Guha.

Em suma, a teoria clássica identificava no imperialismo o limite do próprio capitalismo, pois sem mais um "fora", um espaço pré-capitalista a subsumir, não era possível continuar a produzir acumulação extensiva. Em *Empire* essa hipótese não tem mais sentido porque esse "fora" foi absorvido e se deu uma subsunção do espaço global ao capital. Daí provém a mudança de paradigma da acumulação: dentro do "Império", a acumulação de capital se realiza principalmente mediante a subsunção do *bios* (isto é, a vida transformada inteiramente em trabalho) ao capital.

* * *

Eis a nossa segunda passagem: a crise e a transformação das formas de vida e da organização do trabalho e da sociedade. Para compreendê-las cumpre ter presente a profunda transformação da força-trabalho a partir de 1968: essa é a tese de *Empire*. Aquele é o momento no qual o modo de produção industrial baseado na taylorização do trabalho, no fordismo salarial e no keynesianismo macropolítico entra em crise sob o ataque da classe operária nas fábricas em que era massificada a produção. Um novo modo de produção é então preparado pelo comando capitalista: baseia-se na automação das fábricas e na informatização do social. O trabalho operário é transformado de material e manual em imaterial, isto é, social, cognitivo, afetivo etc. Da exploração do trabalho e da sua transformação em lucro, passa-se à *extração* do valor da sociedade inteira e ao seu controle em forma financeira.

Para compreender inteiramente o conceito de "império", é preciso nos voltarmos às categorias marxianas de "subsunção formal" e de "subsunção real", relidas e aplicadas ao mercado global. Para Marx, a "subsunção formal" do trabalho sob o capital constitui a incorporação capitalista de práticas de trabalho e de relações sociais determinadas de fora do comando direto de capital, ao passo que, com a "subsunção real", o capital determina diretamente novos processos de valorização imunes a qualquer alteridade. Em síntese, se a primeira subsunção é formalmente capitalista, a segunda o é substancialmente.

Em *Empire* se pensa que as práticas do imperialismo envolvem a internacionalização capitalista de seu "fora" e, portanto, constituem processos de "subsunção formal" do trabalho sob o capital. Em *Comum* se confirma a equivalência entre imperialismo e "subsunção formal": "os grandes teóricos do imperialismo do século XX, como Rosa Luxemburgo, estenderam as análises de Marx para lá do contexto histórico-social delas a fim de compreender o imperialismo como o processo da 'subsunção formal' das economias não capitalistas sob o domínio das economias capitalistas". Mas esse processo está vinculado aos limites físicos da expansão capitalista: uma vez alcançados – dentro do "Império" – o processo de "subsunção formal" não pode mais, por muito tempo, ter um papel central. Em síntese, "o processo da globalização é desenhado pela passagem da "subsunção formal" à "subsunção real", isto é, pela absorção de toda a sociedade nos circuitos da acumulação capitalista".

Dito de outro modo, no mundo contemporâneo "subsunção

formal" e "subsunção real" agem em conjunto em todo o espaço global. Para iluminar essa passagem se pode dar crédito a quanto é afirmado por Sandro Mezzadra em *La condizione postcoloniale*: "ao passo que em outras fases do desenvolvimento capitalista subsunção formal e subsunção real se distribuíam tendencialmente no interior de diversos espaços (seguindo a distinção entre 'centro' e 'periferia', 'primeiro' e 'terceiro mundo'), hoje elas insistem no interior de toda área capitalista". Isso, naturalmente, não significa o desaparecimento da exploração e das segmentações sociais: pelo contrário, em muitos aspectos elas se tornaram ainda mais severas.

A categoria de "Império" é capaz de oferecer uma leitura da acumulação de capital adequada à realidade do mercado global capitalista. Refutar *tout court* a sua validade opondo-lhe as doutrinas clássicas do imperialismo significa negar a evidência de um mundo em que a marcha solene do processo de globalização mudou radicalmente nos últimos quarenta anos.

* * *

Vinte anos se passaram desde que essas análises foram produzidas e aquelas conclusões propostas. Hoje a situação é profundamente diferente. Os Estados Unidos, que tinham, desde a primeira guerra iraquiana, tentado um "golpe de Estado" contra a globalização, para impor-lhe uma hegemonia americana, falharam. A crise que daí se seguiu é profunda, tanto que se diz com frequência, hoje, que a forma-império foi ela própria superada, sobretudo referindo-se aos êxitos da crise econômica global de 2007 e seguintes, e aos seus efeitos políticos. Haveria agora sinais de superação e, portanto, de um renascer de polaridade em ruptura com a dinâmica imperial (por exemplo da parte da China ou, em geral, dos Brics). Daí viria uma reafirmação dos Estados-nação, considerados agora, à direita e à esquerda, como arma importante para responder aos fenômenos perversos que a globalização determinou e aos quais não se soube dar resposta.

Vejamo-los, esses fenômenos perversos, e a resposta que se dá a eles. *Em primeiro lugar,* a necessidade de regulações diversificadas e singularizadas com referência às características da crise nas economias nacionais, a fim de manter medida e solidez numa fase de possível "estagnação secular" do desenvolvimento – da qual os mercados são incapazes de sair. *Em segundo lugar,* a defesa contra o assalto migratório aos países centrais da parte do proletariado dos países periféricos. Em face desses movimentos os Estados-nação se reorganizam como entidades territoriais em torno da identidade de população, retomando e renovando assim os estigmas mais fortes da soberania moderna. *Enfim,* a urgência em responder às ameaças terroristas que ao longo das velhas fronteiras imperiais (demasiado superficialmente assinaladas e demasiado precipitadamente abandonadas) vêm se organizando – em bases comunitárias, mas também, e sobretudo, no protesto contra a miséria, a marginalidade e a exclusão. O Império parece ter trazido mais desastres que vantagens para muitas populações, seja no terreno global, seja no local, assim como a mediação territorial, econômica e cultural do Estado-nação parece apresentar-se agora como necessidade e urgência.

Até aqui a descrição da deriva desagregadora da forma-Império e as opções de resposta. Alguns desses elementos parecem efetivamente importantes. Muito pouco convincente é, todavia, a referência que, em relação àquela deriva e a uma política que a bloqueie, faz-se ao Estado-nação. Porque, se a forma-Império está desagregando-se, a forma-Estado-nação está já profundamente devastada. Antes de tudo no nível da capacidade econômica na crise presente e com referência à possível estagnação futura. O Estado-nação é, de fato, hoje qualificado pelo seu ser "Estado-providência", *Welfarestate.* Muito mais que em níveis políticos e culturais, de identidade patriótica e de orgulho nacional, são a quantidade e a qualidade do *welfare,* o nível dos salários, a mobilidade social (e os consequentes níveis de liberdade e felicidade) que fazem hoje a dignidade de uma nação. É essa figura que está em crise e que não é mais sustentável. A crise do reformismo social e político segue de fato à crise econômica, e o Estado-nação é incapaz de reconstruir, por si só, perspectivas de desenvolvimento.

Assiste-se aqui a um paradoxo. A conflitualidade interna aos Estados-nação comporta de fato, da parte das classes dirigentes, a procura de uma estabilidade conservadora – ao reformismo que qualificava a forma-Estado-nação seguem, então, políticas francamente reacionárias, que maltratam a tradição liberal-democrática e empurram na direção de formas de governo de emergência. Tudo isso – dos problemas econômicos e políticos às condições de pobreza e de falta de liberdade – é justificado e imputado às condições "imperiais" da crise. Na realidade essas condições são "globais" e completamente generalizadas na crise. Mas é a esses problemas que o Estado-nação não sabe responder.

Se não bastasse isso, as deficiências do Estado-nação derivam de outras urgências que são postas a ele. Além da derrota econômica (dominada pela necessidade de manter equilíbrio do *welfare* e do investimento para o desenvolvimento), o Estado-nação enfrenta a dificuldade de manter segurança para os cidadãos – uma segurança que é ameaçada tanto pelas migrações quanto pelo terrorismo (seja de matriz pós-colonial, religiosa ou nacionalista, seja de origem mafiosa e de negócios, como o do narcotráfico). Todos e cada um desses problemas se enodam na urgência, da parte do Estado-nação, não só de securitizar os territórios, mas também as formas de vida. Mas sem uma saída global, a emergência dá lugar à exceção e pode produzir uma invasividade totalitária.

A essa altura talvez valha a pena produzir algumas novas hipóteses relativamente ao enfraquecimento do modelo-Império e opor alguma "contradedução" à representação do Estado-nação como protagonista da história. Se de fato dentro da crise a forma-Império se enfraquece, a forma-Estado-nação não se reforça, pelo contrário, parece (como já se viu) perder ainda mais vigor. E se o Império mostra em plena luz os seus limites ao suportar o peso da crise e ao não mostrar, além da incapacidade de resolvê-la, nenhuma força segura em resistir a ela – o Estado-nação precipita caoticamente na crise, ou melhor, rompe-a nas derivas que ela produz e desperta demônios que se pensava terem sido exorcizados. O perigo de guerra e a decadência de toda normatividade jurídica internacional, entre outros. E se pode ulteriormente acrescentar que ninguém mais pode considerar-se seguro no presente nem otimista com relação ao futuro quando algumas das coalizações continentais de Estados-nação que se haviam formado na perspectiva de uma globalização crescente, se "lascam", como aconteceu na Europa e na América Latina. O renascimento do Estado-nação é uma ilusão e, se se verificasse, seria uma tragédia – aprofundaria a crise e determinaria a guerra. A presunção de estratos intelectuais e políticos de cancelar ou ao menos bloquear os malefícios da globalização através de uma reedição dos Estados-nação representa frustrações políticas e sofismas ideológicos, inadequados ao problema de hoje. Que é a *incompletude* do desenvolvimento da forma-Império, não o seu exaurir-se, mas sim a dificuldade de uma reconfiguração dela e sua plena atuação democrática.

Em *Empire*, há vinte anos, partíamos da constatação da realização de um mercado global ao qual faltavam regras universais e democráticas. O mercado buscava um comando que ainda não existia. Ora, esse era o âmbito em que se tinha desenvolvido a nossa pesquisa e aqui havia trazido à luz a centralidade daquela nova figura do trabalho (da força-trabalho) imaterial, cognitivo que fazia saltar toda restrição espacial na produção de valores. A valorização capitalista e a estrutura da exploração, por conseguinte, tendiam a afirmar-se no terreno global. A luta de classe, naqueles anos reconfigurada pelos movimentos de contestação e alternativas na/à globalização capitalista, mostrava no espaço global como era perigoso o seu selvagem progredir e como isso exigia ser de algum modo regulado. A dimensão espacial do Império estava próxima, após a queda da União Soviética e as transformações do socialismo chinês, de coincidir com a globalidade das atividades produtivas (desenvolvidas no planeta) mas – novo signo de crise – às temporalidades da progressão do novo modelo de acumulação (no espaço atacado pelo capital cognitivo e financeiro) não correspondia – quiçá com custo seguia – um adequado desenvolvimento institucional. *A globalização era um processo incompleto, e o Império, uma figura política não ainda autonomizada. Em suma, incompleta.*

Não nos foi difícil, então, zombar das teorias do "fim da história" e ao mesmo tempo contrastar as posições que consideravam encerrada, nos poleiros nacionais, a luta de classe. Havia um só ponto em que a nossa análise dava espaço a uma pequena/grande utopia: quando exprimíamos a esperança de que o processo de mundialização não sofresse pausas, senão aquelas determinadas pela luta de classe, e exprimíamos a nossa confiança no internacionalismo proletário. Desde então muitas coisas mudaram.

Após a queda do Muro, após o ridículo do "fim da história", a ciência política do poder (geopolítica e *foreign affairs*) não mostrou mais um desígnio de previsão teórica e nem mesmo um modelo performativo para a ação imperial. As várias ideologias do "conflito de civilizações" arrebentaram-se na autocrítica que o Ocidente teve de fazer a propósito das desditosas iniciativas bélicas no Oriente Médio e das terríveis consequências que daí vieram. Aqui a teoria política internacional torna-se uma ciência "relutante" a admitir a própria falência e a trágica transformação propagandista do seu saber. Em *Multitude* havíamos mostrado a inconsistência doravante alcançada pela geopolítica ocidental que, na realidade, foi substituída por um evanescente "direito público" do Império – na realidade se tornara uma simples, embora eficaz, governança gerida de maneira incerta pelas Nações Unidas e pelos EUA, instável entre unilateralismo e multilateralismo. Havíamos descrito esse limite crítico assinalado pelo apresentar-se, no interior dos processos de globalização, de um "comando sobre as fronteiras" que se apresentava como uma margem abstrata entre um "dentro" e um "fora", manipuláveis por um poder imperial longínquo, quando não inexistente – enquanto, inversamente, aquelas fronteiras estavam se tornando o lugar mesmo do poder global, assinalando as novas linhas estruturais e organizativas da dinâmica imperial (sobretudo na globalização econômica). As fronteiras de fato desempenham doravante uma função de inclusão e/ou exclusão que define um mundo sempre mais unificado e, a um só tempo, sempre mais poroso, aberto a controles e reconfigurações dinâmicas em seu interior. Novos agrupamentos de autoridades e direitos, mutáveis configurações de territórios nos quais coexistem e tentam coordenar-se soberanias estatais e governança imperial. Em *Multitude*, sobre esses temas concluíamos: "Esse quadro, como uma sorte de desenho de Escher, é completamente instável: basta uma rápida mudança de perspectiva para invertê-lo completamente. A força do posicionamento unilateralista se revela de repente como debilidade; o seu centro se mostra maximamente vulnerável a todos os tipos de ataque. Para manter a si mesmo, o Império deve criar uma forma reticular de poder que não isole um único centro de comando e que não exclua de si nenhum território externo e nenhuma força produtiva. Noutras palavras, com a formação do Império, a geopolítica não tem mais razão de ser. Logo tanto as estratégias unilateralistas quanto as multilateralistas demonstraram toda a sua ineficácia. A multidão deverá acatar a derrota e criar um novo contexto para a construção democrática do mundo."

Longe de ser superada, a forma-Império está simplesmente "incompleta". Transformar essa incompletude em abertura é a tarefa para o futuro para a multidão em busca do comum com a consciência de que daqui não se volta para trás. A forma-Império constitui um limite não alcançado, cujos graus de aperfeiçoamento são de todo modo irreversíveis. Toda tentativa de retornar à constituição de identidade e/ou essências nacionais representa uma ignóbil deriva.

PARTE II

MULTIDÃO

II.1. ECOLOGIAS ESTÉTICAS DA MULTIDÃO

Por Jorge Mattar Villela[39]

O primeiro ponto a elucidar neste breve texto para quem eventualmente o lerá é a minha relação com a obra de Antonio Negri. Não sou dela um leitor contumaz, nem um aderente das suas posições. Sou, no entanto, das pessoas se alegram pela sua existência; pelo impacto da leitura do *Império* na época de sua aparição; e pelas novas possibilidades de pensar a contemporaneidade ali liberadas no limiar da virada do milênio.

Diante do quadro planetário (e doméstico), de todas as ameaças tremendas, do deserto que nos cerca, a guerra, a economia e a guerra econômica, a economia do conhecimento, as ameaças provenientes do éter em meio às rearticulações de *gadgets* e outros aparelhos já implantados em nosso sistema nervoso fazendo-se novas formas de subjetivação, de controle, da exigência de velocidade, da alienação e dos acidentes que lhes são consequentes (para retomar a grande tese de Paul Virilio), o livro *Multidão* aparece como uma alternativa, um conjunto de sugestões críticas, apoiadas no que seus autores chamaram, desde o *Império*, de comunismo. *Multidão* aparece como um conceito-força, uma chave para a luta e para a resistência, baseado nas possibilidades de reconstituição do valor e nas reformulações do trabalho, essas mesmas reformulações que constituíram uma nova forma de soberania que Negri e Hardt chamaram de império.

39 Jorge Mattar Vilela, professor associado 1 da Universidade Federal de São Carlos. Doutor em Antropologia Social pelo Museu Nacional-UFRJ. Atua principalmente nos seguintes temas: política, antropologia, violência, família.

O que pretendo mostrar aqui pode ser entendido como um recorte de descrições analíticas provenientes dos trabalhos de quatro antropólogas a respeito de agenciamentos coletivos de corpos e de enunciação. Esses agenciamentos, lutas muito concretas e contemporâneas, formas de resistência que são anteriores à opressão, à morte e ao desespero, desenrolam-se e se formulam à medida mesmo que é necessário fazer fugir o que é mais tenebroso e intolerável, mesmo quando se produzam agenciamentos terríveis e abomináveis. Para lembrar a expressão de Gilles Deleuze, eles nos mostram como é possível encontrar armas durante a fuga, em meio ao próprio campo de batalha.

Este texto, muito modestamente, pode ser entendido como a apresentação de alternativas que compõem com o livro *Multidão*, mas encontra-se completamente aliado à ideia de *multitudo*, tal como é expressa noutro livro do professor Antonio Negri (1982).

As alternativas são expressas nas etnografias que descrevem as lutas do Xikrin da Fronteira do Bacajá, tal como etnografadas por Thaís Mantovanelli (2016); a dos habitantes da comunidade da Malhada, sertão da Bahia, como as descreve Suzane Vieira (2015); a dos que vivem no Pinheiro, Vale do Jequitinhonha, norte de Minas Gerais, como são mostradas por Yara Alves (2015), mas também dos que vivem nas fronteiras ou no interior da existência carcerária, como mostra o impactante e metodologicamente revolucionário trabalho de Karina Biondi (2014).

Esses textos são importantes porque se inserem num duplo registro. Eles são capazes de nos contar a respeito de novas possibilidades políticas, de criação e emancipação, mesmo em meio a um cenário pós-apocalíptico; mas têm ainda a virtude de – uma vez apoiados nas críticas que esses agenciamentos coletivos fazem a nós – criar a sensação do risível, do patético, do absurdo; de provocar a sensação do intolerável e a perplexidade necessária, a suspeição, enfim, da fábula que o Ocidente conta para si mesmo desde os últimos trezentos anos.

Os agenciamentos descritos pelas antropólogas se dão em meio a um combate contra potências mortíferas, e é desse combate que eles se formam; deles liberam uma capacidade crítica arguta e precisa. O que acrescenta a essas lutas um outro aspecto, dos mais importantes: o do diagnóstico.

Os textos aos quais me dedicarei adiante são o efeito de encontros entre uma certa literatura que libera formas de pensar a partir da criação de conceitos e as lutas concretas que formulam o seu próprio ecossistema nocional. Elas expressam um ser produtivo como constituição ontológica da prática. Essa literatura, arrisco dizer, é a que substituiu a dúvida pela suspeita como centro da atividade filosófica.

Para Michel Foucault (1994), foram três os filósofos que substituíram a dúvida pela suspeita como o centro da atividade filosófica, Nietzsche, Freud e Marx, a partir da análise da interpretação infinita. Linha encampada pelo próprio Foucault ao posicionar-se deliberadamente em ângulos perspectivos constituintes de um olhar diagnóstico. Voltarei a esse problema da suspeita.

É digno de nota que, por sua vez, Gilles Deleuze (1973) tenha-se esforçado para isolar, quase opor, Nietzsche a Freud e a Marx, rejeitando, assim, o que chamou de "síntese abominável". Os códigos aos quais, a partir de uma certa posição deliberadamente adotada, Nietzsche se confronta não são o objeto de uma interpretação, mas de uma decifração. Para Deleuze, Nietzsche não se confunde com Marx e Freud, pois rejeita toda recodificação, quer pelo Estado, quer pelo trabalho, quer pela família; porque não representa a aurora de nossa cultura, porque é a aurora de uma contracultura. Nietzsche libera para nós a possibilidade de um pensamento do fora constituindo-se, assim, nas bases da suspeita e do riso (também Deleuze, 1967).

É do ponto de vista liberado pela suspeita que se pode entender para que serve a antropologia, ao menos no estilo em que seus resultados são apresentados. Um estilo que permite a realização de duas tarefas, das mais importantes que o estilo etnográfico pode dar a si mesmo ou, enfim, o que justifica a sua própria existência: suspeitar das teorias gerais e descrever analiticamente relações insuspeitas. Uma dupla tarefa em guerra com os conceitos pretensamente incondicionados que esclarece que todos os conceitos são nativos, provenientes de urgências muito concretas e localizadas e que são, todos eles, o efeito de forças em combate umas contra as outras.

É nesse ambiente que se inserem as quatro etnografias escritas recentemente pelas quatro antropólogas acerca das lutas contemporâneas, sobretudo as conduzidas por comunidades geralmente chamadas de "tradicionais" e distraidamente associadas aos "pobres", como os povos da floresta, os ribeirinhos, os caboclos, os carcerários etc. E é deles que eu gostaria de falar para efetuar certas ligações possíveis com o que eu entendo serem as motivações dos movimentos político-estéticos com que esses textos lidam. Eles se constituem como táticas de evasão ou prevenção do Estado, ou, para usar a expressão de James Scott (2009), como uma "arte de não ser governado" que não se pode confundir com um mero resultado espontâneo do uso da ecologia e da cultura. Ecologia, demografia, cultura não são dados, são formas de luta.

Essas lutas são o efeito de dois processos que algumas das etnografias que mencionarei brevemente parecem ligar indissociavelmente: a suspeita e a perplexidade. Ambos, cada um a seu modo, relevando de um problema perspectivo. Para dar conta dessa última afirmação eu gostaria de entrar brevemente nas descrições analíticas desses trabalhos. O que, enfim, essas etnografias descrevem analiticamente pode ser entendido como "lutas ontológicas", para empregar a expressão do antropólogo Mauro Almeida (2013).

Uma outra forma de caracterizar as lutas descritas a seguir é dizer que elas são lutas adisciplinares e não representativas (Villela 2014); que elas são conceitualmente moventes, criadoras e existenciais. Elas são "lutas de dissimilação" (Benjamin, 2002), das que ensejam a criação de distâncias em relação a certos modos de vida, podendo empregar os instrumentos da diferença linguística, ritual, histórica e de atitude.

Assim, por exemplo, o mais célebre dos trabalhos no âmbito dos escritos do Hybris, grupo de pesquisa das relações de poder e socialidades, o de Karina Biondi (2014), mostra como o PCC efetua as suas relações de um modo que não pode ser descrito sob a influência de alguns dos conceitos fundantes das Ciências Sociais, como sociedade, grupo, indivíduo, território, hierarquia, lei, política. Em lugar de se sobrepor ao modo de funcionamento que pode recolher em sua pesquisa de campo os conceitos exogenéticos que se pretendem universais, quer dizer, ao invés de falar do PCC – uma tarefa que resultaria, na melhor das hipóteses, numa interessante e muito rentável colaboração entre a pesquisa e as forças jurídicas e policiais – Karina Biondi assumiu a posição de falar entre, elaborando um trabalho de caracterização conceitual sob os moldes do próprio ecossistema nocional dos intervenientes. O *movimento*, a impossibilidade de representação, a adisciplinaridade, eis o que faz a luta da existência carcerária, ou das "políticas prisioneiras", nesse modo de vida multifacetado a que se dá o nome de PCC. Biondi parece ter levado a efeito a sugestão de Roland Barthes segundo a qual "os signos e as armas são a mesma coisa, todo combate é semântico, todo sentido é guerreiro", frase que serve de epígrafe para a tese de Suzane Vieira, que mencionarei adiante.

Será possível, por meio do procedimento metodológico de Biondi, extrair um processo de luta marginal que poderia nos chamar a atenção para o fato de que os atos, os gestos e palavras têm consequências, certamente drásticas, e que é preciso desenvolver uma arte do cuidado. Essa mesma que o capitalismo, como lembram Gutwirth e Stengers (2016), a sua subjetivação heteronomizante, nos fez esquecer, e que se opõe a um sujeito inconsequente, não hesitante. Talvez aqui resida uma das principais atitudes das novas lutas: uma subjetivação que, ao liberar um novo saber coletivo, permita escapar ao "capitalismo mundial integrado" (Guattari, 1989) ao passo que rejeita tornar-se um sujeito desarmado e desprotegido, entregue aos profissionais *experts* na captura de suas energias, ações, opiniões e atitudes. Pode-se extrair do ambiente carcerário esse aprendizado de cuidado das palavras e dos atos, uma rerresponsabilização dos componentes e das modalidades heterogêneas de subjetivação. Tornar-se um "animal capaz de prometer" é conversível num dispositivo político.

Muito longe desse cenário, a tese de doutorado recentemente defendida por Thais Mantovanelli (2016) mostra como os Xikrin da fronteira do Bacajá recriaram um cenário conceitual contrastivo ao mundo, ou pós-mundo, que a represa de Belo Monte e a empresa Norte Energia impôs a eles, produzindo-se uma subjetivação polifônica por meio do que a sua etnógrafa chama de "engajamentos necessariamente coletivos". Numa tese que se poderia chamar *A Estética contra a Morte*, os Xikrin do Bacajá aparecem como criadores da estilização da existência por meio de uma axiologia do corpo: um corpo que recebe nomes belos e eficazes, que dançam em rituais de nomeação e que são garantidos ou mantidos por meio da pintura corporal. Assim, eles parecem endossar completamente a proposta de Guattari, segundo a qual é preciso estabelecer práticas "em função de sua eficácia estético-existencial" (Guattari 1989). A estilização da vida, que garante os seus fluxos de água, de palavras, de comida, que evita o represamento, contrasta-se à política dos brancos por meio de um conjunto terminológico muito claro: belo/feio; verdadeiro/mentiroso; eficaz/ineficaz. Contra a verdade cartorial das reuniões e dos documentos, os Xikrin impõem para si a palavra reta, o gestual do rito, a pintura tecnicamente perfeita.

Uma resistência pela estética, dessa vez pela esconjuração do consenso e pelo uso humorístico da linguagem, é o que a cosmopolítica da comunidade quilombola da Malhada, no sertão da Bahia, põe em ação no esforço de formular uma ecologia das práticas contra as potências de sufocação da criação e da vida impostas por uma companhia de extração de urânio e outra de energia eólica. A fala, a mobilização de seres mais que naturais, enfim, a composição qualificadora com um fora desqualificado pela política e pela hierarquia dos saberes, eis o que constitui a sua luta, segundo a sua etnógrafa, Suzane Vieira (2015), como se vê, fortemente inspirada pelo pensamento de Isabelle Stengers e de Félix Guattari.

A Pirraça é um jogo da linguagem que faz perder a seriedade do discurso do refutador, ela é uma política de resistência baseada no humor. Fazer cair no ridículo o argumento sério dos cientistas e engenheiros ambientais ligados à mineração e às energias eólicas. "Riso esquizo ou o riso revolucionário", como diria Deleuze ao ligar as obras de Nietzsche, Kafka e Beckett; é a reação do pensamento quando ele se depara com o abominável, com o ubuesco das relações de dominação.

Pode-se dizer que essas iniciativas, sobretudo a feita pela etnógrafa dos Xikrin, resultam, mais indiretamente do que diretamente, do projeto de David Kopenawa e Bruce Albert (2002 e 2015). Tanto o artigo "O Ouro Canibal" quanto o livro *A Queda do Céu* expressam a perplexidade e a irrisão diante de um mundo ubuesco. Perplexidade expressa igualmente num episódio relatado pela mesma Thaís Mantovanelli enquanto passeava pela avenida Paulista com cinco homens Xikrin. Os mais velhos tinham de comer peixe no almoço. Sua anfitriã pôs-se à procura de um PF de peixe. Encontrando-o, perguntaram os seus companheiros de passeio de que peixe se tratava e lhes foi respondido: era dos peixes de maior consumo entre os clientes. E era um peixe de couro ou de escama? Ninguém sabia. Perplexos, os Xikrin perguntaram se sua amiga costumava comer coisas desconhecidas.[40] A incredulidade generalizada dos comensais dizia respeito ao grau de heteronomia dos brancos que, para além de egoístas, de terem, portanto, poucos filhos e de não saberem viver em família, também não sabiam sequer o que comiam.

40 Thais Mantovanelli, em comunicação pessoal.

Talvez poucas vezes ao longo dos, digamos, 300 mil anos em que vivemos neste planeta se tenha produzido uma subjetividade tão heterônoma quanto a nossa. O Capitalismo Mundial Integrado depende disso. O movimento político que é o Estatal também depende disso, como mostra o antropólogo James Scott (*op. cit.*). Heteronomia das relações que se estabelece com os demais nas formulações familiares e de vizinhança (moramos ao lado de pessoas desconhecidas), que se estabelece com o que se come; com as partes dos nossos corpos e com as substâncias corporais; os nossos recém-nascidos e as suas partes corporais; os nossos mortos.

Heteronomia sob a fábula da autonomia contada por nós a nós mesmos, vale repetir. Convicção da autonomia equivalente ao desprezo pela proteção. Foram Isabelle Stengers e Philippe Pignarre (2005), em intenso diálogo com a obra de Tobie Nathan (2001), os primeiros a elevar a proteção ao estatuto de luta política. Diversas etnografias, no entanto, mostram bem como a formulação de "inteligências coletivas concretas", criando-se por "proliferação infinita", são capazes de fazer passar novos relatos experimentais e novas problematizações. Esses saberes entregam o protagonismo cosmopolítico à proteção que geralmente diz respeito ao tratamento dos corpos e das palavras. Longe dos Xikrin e ainda longe dos habitantes da Malhada, os moradores da comunidade do Pinheiro, alto do Jequitinhonha, como os descreveu Yara Alves (2015) dispõem de um conjunto de práticas de formação de pessoas que concernem à *criação*. Formulação de um modo de vida, de um jeito, como se prefere chamar, que gira em torno do calor, das partes do corpo, de modo a se produzir uma pessoa intensa, forte. O nascimento em casa, o parto, o fogo, fazem pessoas quentes, corajosas. Por isso, para que se possa cercar recém-nascidos das proteções necessárias, o parto em casa é uma forma de luta, de modalizar uma existência contra a ameaça do frio hospitalar, da distância dos médicos, da proximidade excessiva dos homens, ao invés das mulheres, nesse momento crucial da criação. Evitar que se produzam pessoas ao acaso, que vivam no acaso, sem a "medida da convivência".

Do que esses relatos são capazes? O que podem mecanismos heterogêneos de subjetivação na construção de uma articulação ético-estético-política contra as sentenças de morte que acossam? Ou, para usar a expressão sintética de Guattari (1989), na constituição de uma ecosofia? Eles funcionam como um estranho manual, um manual sem instruções, intitulado, "como se fazer um território existencial" na medida mesma em que se cruza o deserto, em que se atravessa o fim do mundo, mesmo quando o inimigo é o mais abominável. Eles fazem passar um paradigma ético-estético numa linha de fuga contra a confiscação dos problemas a serem colocados. E lutam contra a expropriação do comum, conforme mostram bem, sobretudo, os relatos acerca dos Xikrin e dos coletivos quilombolas, cuja grande façanha não é a de simplesmente lançar mão das suas relações com o meio ambiente e dos seus conhecimentos "tradicionais".

Eles são capazes, enfim, de produzir multidão. Não como um conceito que se dê à imagem de um continente, repleto de conteúdos e partes, passível de uma unidade imperial ou à da "generalidade desesperadora do social" (Gurwitch e Stengers 2016). Ou às tremendas armadilhas da humanidade, carregadas de noções locais alçadas à posição de incondicionadas.

Talvez eles façam multidão à maneira política do segundo Espinosa, tal como descrito em *A Anomalia Selvagem*: um conjunto de partes heterogêneas que não se deixam unificar e que tampouco diferem desde uma origem unitária.

"Sabe-se bem que o problema das lutas revolucionárias de hoje é o de encontrar uma unidade das lutas pontuais sem recair na organização despótica e burocrática do partido ou do aparelho de Estado", dizia Deleuze em 1967. Lutas locais e, ainda assim, transversais, contraidentitárias, não-representativas, anti ou ultraindividualizantes e adisciplinares, sugeria Foucault na mesma época.

O que essas lutas tentam operar sem os artefatos do jural, do contratual, da mediação e do normativo (Villela *op. cit.*), é uma ética, no sentido que foi conferido por Negri (*op. cit.*): camadas teóricas que descrevem um itinerário de liberação; quer dizer, desencadear uma potência construtiva e criadora, destituída de todo o transcendental que desemboque num modo de vida, num grau de potência que permita regular os encontros e os afetos que rejeitem a servidão e o entristecimento.

II.2. INVISIBILIDADE HISTÓRICA DA MULTIDÃO NO BRASIL: A VIOLÊNCIA RACIAL E A DESMEMÓRIA DAS LUTAS NEGRAS

Salloma Salomão Jovino da Silva[41]

> *O escravo não é visto como indivíduo, mas como multidão.*
>
> NELSON WERNECK SODRÉ

> *Escrevem da Jamaica: Os negros recusam trabalhar, e temos aqui todos os sintomas de insubordinação, e toda razão para recear uma revolta geral. Já se efetuaram várias tentativas incendiárias e a ilha acha-se ameaçada de uma tragédia tão sanguinolenta e horrível como a de São Domingos.*
>
> JORNAL DO COMÉRCIO, RIO DE JANEIRO, 21 DE MAIO DE 1835.

> *É certo que, se há um mundo por vir, ele está em disputa agora, no entanto é preciso resistir ao desejo controlador de projetar, desde a ruína deste, aquilo que pode vir a ser o mundo que vem.*
>
> JOTA MOMBAÇA

Sessenta mil pessoas sofreram homicídio no Brasil no ano de 2014, as taxas de jovens negros mortos violentamente, em todos os Estados da federação, são absurdamente maiores que a de brancos jovens ou da mesma faixa etária. Não se trata de buscar que brancos e negros

41 "Salloma" Salomão Jovino da Silva é professor afro-mineiro, doutor em História pela Pontifícia Universidade Católica de São Paulo (PUC-SP). Pesquisador visitante do Instituto de Ciências Sociais da Universidade de Lisboa (ICS-UL-PT). Músico, ativista antirracista e educador público no Centro Universitário Fundação Santo André, São Paulo.

morram igual, mas de mostrar que morte de gentes desimportantes tem sido, em parte, uma constante da biopolítica de Estado no Brasil, que agora assume ares de calamidade, sem que a sociedade nacional e internacional se dê conta da sua gravidade, justamente porque atinge a multidão composta pelos mais pobres, entre os quais os negros e negras.

Quero me apresentar. Salloma Salomão Jovino da Silva, professor de História, intelectual periférico e um dos 52% dos descendentes de africanos que vivem no Brasil atualmente. Viver no Brasil é correr risco, pensar o Brasil é risco duplo, de ser silenciado física e simbolicamente, antes mesmo de ter emitido qualquer fala ou pensamento que ponha em risco a ordem.

Considero ótima oportunidade para um exercício interpretativo sobre a sociedade brasileira atual. Tenho plena consciência dos perigos. Podemos fazer isso olhando a longa duração da formação da nação brasileira, como também termos em vista questões atuais, suscitadas pela contribuição do pensamento de Antonio Negri em sua breve passagem pelo Brasil em 2016. Ele, com o vigor de um jovem ativista, visitou universidades, frequentou centros culturais e se deteve atencioso em simples rodas de conversas. Antonio circulou quase anônimo por salas obscuras de antigos clubes étnicos elitistas, agora desativados, onde estabeleceu contatos diretos sem mediadores raciais com a juventude urbana e intelectuais marginalizados. Fez isso com a mesma desenvoltura, sensível interlocução e dialogia crítica de quando envolvido por representantes da elite acadêmica paulista e carioca.

O clima sociopolítico que se instaurou recentemente no país assombra uma parte da sociedade brasileira, enquanto outra se regozija com sangue nos olhos e difunde percepção de que a principal meta da luta política é usar o Estado para atividade privada e o seu aparato para revanche ou vingança. Ambiente de medo, desmonte e incertezas que se arrasta desde o início da trama teatral que levou à destituição da presidente Dilma Rousseff e à ascensão do atual presidente da república. O ilibado senhor Michel Temer apresentou quarenta ministros brancos do sexo masculino, e uma mulher negra foi chamada às pressas, quando as nomeações chapas-brancas já estavam consolidadas.

Agora sabemos que a era Collor-Itamar-FHC foi apenas um ensaio mal organizado de tudo aquilo que as elites reacionárias modernas brasileiras são capazes de fazer em curto espaço de tempo.[42]

Tendo isso em vista e em função do recrudescimento do conservadorismo político atual, utilizo um eixo especificamente racial da reflexão de Michael Hardt e Antonio Negri[43] como disparador para construção de um argumento em torno da ideia de utilização da violência sistêmica como forma de manutenção do racismo antinegro, subentendido aqui como hegemonia das elites eurodescendentes no Brasil. Faço isso abrindo também um canal de diálogo com um texto da ativista antirracista Jota Mombaça, extraindo dela um potente fragmento, apresentado a seguir.

Ao tratar de racismo institucional "típico", como nos Estados Unidos e África do Sul, em *Império*, Negri e Hardt utilizam o termo "Supremacia Branca". Efetivamente, no Brasil, as elites jamais haviam construído argumentos públicos em torno de supremacia de minoria branca, embora ela possa ser comprovada pela empiria e

42 Desde que assumiu o poder, o presidente Michel Temer, não sem resistência, tem operado, de forma coordenada, um verdadeiro desmonte das tímidas políticas de bem-estar social, saúde pública, renda mínima, educação e combate à pobreza extrema. Flagrantemente, vem retirando investimento de todas essas áreas e criando um caos nas atividades produtivas, ao mesmo tempo que amplia o espaço do capital internacional, em áreas que antes eram reservadas às elites capitalistas locais. Temer rapidamente fez aprovar leis ordinárias de interesses marcadamente corporativos locais e globais. O faz com amplo apoio de um congresso comprovadamente o mais corrupto que o Brasil viu surgir desde o fim da ditadura. É apoiado pela mídia em geral, mas é especialmente suportado pelo grupo de comunicações Globo, reconhecido internacionalmente pela sua alta capacidade de decidir eleições e manipular a opinião pública.

43 Hardt & Negri, *Império*, Op.cit.

pelos dados, em todos os campos da vida social.[44] Entretanto, recentemente um político profissional de formação militar do Sudeste, francamente racista e reacionário, tem evocado o racismo antinegro e anti-indígena como ideologia e plataforma eleitoral, obtendo, com isso, relativa aceitação e apoio midiático.

Estrategicamente há aqui uma sobreposição às narrativas nacionalistas de identidade brasileira, e que são sumariamente mencionadas, apenas pano de fundo. Ou, no seu conjunto, podem ser vistas também como constructo social e objetivam comprovar a inexistência do racismo e legitimar a exclusividade do poder, prestígio e mando das elites brancas. Nesse caso farei isso invertendo não o método, mas o foco do que foi sugerido por Antônio Sergio Guimarães em *Como trabalhar com "raça" em sociologia.*[45]

A perspectiva intelectual e político-social engajada da vida e obra de Negri contrasta com um amplo espectro da comunidade intelectual brasileira contemporânea, especialmente fechada em escritórios das instituições de pesquisa acadêmica, encastelada, arrivista e medrosa. Algo que, em parte, se viu nos eventos de recepção à Negri. Qual seja? Em sua absoluta maioria jovens homens brancos letrados, cortesões refinados, dialogando com o convidado e apenas consigo. Situação na qual se postam de costas para a sociedade. Seu elitismo em bloco se expressa num silêncio ensurdecedor ante o quadro de violência institucional e sistêmico que vou desenhar a seguir.

Tento um contraponto com Michael Hardt e Antonio Negri, no tópico sobre formação dos Estados nacionais na Europa, pensando

44 Veja, por exemplo, Carlos Hasenbalg, que ainda nos anos 1970 comprovou, em sua tese, a existência de práticas discriminatórias no mercado de trabalho em a *Discriminação e desigualdades raciais no Brasil*, Rio de Janeiro, Graal, 1979. Também Raquel Rolnik, que apontou para formas de discriminação racial e resistência cultural na formação urbana brasileira em *A cidade e a lei. Legislação, política urbana e territórios na cidade de São Paulo*, São Paulo, Fapesp/Studio Nobel, 1999.

45 Antônio Sérgio Guimarães, *Como trabalhar com raça em sociologia*, Educação e Pesquisa, São Paulo, v.29, n.1, p. 93-107, jan./jun. 2003.

nas peculiaridades da constituição do Brasil, enquanto Estado-nação e os lugares históricos, simbólicos e sociais destinados aos descendentes de africanos nesse arranjo neocolonial. Não se trata da aplicação das fórmulas binárias e antagônicas negro-branco, colonizador-colonizado, elite-povo, mas da constatação cotidiana da sujeição histórica, medida pela incidência das profundas divisões sociais, culturais, políticas e econômicas que tornaram a sociedade brasileira aquilo que efetivamente é: desigual, violenta, conservadora, sexista, cristã e racista.

Meu objetivo é sustentar a ideia de que as elites intelectuais contemporâneas brasileiras, por conservadorismo, medo e interesses na manutenção da ordem social e da unidade nacional, são coniventes, senão as operadoras, da cultura de violência estatal e paraestatal que tem vitimado de forma radical, desumana e vergonhosa as populações negras no Brasil e, sobretudo, a juventude negra urbana. Trata-se da peculiaridade do racismo brasileiro. Nunca dizer seu nome nem enunciar seus meios e fins. Mas medrar sempre, para manter-se intacto.

Dados estatísticos sobre a violência demonstram de forma contundente que a percentagem de morte dos jovens negros vem aumentando exponencial e progressivamente, ano após ano. Todos os mecanismos legais e políticos formais têm sido acionados para barrar esse processo contínuo de extermínio. No entanto, sem sucesso.[46] Pode ser considerado um simples jogo de cena da classe política, mas foi aberta uma Comissão Parlamentar de Inquérito (CPI)

46 Segundo o *Atlas da violência 2016*, apresentado pelo Instituto de Pesquisas Econômicas Aplicadas (Ipea): "Com efeito, Cerqueira e Coelho (2015) verificaram que um indivíduo afrodescendente possui probabilidade significativamente maior de sofrer homicídio no Brasil, quando comparado a outros indivíduos. Essas diferenças são maiores no período da juventude (entre 15 e 29 anos). Aos 21 anos de idade, quando há o pico das chances de uma pessoa sofrer homicídio no Brasil, pretos e pardos possuem 147% a mais de chances de ser vitimados por homicídios em relação a indivíduos brancos, amarelos e indígenas. No período analisado (de 2004 a 2014), houve um paulatino crescimento na taxa de homicídio de afrodescendentes (+18,2%), ao passo que houve uma diminuição na vitimização de outros indivíduos que não de cor preta ou parda (-14,6%)". *Atlas da violência 2016*. Nº 17. Brasília, março de 2016, p. 22, 23.

no Congresso Nacional Brasileiro. Em 2015 a comissão terminou o relatório. São 283 páginas de texto, onde, além dos dados e análises, constam também sugestões ao poder executivo de medidas imediatas, de médio e de longo prazo. Mas o Congresso em resposta prática e rápida tratou de liberar, de forma irrestrita, a utilização de armas de fogo para a população civil.

Ainda em diálogo com Negri e Hardt, meu argumento central incide sobre duas ideias que venho desenvolvendo para compreender melhor as formas culturais afro-brasileiras e seus confrontos com a hegemonia econômico-cultural brancocêntrica. Uma primeira elaboração é aquela que diz respeito à modernidade reacionária[47] das elites brasileiras, e a segunda versa sobre a cultura e a pedagogia da violência como formas de controle social das populações subalternizadas.

Sobre a modernidade reacionária das elites é preciso lembrar a qualquer estrangeiro recém-chegado que um discurso muito eficaz sobre a identidade brasileira tem sido manipulado pelo Estado e pelas elites intelectuais desde a primeira metade de século XX, no sentido de mostrar uma imagem de harmonia social ou de "hierarquia social de consenso", por isso parece quase nunca tensionada. A ênfase na permeabilidade étnica, no hibridismo biológico-racial e plasticidade cultural favorecem, em tese, a não existência de racismo. Em outras palavras, mesmo hoje ainda há muita força na imagem do Brasil como Estado-nação cuja identidade nasce do encontro fraterno de populações originárias (índios), negros (africanos escravizados) e brancos civilizadores. A esse idílio os políticos e intelectuais, não apenas conservadores, passaram a chamar de Democracia Racial

47 O germanismo foi uma influente corrente intelectual no Brasil entre finais do século XIX e início do XX, que tomava o atípico caso de desenvolvimento da Alemanha como modelo ou paradigma de Estado nacional para o Brasil republicano. Incorporei aqui por similitude o conceito de modernismo reacionário, aplicado por Jeffrey Herf à República de Weimar e ao Terceiro Reich. Veja: Jeffrey Herf, *O modernismo reacionário, tecnologia, cultura e política na República de Weimar e no 3º Reich*, São Paulo, editora Ensaio: Editora da Unicamp, 1996.

Brasileira. Forja imagética da identidade, ficção interna e externa. Toda crítica a essa projeção é rechaçada como alienígena, antinacional, racista ou divisionista. Ao não poder responder a um coro de intelectuais renomados, as vozes dissonantes são silenciadas.

Pensadores estrangeiros, ou mesmo nacionais, cujas visões sobre o Brasil foram moldadas por textos, canções, filmes fundamentados nessas construções ideológicas, ainda encontram como fonte Gilberto Freyre. Mas uma forte corrente interpretativa neo-freyreana emergiu em pesquisadores como Peter Fry (2005), Ivone Magie (2006), Lilia Schwarcz (2015), Hermano Viana (2001) e Livio Sansone (2001). Podem ser entrevistos como arautos da brasilidade autoritária e brancocêntrica do século XXI.

Temos oitenta anos de construção discursiva freyreana para alguns momentos de emergência da desarmonia, tensão ou dissonância do arranjo original das três raças? Certamente devem ficar arrepiados os estrangeiros mais propensos a ver o Brasil por tais lentes ocultistas, quais sejam, mitificação da mestiçagem como originalidade identitária, ante a emergência de narrativas dissidentes sobre a identidade una do Brasil. Historicamente, tais narrativas espinhosas são quadros marginais elaborados, geralmente, por pensadores afastados do poder estatal, acadêmico, econômico ou político.

Se o neocolonialismo europeu tem seu marco na Conferência de Berlim, em 1885, no Brasil ele começou mais cedo. Quero dizer, começou em 1808, com a chegada da família real portuguesa. Já se encontrava muito bem elaborado na produção intelectual de José Bonifácio de Andrada e Silva[48], iluminista português nascido no Brasil e o primeiro a construir uma tipologia do brasileiro ideal, na qual excluía os negros. Ao idealizar um Brasil racialmente homogêneo, como deviam ser as "nações modernas", com refinados argumentos

48 José Bonifácio de Andrada e Silva, *Projetos para o Brasil*, São Paulo, Companhia das Letras, 2000.

pré-eugênicos recomendava sua libertação e extinção gradual pelo cruzamento biológico coordenado, ou seja, fazia isso cinquenta anos antes da eugenia existir como pseudociência e ideologia. No Brasil foi muito bem assimilada por médicos sanitaristas e médicos psiquiatras, como Raimundo Nina Rodrigues, mas também se espraiou para o pensamento econômico, cultural e político. Pensando exclusivamente na literatura da segunda metade do século XIX e a primeira do século XX, seria necessário identificar melhor os fios eugênicos que conectam as obras de Aloísio de Azevedo a Monteiro Lobato.

Nas interpretações neofreyreanas sobre o império português no Brasil, pululam as loas dessa primeira etapa da "modernização" promovida pela Casa de Bragança, ao mesmo tempo em que a natureza própria dos projetos de inserção do Brasil no contexto das nações independentes é geralmente envelopado em um discurso francamente monarquista, antidemocrático e racialmente hierarquizante.

As mudanças e permanências estruturais e mentais nos permitem afirmar que as noções de modernização tecnológica e cultural elaboradas pelas elites têm tido como marcas fundamentais a constante busca de aprimoramento tecnológico produtivo e manutenção dos privilégios dessas mesmas elites. Embora cem anos separem as elites agrárias da independência de 1822 e os filhos das elites agroindustriais representadas pelo Modernismo de 1922, as conexões ideológicas e de classe/raça entre ambas já não podem mais ser negligenciadas. Como já argumentei recentemente:

> *A modernidade brasileira combinou tecnologia, cultura artística, políticas urbanas, industrialização, mas não abriu mão de velhas formas de colonialismo interno no trato com as populações pobres, indígenas e negras. Embora socialmente situada ao lado dos brancos pobres, nossa condução tem especificidades que não podem ser anuladas, justamente pela longa duração e historicidade dos racismos antinegro e anti-indígena. Os tataranetos dos paulistas*

quatrocentões sequestraram para si a ideia de modernidade europeia, aproveitando que seus pais e avós haviam feito fortuna combinando tráfico clandestino, escravismo altamente racionalizado e plantation. Nossa concepção nacionalista de modernidade tem estas matrizes: patrimonialismo, escravismo e racismo.[49]

Em segundo lugar, é meu objetivo sustentar a ideia de que as elites intelectuais contemporâneas brasileiras, por medo ancestral e interesses atuais na manutenção da ordem social e da unidade nacional, são coniventes com a cultura de violência estatal, que tem vitimado de forma radical, desumana e vergonhosa as populações indígenas e negras no Brasil. É isso que podemos interpretar quando confrontamos o silêncio dos setores médios, quando não seu clamor por mais violência racionalizada, e que, sobretudo, tem transformado em um inferno social a vida de um amplo setor da população composto exclusivamente pela juventude negra mais pobre e situada nas cidades mais urbanizadas.

Essa situação calamitosa, designada "Genocídio da Juventude Negra", tem sido denunciada de forma marginal e silenciada pela mídia tradicional, com a conivência da classe média branca e das elites intelectuais, políticas e econômicas, predominantemente brancas – senão no traço fenotípico, brancas na percepção de mundo, que tem na Europa Ocidental o centro do cosmo.

Mais uma menina morta pela polícia militar do Rio de Janeiro em uma escola de um bairro pobre qualquer. Na semana seguinte os telejornais repercutem as mortes de policiais, para sustentar a ideia

49 Para alguns autores brasileiros parece ser muito complexa a ideia de colonialismo interno. Meu argumento é bastante simples. Tanto a vinda da família real portuguesa como a manutenção da ordem escravista, assim como a maior inserção das elites brasileiras de origem portuguesa no mercado mundial de coisas e pessoas, em nada denotaram qualquer ruptura da lógica colonial. Mas sua permanência mais atroz encontra-se no âmbito da cultura, da mentalidade e da manutenção do poder, prestígio e mando em mãos eurodescendentes por cinco séculos, em todo o continente americano.

de guerra. Contra quem? Agora sabemos, o inimigo somos nós, a base hierárquica da população. A doutrina policial nos identificou como inimigos potenciais, e toda lógica de segurança é construída na ideia de que a polícia se alimenta de práticas de retaliação, vingança e raiva. Contra quem?

Mulher negra arrastada pela polícia por quilômetros até morrer esfolada, uma mulher transexual abatida na viela, morta a pauladas, uma lésbica morta a coturnos másculos na rua. A imagem destes corpos fica amontoada num canto da tela aguardando nossa ação. E nada. Não repercute. Nas redes sociais vazam imagens de violência cotidiana contra gays e mulheres, lésbicas ou não, crianças e jovens negros.

Os chamados "formadores de opinião" jazem num silêncio ensurdecedor. Também mortos, agem como se vivessem na Bélgica. Herdeiros como somos da tradição ocidental, aqui a escala de valores propriamente humanos continua sendo homem branco, mulher branca, homem negro, mulher negra. Os povos originários continuam a ser quase que completamente ignorados em qualquer perspectiva, mas também a violência de Estado nunca cessou sobre eles, desde a época da "Guerra Justa".[50] São idilicamente expostos em mostras fotográficas, filmes e exposições iconográficas em luxuosos centros culturais nas metrópoles, locais onde seus descentes trabalham em condições análogas à escravidão.[51]

50 A antropóloga Vanessa Caldeira, companheira de trabalho em grupos de formação continuada de professores, em aulas que dividíamos, apresentava e interpretava um documento imperial joanino, publicado como edito real em 1808, que legitimava a "Guerra Justa contra os Botocudos" – Vanessa Caldeira, "História de Botocudo". In: Marcos Rezende & Ricardo Álvares (org.), *Era tudo mata: O processo de colonização do Médio Rio Doce e a formação dos Municípios de Aimorés, Itueta e Resplendor*, Belo Horizonte, Aimorés, consórcio da hidrelétrica de Aimorés, 2007.

51 Recentemente o Instituto Tomie Otake de São Paulo, sob curadoria da antropóloga Lilia M. Schwarcz, realizou exposição em luxuoso prédio envidraçado do bairro de Pinheiros, cujo tema eram os mestiços dos primeiros tempos da colonização, com gravuras da época da ocupação holandesa em Pernambuco. Pinheiros apresenta um patamar superior ao da Holanda em termos de IDH (Índice de Desenvolvimento Humano), um dos mais altos do país.

Na bela sociedade cosmopolita contemporânea brasileira, os mestiços e povos originários são mencionados também em filmes comerciais e séries de TV, onde os protagonistas são, via de regra, homens brancos superletrados do Sudeste.[52] E a violência é nossa marca de longa duração, e nossa modernidade a sofisticou. Em termos de imaginário nacional continuamos a nos ver pelas pranchas romântico-modernistas de Tarsila, Freyre, Hollanda e Darcy Ribeiro. Essas telas canônicas se sobrepõem à nossa efetiva capacidade de cognição do real. Mesmo quando ela fura a tela, avança sobre nós, nos empurrando de volta, e nos mantemos impassíveis, conformados, impotentes.

Vamos resumir: o Brasil, como Estado nacional, foi formado por um episódio fortuito ocorrido na Europa, qual seja, a invasão de Portugal pela França napoleônica e a fuga da família real portuguesa para o Brasil em 1808. A declaração de independência, operada por um monarca da casa real portuguesa em 1822, não significou uma ruptura, mas, ao contrário, um arranjo político, continuidade do projeto colonial. O escravismo racial foi não apenas mantido como combinado com um projeto colonial interno, onde os negros eram ainda indispensáveis como máquinas produtivas, mas descartáveis como contribuição à formação do Estado nacional embrionário. Visando o embranquecimento biológico e cultural gradativo da população, os africanos e seus descendentes tornaram-se, pouco a pouco, "os inimigos de porta adentro".[53]

Posteriormente, o golpe militar de Estado que suprimiu a monarquia e instaurou a "República dos Fazendeiros", em 1889, implicou em novas continuidades, e não em ruptura da ordem social do absolutismo tropical. Os autoritarismos das elites modernizadoras, mais

52 Menciono aqui uma recente série de TV, um filme épico no qual os personagens centrais eram os irmãos Villas Boas, sertanistas ou indigenistas que, em pleno século XX, ainda encarnavam o mito dos paulistas desbravadores. Corresponsáveis relativamente conscientes da interiorização da ordem republicana para as regiões amazônicas.

53 Ramatis Jacino, *Transição e exclusão: O negro no mercado e trabalho em São Paulo pós-abolição* – 1912/1920, São Paulo, Nefertiti, 2011.

notadamente reacionárias, delimitaram todas as formas de ordem, poder e controle social, cultura e participação política ao longo do século XX. Um dos primeiros atos institucionais republicanos consistiu em impedir o voto das pessoas analfabetas. Num golpe de caneta, cerceou a participação nos pleitos eleitorais da maioria absoluta da população, sobretudo da população que até o ano anterior teria sido escravizada.

Ainda assim multidões de excluídos, em inúmeros episódios, desenvolveram práticas de contestação da ordem concebida pelas elites, e no limite de suas possibilidades elaboraram estratégias de integração social e acesso a direitos sociais básicos. As elites reafirmaram seu lugar com novos estigmas, violência estatal e inovadoras brutalidades, agora racionalizadas como política de trabalho e direitos parcos, segurança pública e saúde mental, educação e controle aprimorado das atividades artísticas e culturais, sindicais e políticas. Não há um só tópico socioeconômico, qual seja, emprego, moradia, saúde, escolarização, justiça, segurança, previdência em que as iniquidades não sejam comprovadas pelos dados coletados pelo próprio governo federal.[54]

Vou definir, ao meu modo, o que vem a ser cultura da violência. Por cultura da violência estou afirmando haver, por parte das elites políticas, um trato racionalizado e desumano, na longuíssima duração, para com negros, indígenas, mestiços e brancos muito pobres. Essa desumanização, advinda de uma alteridade distorcida e forjada pela ideologia de superioridade racial, atravessa colônia e império e se torna mais sofisticada, científica e desdobrada na era republicana.

No processo de modernização-urbanização-globalização tem sido reafirmada a exclusividade branca diante das classes subalternas

54 Tanto o Instituto Brasileiro de Geografia e Estatística (IBGE) quanto o Instituto de Pesquisa Econômica Aplicada (Ipea) têm publicados dados e estudos anuais e periódicos sobre desigualdades estruturais e estruturantes no Brasil e sua incidência, sobre os quesitos cor, raça e gênero.

formadas, prioritariamente, sobre descendentes dos dois grupos. Os racismos medram, mudam e se aprimoram desde a virada do século XIX até o presente ano do século XXI. Desde os anos 1980, há uma alta taxa de natalidade, por isso essas mortes não impactam a produtividade e nem reprodução do capital. Estou sugerindo que as mortes violentas têm tido o papel primordial de manter a qualidade de vida das elites sociais. Racismo tem sido política de Estado.

Divagando um pouco: Elikia M'Bokolo[55] nos ajuda a visualizar que, na passagem do século XVIII para o XIX, se desenvolveu na Europa toda uma construção cultural, em meio à qual foi concebida a ideia de uma humanidade geral e abstrata. Esse espelho europeu projetado frequentemente concorria passo a passo com as teorias de formação cromática da humanidade, que resultou em uma gradação evolutiva baseada na cor. No topo da pirâmide estariam os europeus. Isso coincide com a posição imperial-colonial global da Europa.

No Brasil, os fazendeiros fluminenses, mineiros e paulistas, tão cantados como nossos modernizadores, rapidamente se adequaram aos novos tempos e combinaram suas atividades produtivas com o comércio interno e clandestino de pessoas negras. Estes mesmos que fustigavam o Império, enquanto fomentavam a República das Oligarquias. Emília Viotti da Costa (2010), ao analisar o longo e complexo caminho da abolição da escravatura no Brasil, concluiu: "O arbítrio, a ignorância, a violência, a miséria, os preconceitos que a sociedade escravagista criou ainda hoje pesam sobre nós".[56] Eu perguntaria a Viotti da Costa, pesam sobre nós quem, cara pálida? As novas elites tiveram que elaborar outras ferramentas, discursos e métodos. Jota Mombaça jovem ativista, coloca a coisa fria nos seguintes termos:

55 Elikia M'Bokolo, *África negra, história e civilizações, Tomo I*, Salvador, Edufba, São Paulo, Casa das Áfricas, 2009.

56 Emilia Viotti da Costa, *A abolição*, São Paulo, Editora Unesp, 2010, 9ª edição.

É, sobretudo, no controle sistêmico do trânsito de pessoas africanas livres e afrodescendentes que a polícia vai passar a operar, como braço do projeto colonial em sua versão moderna, garantindo a segurança das elites brancas e mestiças e o terror das comunidades empobrecidas e racializadas. O racismo contra pessoas pretas e pobres está, portanto, no DNA das polícias e das redes de controle e extermínio que se articulam em torno delas. Mas não teria sido necessário ouvir uma acadêmica branca para dar-se conta disso. Não é de hoje que movimentos políticos como Mães de Maio e Reaja ou Será Morta(o), assim como uma série de vozes implicadas nos ativismos e organizações comunitárias pretas, produzem conteúdo, denúncia e articulação para visibilizar o papel efetivo desses genocídios racistas e classistas nas gramáticas da dominação à brasileira.[57]

Em todas as revoltas do século XX os negros fizeram sentir seu protesto contra a nova ordem. Canudos, Vacina, Pelados, Chibata, Jagunços, Araguaia, Corumbiara, Altamira, Carandiru. Contudo, uma interpretação recorrentemente conservadora e brancocêntrica das lutas camponesas e urbanas, ocorridas no transcurso do século passado, geraram imagens prismáticas de conformismo, anomia, inconsciência política e desarticulação social das populações afro-indígenas e pobres.

Cerceados pelas políticas de embranquecimento, encarcerados em presídios e manicômios, com empregos e escolarização precários, durante o crescente processo de industrialização e desenvolvimento econômico, clubes sociais e associações negras eclodiram em todo o país com objetivo de fomentar novas formas de sociabilidade e integração, tal como nos informa Clovis Moura (1980). As elites

57 Jota Mombaça, *Rumo a uma redistribuição desobediente de gênero e anticolonial da violência!*, p. 03.

responderam, com mais concentração de prestígio, poder e riqueza. Introduziram alta tecnologia e prescindiram paulatinamente da mão de obra tradicional e de baixa escolarização. Mantiveram os altos cargos e salários na indústria e nos serviços para funcionários, para classe média branca estabelecida ou os atribuíram aos europeus recém-chegados.

Negri e Hardt ainda atados a uma percepção crítica, mas não menos eurocêntrica, tratam o racismo contemporâneo como uma abstração absoluta, remetem-se ao fim do regime de *apartheid* como fim simbólico do racismo moderno e concluem reconhecendo que as formas de racismo sofreram uma mutação essencial do campo da biologia para o do relativismo cultural, mas continuam a progredir. Citam Deleuze e Guattari como tendo sustentado que "o racismo europeu nunca operou pela exclusão, ou pela designação de alguém como Outro". A necessidade de uma teoria geral do racismo cria essa incapacidade cognitiva básica, de reconhecer as peculiaridades dos fenômenos que podem ter na origem a mesma fonte, mas deixam de ser o mesmo em diferentes contextos.

Pode ser que efetivamente no contexto da Europa Ocidental essa noção de alteridade rebaixada possa ter se efetivado como forma de tratamento racial. Mas no processo formativo das sociedades colonizadas o caso foi totalmente outro. Qual seja, a desumanização absoluta dos não brancos foi a base do desenvolvimento da cultura, da economia e das hierarquias sociais coloniais e pós-coloniais. Embora profundas mudanças tenham ocorrido no âmbito da urbanidade, complexidade produtiva e acesso a direitos sociais básicos, a concentração de poder, mando e renda entre eurodescendentes, assim como a violência sistêmica, é aspecto estrutural e estruturante. Não há como deter tais práticas biopolíticas sem pressupor mudanças estruturais.

II.3. A ENCRUZILHADA ONDE NOS ENCONTRAMOS COM ANTONIO NEGRI[58]

Por Rodrigo Guéron[59]

II.3.1. A ENCRUZILHADA

Uma das perguntas que motivam estas reflexões é: por que Marx? Alguém diria: as injustiças sociais do capitalismo. Mas como Marx coloca o problema do capitalismo e como ele o faz no coração da história da filosofia, história esta que, num certo sentido, tem a ver com o surgimento do capitalismo mesmo? A própria concepção de uma história universal que nos faz falar de uma história de filosofia (resolvemos colocar estes termos todos em letra minúscula), e sua carga teleológica consumada em Hegel, mas que já vinha antes (já estava, por exemplo, no conceito de *maioridade* em Kant) está intimamente ligada ao capitalismo. Nietzsche ironizava Hegel dizendo que ele ficava em Berlim tomando cerveja e se achando o

58 Este texto é a reprodução mais ou menos fiel da apresentação que fizemos no colóquio *Diálogos com Antonio Negri*, promovido pelo Departamento de Filosofia, Departamento de Sociologia e Departamento de Ciência Política da Universidade de São Paulo no final de outubro de 2016. Trata-se de um texto simples, sem maiores aprofundamentos, onde nos dedicamos não ao pensamento do Negri tão especificamente, mas ao que designamos aqui como a encruzilhada política e filosófica onde nos encontramos com a sua criação filosófica e o seu ativismo político. Ou seja, fizemos uma apresentação que dá uma espécie de passo atrás em relação ao pensamento de Antonio Negri, falando, particularmente, sobre a maneira como a leitura que Deleuze e Guattari fazem de Marx ajudam a constituir este lugar de criação e luta deste pensador-ativista italiano.

59 Rodrigo Guéron é filósofo, cineasta e professor adjunto do Instituto de Artes da Uerj, autor do livro *Da imagem ao clichê. Do clichê à imagem. Deleuze, cinema e pensamento*, Rio de Janeiro, Nau, 2011. rgueron@uol.com.br.

mais racional dos homens que já andaram sobre a Terra, como se toda a história da humanidade estivesse desde sempre preparando o surgimento dele mesmo. Ele, Hegel.

Nietzsche, sabemos bem, jamais achou que a embriaguez nela mesma fosse um problema, antes o contrário. Mas achava problemática a embriaguez de Hegel. Poderíamos considerar que Marx esteve, a princípio, participando desta embriaguez. Mas Marx talvez tenha se sentido mal cedo demais. Marx é, sob certo aspecto, o resultado de um mal-estar na embriaguez hegeliana. O bêbado que destoou do coro dos contentes na nababesca e sanguinária festa do Ocidente (e aí leia-se festa da "civilização"). "Não é o Espírito! É matéria!" – teria gritado. Um pouco menos de peso judaico-cristão sobre as costas de Marx, um pouco menos de herança patriarcal, e talvez ele tivesse gritado: "É o corpo!"

Seja matéria, seja corpo, há ainda outra coisa. Ao falar de matéria, Marx nos levou à produção. É curioso, porque há muitas vezes um peso aristotélico, ou pelo menos da noção de substância do aristotelismo conforme foi apropriado pela tradição filosófica, que aparece em Marx quando ele se refere à matéria e mesmo à natureza (neste caso há uma imensa variação em Marx). Mas o que faz de Marx um materialista é a *autopoiesis* que é vivamente afirmada no seu pensamento, para usarmos um conceito que Marx não usava.

Pois então aqui voltamos à primeira pergunta no alto do primeiro parágrafo. Por que Marx? Por causa da *autopoiesis*. A *autopoiesis* de Marx é a esquina onde nos encontramos: a esquina onde nos encontramos com Antonio Negri. Nela Marx é filósofo, ativista, político e economista; poderíamos arriscar dizer, ainda, sociólogo e antropólogo. É claro, a sua filosofia é filosofia política, mas é filosofia política à medida que seu assunto é a produção. Vida como produção.

As assimetrias, as violências peculiares das distintas relações sociais de produção, são o que introduzem um "menos" na vida. Elas são, em última análise, modos de expropriação de vida. No capitalismo estas adquirem formas peculiares, complexas e às vezes especialmente sofisticadas. Marx as descreve, as desmonta e as apresenta para nós. E aqui nos lembramos da filósofa Judith Revel, a quem escutamos certa vez dizer que o capitalismo fez uma inversão entre os sentidos "produção" e "reprodução". Segundo ela, o capital chama todo o tempo de *produção* o que é apenas *reprodução*: a atividade produtiva absolutamente podada, limitada, esvaziada de seu caráter mesmo de produção, posto que permanece quase completamente restrita a pura reprodução do capital, ou seja, o que o capitalismo chama de *produção* é quase sempre apenas *reprodução*. Por outro lado, a biologia – as "ciências naturais", como eram chamadas no início – nos ensinou desde a escola mais elementar a chamar de "reprodução" ("reprodução da espécie") o que na verdade é a produção no sentido ao mesmo tempo mais evidente e mais radical do termo: a produção da vida, a produção do novo.

Tenho, então, a sensação de estar falando de algo demasiadamente elementar – e quem me escuta provavelmente também –, mas o faço porque tenho a também sensação de um elementar que nos falta: a articulação entre política e produção, obscurecida por um marxismo cujo debate é dominado pela luta, e por estratégias de luta, para a tomada do poder compreendida como tomada do Estado.

É nesta encruzilhada que nos encontramos com Negri. Onde a economia é política, onde o pensamento é ele mesmo "produção". Nesta encruzilhada, Negri-Marx vão se chegando a Guattari, Deleuze, Foucault. Nesta encruzilhada talvez já estivessem, há muito, Espinosa e Maquiavel.

II.3.2. O QUE AINDA NÃO ACONTECEU

Este subtítulo é para fazer uma menção ao texto de Deleuze sobre 1968: "Maio de 1968 não ocorreu".[60] Esse é mais ou menos o tom da breve fala que gostaria de fazer aqui. Quais as ferramentas que ainda estão na gaveta? Mas não quero falar sobre 68, soa demasiado francês, soa mais ou menos pequeno-burguês (não creio que seja, mas soa): a tentação da nostalgia do tempo que não vivi, a tentação do "retorno". Quando tenho esta espécie de ansiedade em lembrar de Marx como um filósofo da produção (vida como produção, produção como vida), quando tenho a impressão que grande parte da esquerda deixou de lado em suas análises a compreensão da política como algo que se constitui na vida como ação e, consequentemente, como atividade produtiva, paradoxalmente flerto perigosamente com a impotência restauradora da crença em uma grande revelação feita no passado, um ápice perdido que deveríamos restaurar. Mas é justamente isso que acho que deveríamos nos empenhar em tentar evitar. É impressionante como, diante das derrotas que temos sofrido, particularmente nos últimos três anos aqui no Brasil, mas também pelo mundo afora, tenho visto movimentos restauradores por todos os lados. Os fluxos micro e macrofascistas que temos observado – um assunto que mereceria uma reflexão em especial – são de fato assustadores. No Brasil, podemos dizer que o governo que se instalou depois do "golpe parlamentar" sobre a presidente Dilma Rousseff tem um caráter claramente restaurador. Mas é também um tanto preocupante dentro das próprias forças que se autodenominam de "esquerda" como a derrota sofrida as empurra para um discurso, e sobretudo

60 Deleuze & Guattari, Mai 1968 n'a pas eu lieu, in *Chimères* N° 64, p. 23 à 24, Paris, 2007. Artigo originalmente publicado na revista *Les nouvelles*, maio de 1984. Tradução brasileira: "Maio de 1968 não ocorreu", trad. de Mariana Toledo, in: *Revista trágica* N° 64 pp. 23-24, Rio de Janeiro, 2015.

um certo *pathos* completamente reativo e restaurador. Como me soa restaurador, por exemplo, esta palavra de ordem: "retornemos a Hegel, retornemos a Hegel", entoada por algumas das maiores celebridades da esquerda acadêmica ("celebridade da esquerda acadêmica" talvez seja uma expressão onde se encontre pelo menos duas contradições entre os termos).

Mas é a radicalização mesmo do sentido de produção que pode nos proteger deste estranho afeto restaurador – mesmo que eventualmente para abandonar o termo "produção", visto que ele esteja talvez demasiadamente impregnado, marcado, pelo uso que faz dele o capital. Ele nos leva a compreender a economia como economia política, e a política como uma atividade eminentemente econômica. E aqui devemos parar um pouco diante de um possível mal-entendido. De fato, sabemos muito bem que quando a mercadoria domina a vida social, o discurso econômico domina todo o discurso político. E aprendemos isso com ajuda de Marx. Mas Marx escreveu mais de uma vez sobre a "Crítica à Economia Política", este era o próprio subtítulo do Capital. O que ressoa todo o tempo aí é um clamor de Marx por uma outra economia política, e não a defesa de uma oposição entre política e economia. Mas também não se trata apenas de formar economistas e um pensamento econômico que seria supostamente "de esquerda", se trata antes de pensar este lugar (lugar ontológico?) onde economia e política se confundem. Mas quem afirmou, ou também afirmou, que havia uma "economia no início" foi Freud: uma economia libidinal e desejante.

Deleuze e Guattari são profundamente afetados por esta chamada, por esta convocação de Marx: por uma outra economia política! Antonio Negri prestou bastante atenção ao movimento destes dois franceses. Mas acontece que Deleuze e Guattari achavam que Freud era o Adam Smith da psiquiatria e mais, acreditavam que estavam em relação a Freud da mesma maneira que Marx se colocou em relação a Adam Smith e a Ricardo.

II.3.3. DELEUZE, GUATTARI E MARX

Deleuze e Guattari se interessam de um modo especial pela maneira como Marx descreve o nascimento da *Economia Política* e a descoberta que esta fez do *trabalho abstrato*. Nos assim chamados *Grundrisse*, na primeira parte que está sob o título *Introdução Geral à Crítica da Economia Política.*[61] Marx que nos chama a atenção para o fato da economia política passar a entender a essência da riqueza na própria atividade de produzir em geral. Tínhamos, antes do nascimento da economia política, uma visão da essência da riqueza como estando nos objetos e na objetividade em geral. Não havia então "economia política", havia no máximo algo como "análise das riquezas". O conceito de trabalho abstrato marca, de certa forma, a descoberta do *sujeito* como o grande agente produtor de riqueza. Vejamos o que diz o próprio Marx:

> *Foi um imenso progresso quando Adam Smith designou a essência da riqueza como atividade de produzir em geral, sem nenhum privilégio de uma produção sobre outra. A produção agrícola já não tinha privilégios, e eram necessárias, seguramente, as condições do trabalho industrial – quer dizer, o desenvolvimento do capitalismo – para que a essência da riqueza realizasse esta conversão e fosse descoberto do lado da atividade de produzir em geral. É a partir daí que se funda a economia política.*[62]

Ora, Deleuze e Guattari nos chamam a atenção para que Freud teria feito o mesmo movimento que Ricardo e Smith, ou seja, Freud teria descoberto a essência abstrata do desejo não mais nos objetos do

61 Marx, Introduction Générale à la Critique de L'Economie Politique, In: *Ouvres economie* I, Paris, Editions Gallimard / Pleiade, 2010, p. 231.

62 Idem, p. 258.

desejo, mas sim numa essência subjetiva deste. *Libido* é como ele nomeia esta atividade subjetiva de essência abstrata. Mas as semelhanças entre o nascimento da psicanálise e o nascimento da economia política, segundo Deleuze e Guattari, não param por aí. De fato, Marx assinala que a descoberta da essência da produção no trabalho – *a descoberta do trabalho abstrato* –, feita pela economia política, é imediatamente frustrada e limitada à medida que os economistas políticos vinculam e submetem a produção do sujeito à propriedade privada. Trata-se, diz Marx, da maneira como a economia política cria uma alienação: uma nova alienação que não tem mais nada a ver com a objetividade: uma alienação que agora tem a ver com uma forma de mistificação da própria produção.

Estamos falando de um aspecto bastante importante de Marx, que talvez não tenha merecido, sobretudo mais recentemente, a devida atenção do marxismo, a saber, o fato dele fazer uma espécie de teologia – na verdade uma contrateologia – do Capital. Vincular a produção à propriedade privada é a forma como o Capital coloca a si mesmo como "pressuposto natural e divino"[63] de todo o processo produtivo. Os proprietários dos meios de produção se tornam proprietários do trabalho e não se cansam de dizer que toda a produção depende deles. O capitalista não para de dizer, a respeito de si mesmo, que não haveria produção, não haveria trabalho, não haveria desenvolvimento tecnológico e nem mesmo riqueza e prosperidade se não fosse ele. Assim, toda a potência da descoberta do trabalho abstrato pela economia política se esvazia na sujeição dele à propriedade privada, em particular à propriedade privada dos meios de produção capitalista. É como se a operação de vinculação do trabalho à propriedade privada, que é na verdade uma operação de fazer com que toda a produção seja concebida como vinda diretamente

63 Karl Marx, "Formas pré-capitalistas de produção", in: *Karl Marx. Ouvres economie II* Paris: Gallimard/Pleiade, p. 314.

do capital, fosse o maior de todos os fetichismos do capitalismo: o fetichismo dos fetichismos.

Deleuze e Guattari fazem neste ponto, no entanto, uma observação extremamente singular, qual seja, eles afirmam que a psicanálise faz o mesmo movimento que a economia política não apenas quando descobre, como esta, a produção no sujeito, mas também quando frustra a sua descoberta – a libido, o desejo – remetendo-a ao triângulo edipiano e, portanto, à estrutura da família burguesa. Assim, como acontece com o nascimento da economia política, que marca a descoberta do próprio conceito de trabalho abstrato – tão importante para o pensamento de Marx –, toda a potência, todas as possibilidades que são abertas quando Freud afirma o caráter central da libido e do desejo em seu pensamento, se esvazia quando este vincula a libido ao triângulo edipiano e, portanto, o desejo é remitido à estrutura familiar que passa a funcionar na psicanálise como uma espécie de estrutura intermediária entre o desejo e o *socius:* papai, mamãe e *moi*. Deleuze e Guattari não estão dizendo que este movimento da psicanálise é apenas semelhante ou análogo ao da economia política descrita e criticada por Marx: é mais do que isso. Eles consideram simplesmente que ambas, economia política e psicanálise, fazem exatamente o mesmo movimento, isto é, fazem tanto a mesma descoberta (a de um sujeito produtor) quanto a mesma limitação e frustração desta descoberta (a sujeição do sujeito produtor respectivamente à propriedade privada e à família burguesa). É nesse sentido que eles dizem que a crítica que Marx dirige aos economistas políticos ingleses, com a qual estão inteiramente de acordo, serve exatamente para a psicanálise nascente de Freud.

Pode-se dizer que essa é uma forçada guatarro-deleuziana. Mas ela tem uma peculiaridade. Ela coloca o problema do capitalismo em termos de desejo, sobretudo nos apresenta que o capitalismo tem uma relação com o desejo que nenhuma forma de relação social de produção tem. Assim, para os dois autores, enquanto nas outras formas de relações sociais de produção o desejo em geral age já profundamente codificado graças ao processo de marcação e determinação social que os indivíduos sofrem, o capitalismo seria a única forma de relação social – de *socius* – que depende da descodificação de fluxos do desejo para existir.

O problema é que a esquerda mesma parece vítima desta automistificação que o capital faz de si mesmo, tão bem denunciada por Marx. Ela tem uma profunda dificuldade de compreender que as transformações produtivas estão por todo lado, que existem linhas de fuga das relações sociais de produção na maneira como elas são organizadas pelo capital. Mas o capital tem com estas linhas de fuga, que se constituem em verdadeiros fluxos produtivos, uma dupla relação. Em primeiro lugar é preciso entender que as relações sociais aí se reorganizam, mas evidentemente isso não é capaz de derrotar o capital. Mas ele é aí tensionado e precisa se reorganizar.

Eu tenho a impressão que o conceito de multidão é cunhado a partir de uma disputa que se dá diretamente no *socius*, uma disputa que se dá imediatamente na produção: empurrar a produção para além da forma mercadoria. É como se houvesse uma resistência ao esvaziamento qualitativo, a despotencialização libidinal que o capital opera através de um processo que reduz toda a produção às quantidades abstratas em forma de moeda. Uma resistência, portanto, à forma mercadoria como um índice geral redutor de toda forma de valoração da vida (a mercadoria como mera intermediária no processo de produção do capital, como nos mostrou Marx). Mais do que uma resistência negativa em relação aos processos capitalistas de (re) produção (a greve como paradigma destas resistências), o que temos feito desde sempre na história do capitalismo é uma operação positiva de empurrar a produção para além dos limites que a necessidade de produzir mais-valia impõe. Este é um dos sentidos que nos permite articular a ação-produção da multidão com a luta de classe, ou seja, com uma disputa que se dá no coração do processo produtivo e em oposição ao capital. Mas por que e como em oposição ao capital? Exatamente porque a "trabalho" da multidão é aquele que escapa ao trabalho tal como ele é circunscrito pelo capital. Trata-se de empurrar a produção para além dos limites da forma-mercadoria. Trata-se de redescobrir a vida como atividade, e a atividade como forma pela qual a vida se renova.

II.3.4. DESEJO EM VEZ DE NECESSIDADE

Do ponto de vista de uma análise da história do capitalismo chegando até a estruturação do neoliberalismo nos anos 1980 (com movimentos já nos anos 1970), a visada de Negri nos ajuda a entender como as lutas sociais foram decisivas para se produzir uma "outra" economia. Lembremo-nos de quais eram duas das principais reivindicações do movimento operário já desde o século XIX: a redução da jornada de trabalho e o aumento de salários. Ambas significam, tanto menos tempo quanto possível dentro da fábrica e tantas melhores condições quanto possível para viver a vida – o tempo – fora da fábrica. Há, pois, toda uma vida e, portanto, toda uma produção que a própria classe operária vai constituindo fora da fábrica, na liberação de um processo de produção de subjetividade no coração da própria classe operária. Há um caso exemplar que acontece na vitória do governo do Front Popular na França de 1934: as férias coletivas e a redução da jornada. Os capitalistas franceses diziam todo o tempo que estas medidas quebrariam a economia francesa. Pois bem, pouco mais de uma década depois, férias coletivas (ou o direito às férias em geral) e jornadas reduzidas eram uma realidade em quase todas as grandes economias capitalistas. Toda uma produção começa a se intensificar por fora da fábrica – novos fluxos produtivos – que foram axiomatizados pelo capital, por exemplo, com os nomes de "lazer", "turismo" além de, mais recentemente, serem axiomatizadas em geral no clichê-enunciado: "crescimento do setor de serviços".

O aprofundamento da *biopolítica* como uma estratégia de poder do capital, descrita por Foucault, tem uma relação íntima com esse processo: a Lei Seca, nos Estados Unidos dos anos 1920, tinha já a ver com a tentativa de impedir fluxos produtivos fora da fábrica, fluxos estes que mais adiante foram fundamentais para o próprio capitalismo: "da casa para a fábrica, da fábrica para a casa", era o objetivo desta paradigmática operação de biopoder estadunidense. É nesse contexto que o conceito de classe operária nos coloca diante de um paradoxo. Marx sabia muito bem dos fluxos de liberação que aconteceram na constituição do capitalismo. É o que vemos quando ele nos fala do "trabalho livre": o *trabalhador nu* que chega à cidade apenas com o seu corpo para ser posto à venda para o burguês dono do dinheiro. A questão é que, não apenas em meio à miséria das condições de vida na fábrica e do pouquíssimo tempo que restava fora dela do capitalismo conforme Marx o conheceu, mas também já a época do *fordismo* e do *estado de bem-estar social*, persiste a completa separação entre trabalho e vida: a *alienação* e o *estranhamento*.[64] O paradoxo, portanto, é que o trabalho operário é o trabalho conforme o capitalismo o concebeu, e as instituições que se criam a partir, por exemplo, do enunciado da "tomada de consciência" do operário acabam fatalmente sendo capturadas para a preservação de uma forma de organização produtiva que legitima e conserva o capital. Marx parecia antever isso não só quando criticava o salário sob todos os aspectos, como defendia a "destruição da classe operária".[65] Nesse

64 Karl Marx, *Manuscritos econômico-filosóficos*, São Paulo, Boitempo, 2010, p. 80. Conceitos que expressam, de uma forma geral, tanto um estranhamento do trabalhador em relação ao bem que produz (como se não se reconhecesse como parte ativa na produção daquele bem) quanto um estranhamento e uma alienação em relação a sua própria natureza de produtor.

65 Karl Marx, "A estrutura de classe na Alemanha", in: *Marx/Sociologia*, Org. Otávio Ianni. São Paulo: Editora Ática, 1984, p. 106.

sentido, o evidente ato potente de se descobrir num lugar de sujeição – a "consciência de classe" – parece se completar para além da luta do operário por melhores condições, mas por um desejo de escapar à condição de operário. O trágico é constatar que para os dois casos – a consciência de classe como cristalização de instituições operárias, e desejo social de deixar de ser operário – o capitalismo operou a sua captura. No primeiro caso, no modo como as instituições da classe operária (sindicatos, partidos políticos) se tornaram sócias e mesmo gestoras do capital, no segundo caso no modo como os fluxos de liberação da vida operária e da fábrica foram capturados, geridos e axiomatizados pela lógica liberal ajudando a constituição de uma subjetividade capitalista do tipo *self-made man*: o *indivíduo empreendedor*.

Não temos dúvida de que Antonio Negri, em diálogo com Félix Guattari, ao insistir na questão da *produção de subjetividade* como uma questão política, chama toda a esquerda a considerar uma questão que passa pela produção social como produção desejante tomada no seu caráter imediatamente político. O desprezo de grande parte da esquerda por estas considerações é, a meu ver, uma das razões pela maneira como o pensamento liberal ganha, em certos momentos, uma importante adesão social; inclusive de setores oriundos da classe trabalhadora.

Um dos pontos-chaves da filosofia política de Deleuze e Guattari e da relação que eles travam com Marx, muito mais próxima deste último do que boa parte dos marxistas e até mesmo deleuzianos gostam de constatar, está em uma crítica que eles dirigem a Marx (em meio a tantas aproximações) e sobretudo ao marxismo por colocar as questões em termos de "necessidade" e não de desejo. Neste caso, de certa forma o que Deleuze e Guattari propõem é que compreendamos a meticulosa desconstrução demonstrativa que Marx faz dos modos de funcionamento do *socius* capitalista, colocando todas as questões feitas ao capital não em termos de *necessidade*, mas em termos de *desejo*.

De alguma maneira, foi essa uma das encruzilhadas-chaves que a luta política e o pensamento fez com que nos encontremos com Antonio Negri. Encruzilhada que pode ser resumida no modo como ele nos chama a atenção para uma afirmação de Marx onde ele fala de produção e produtividade. Marx nos diz que o capitalismo precisa do trabalhador no máximo de suas possibilidades produtivas, mas que é isso mesmo que ameaça o capital, posto que o trabalhador poderia descobrir aí toda a sua força produtiva: o trabalhador se autovaloriza e se descobre uma força revolucionária. Negri nos sugere então que, para entender o ponto a que chegamos no capitalismo contemporâneo, é preciso que façamos a substituição da palavra "produção" por "desejo". Ficaria mais ou menos assim: o capitalismo precisa que estejamos no máximo de nossas capacidades desejantes, mas é este desejo levado até o limite o que mais ameaça o capital.

II.4. ESFERAS DA INSURREIÇÃO: SUGESTÕES PARA O COMBATE À CAFETINAGEM DA VIDA

Por Suely Rolnik[66]

> *Trata-se sempre de liberar a vida lá onde ela é prisioneira, ou de tentar fazê-lo num combate incerto.*
> (GILLES DELEUZE E FÉLIX GUATTARI, 1991)[67]

> *O esgotamento dos recursos naturais provavelmente está muito menos avançado do que o esgotamento dos recursos subjetivos, dos recursos vitais que atinge nossos contemporâneos. Se nos satisfazemos tanto em detalhar a devastação do ambiente, é também para cobrir a assustadora ruína das subjetividades. Cada maré negra, cada planície estéril, cada extinção de espécies é uma imagem das almas em farrapos, um reflexo de nossa ausência de mundo, de nossa impotência íntima para habitá-lo.*
> (COMITÊ INVISÍVEL, 2016)[68]

O mundo está em convulsão, e nós, com ele. Somos tomados por um mal-estar, composto de um mix de sensações. Um pavor diante

66 Suely Rolnik é psicanalista, crítica de arte e de cultura e curadora, professora titular da PUC-SP (fundadora do Núcleo de Estudos da Subjetividade no Pós-Graduação de Psicologia Clínica) e professora convidada do Programa de Estudios Independientes (PEI), no Museu d'Art Contemporani de Barcelona. Pesquisadora da Fondation de France no Institut National d'Histoire de l'Art (INHA) em Paris, 2007.

67 Gilles Deleuze e Félix Guattari, *O que é a filosofia?* cap. "Percepto, Afecto e Conceito", trad. Bento Prado Jr. e Alberto Alonso Muñoz, São Paulo, Editora 34, 1992, p. 222.

68 Comitê Invisível, *Aos nossos amigos: crise e insurreição.* São Paulo, n-1 edições, 2016; pp. 37-38.

da paisagem sinistra instaurada pela ascensão de forças reativas por toda parte, cujo teor de violência e bestialidade nos lembra os piores momentos da história. Junto com o pavor, somos também tomados por uma perplexidade diante de um outro fenômeno, simultâneo ao primeiro: a tomada de poder mundial pelo regime capitalista em sua nova dobra – financeirizada e neoliberal , que leva seu projeto colonial às últimas consequências, sua realização globalitária.

À primeira vista, a simultaneidade entre esses dois fenômenos nos parece paradoxal, o que turva nossa compreensão e nos deixa confusos: o modo de vida neoliberal está a anos-luz do arcaísmo tacanho das forças brutas deste neoconservadorismo; são sintomas de forças reativas radicalmente distintos, produzidos em tempos históricos igualmente distintos, convivendo em nossa contemporaneidade. Mas, passado o choque, compreendemos que o neoliberalismo precisa destas subjetividades rudes no poder, para que estas façam o trabalho sujo de destruição de todas as conquistas democráticas e republicanas, dissolvam seu imaginário e erradiquem da cena seus protagonistas – o que inclui as esquerdas em todos seus matizes, mas não só elas. E como para tais subjetividades não existe barreira moral de espécie alguma, elas cumprem sua tarefa com alto grau de violência e numa velocidade estonteante – quando começamos a nos dar conta de uma de suas tacadas, uma outra já está em vias de acontecer. O exercício desta tarefa lhes proporciona um gozo narcísico perverso que chega a ser patético. Prepara-se assim, o mais eficazmente possível, o terreno para o livre fluxo de capital transnacional, já isento de estorvos.[69]

69 Uma vez concluído o trabalho sujo destes grosseiros laranjas do capitalismo financeirizado, com sua sanha globalitária, este os jogará no lixo da história, sem o menor constrangimento. Isso, aliás, já começou a acontecer em nosso continente. Imediatamente após os golpes de Estado que expulsaram dos governos seus líderes mais à esquerda – primeira parte da novela do golpe –, começa sua segunda parte: os patéticos laranjas tornam-se, eles também, alvo de denúncias de corrupção. A operação tem seu início enquanto os laranjas passam a fazer a última parte de seu sinistro serviço – o desmonte da Constituição,

Soma-se ao pavor e à perplexidade, uma profunda frustração com a recente dissolução em cascata de vários governos de esquerda pelo

sobretudo das leis que garantem direitos aos mais desfavorecidos. Prepara-se assim o terreno para sua ejeção quando sua tarefa estiver plenamente concluída. Enquanto isso, o mesmo se faz com o empresariado nacional, cuja permanência em cena interessa ao capitalismo financeirizado apenas enquanto precisa de sua cumplicidade para o extermínio de tais leis. No entanto, ainda em pleno processo de seu desmonte pelo congresso, também o empresariado se torna alvo de denúncias de corrupção, cujo objetivo é tirá-lo do comando das obras públicas, assim que o desmantelamento da Constituição estiver concluído. Com esta dupla ejeção e já tendo se instaurado no país uma grave crise econômica, acrescida de paralisia das obras públicas, o terreno estará totalmente pronto para a chegada dos investimentos sem entraves do capital transnacional. Nesta segunda parte da novela, são particularmente importantes as cenas do ringue de UFC entre políticos e empresários que, premiados por delação, destroem-se mutuamente, diante da sociedade que, noite após noite, assiste perplexa ao espetáculo da derrocada de ambos nas telas da TV, a cujo *script* se tem acesso igualmente pelos jornais, que se pode ler ao despertar. Com este uso da aliança entre, de um lado, os poderes legislativo, judiciário e policial e, de outro, os grupos que detêm o poder da mídia, prepara-se a sociedade para a tomada do poder econômico pelo capital globalitário: a sociedade estará enfim pronta para recebê-lo como o salvador "civilizado" que sanará a economia de sua falência e devolverá à vida pública sua dignidade. Fim de novela.

O novo tipo de golpe de Estado, criado pela versão atual do capitalismo, consiste, portanto, em ocultar-se sob a máscara carnavalesca de legalidade democrática, sem uso da força militar. Mas a composição da máscara é mais sutil e astuta. A segunda parte da novela – cujos protagonistas são os elementos mais grosseiros da classe política e seus cúmplices na classe empresarial –, começa a ser divulgada pela mídia imediatamente após termos assistido a sua primeira parte, com *script* idêntico, mas tendo os líderes progressistas como protagonistas e cujo capítulo final é sua ejeção da cena pública, com procedimentos supostamente legais e democráticos. Com esta operação, tende a desmanchar-se mais plenamente a ideia de que tenha havido um golpe, que ainda persistia no imaginário coletivo após o final da primeira parte da novela – quando parcelas significativas da população sabiam que se tratava claramente de um golpe visando aniquilar a imagem dos políticos progressistas e tirá-los do poder. Mas após a segunda parte da novela, vence a ideia de que a expulsão dos governantes progressistas foi, de fato, uma ação imparcial e digna, que visou a necessária moralização da vida pública. Em suma, o novo tipo de golpe, próprio do capitalismo globalitário, consiste num complexo conjunto de operações, no qual mata-se vários coelhos numa cajadada só (todos os coelhos cuja existência estorva o livre fluxo de capital transnacional): os líderes de esquerda e o imaginário progressista a eles associado, os políticos de alma escravocrata e pré-republicana, junto com os de alma republicana, e os líderes do empresariado nacional. E o capitalismo transnacional sai vitorioso e de mãos aparentemente limpas. Esta será provavelmente a terceira e última parte da novela.

mundo, especialmente na América Latina – que, não por acaso, acontece simultaneamente à ascensão das forças reativas do conservadorismo e do neoliberalismo, temporariamente unidos. Tal frustração mobiliza a memória traumática do destino funesto das revoluções do século xx. Um estado de alerta instala-se em nossa subjetividade, como quando a escassez de recursos essenciais à vida passam de um limiar que a coloca em risco. São situações traumáticas diante das quais, ou sucumbimos (reação patológica), ou ampliamos nosso horizonte de decifração da violência e, assim, inventamos maneiras de combatê-la (reação que mantém a potência vital). Ao lograrmos esta ampliação diante da violência traumática que sofremos hoje, vislumbramos, entre outras coisas, que os projetos das esquerdas sempre esbarram contra um limite instransponível. Tal visão nos impõe a tarefa de problematizá-lo para criar condições de sua superação.

Antes de mais nada, somos forçados a reconhecer que esta barreira não se localiza apenas fora do território das esquerdas, imposta por forças que lhe são externas; ela se localiza também – e, talvez, sobretudo – no interior de seu próprio território, cujo horizonte só nos permite alcançar a esfera macropolítica. Esta é a esfera das formas vigentes de um mundo e seus modos de existência: os lugares e funções estabelecidos no mapa social, seus códigos, o modo de relação entre eles e suas respectivas representações. Como é apenas nessa esfera que as esquerdas atuam, seu território encontra-se confinado na forma de mundo dominante – o regime colonial-capitalístico, no qual elas têm sua origem. A perspectiva que orienta a resistência na tradição das esquerdas mantém-se assim na lógica do próprio regime que elas (nós) visam(os) ultrapassar. Tendo isso em vista, não é de se surpreender que suas ações não logrem combatê-lo e resultem sempre em sua triste reprodução.

É incontestável que no interior deste regime, onde atuam as esquerdas, sua posição é a mais justa, pois, de diferentes maneiras e em diferentes graus e destinos, ela visa uma distribuição de lugares menos assimétrica – não só no âmbito político, mas também nos âmbitos social e econômico –, bem como um Estado que sustente esta ampliação da igualdade. Se esta luta é, sem dúvida, indispensável e tem um inegável valor, o problema é que ela deixa de fora a esfera micropolítica: esfera das formações do inconsciente no campo social, às quais corresponde uma certa política dominante de subjetivação e sua respectiva política de desejo, sem as quais regime algum se sustentaria, já que é neste plano que os diferentes regimes adquirem sua consistência existencial.

Ora, mesmo quando as esquerdas abordam os modos de existência, tendem a enxergá-los apenas desde uma perspectiva macropolítica. Os oprimidos, ao lado dos quais se dá sua luta, são pensados como entidades identitárias, que as esquerdas tendem a cristalizar, neutralizando a potência de transmutação, decorrente de sua existência na trama relacional da vida coletiva. E quando seu foco são camadas da população desfavorecida que não se encaixam na categoria "operário" – lugar identitário destinado aos oprimidos em seu imaginário –, as esquerdas tendem a fetichizá-las ou até folclorizá-las e museificá-las, oferecendo-lhes assim um lugar identitário no mapa oficial da democracia, que lhes permitirá aceder aos direitos civis. O que as move nesta operação é a ânsia de promover a "inclusão" de tais camadas neste mapa, do que resulta a submissão das mesmas ao modo dominante de subjetivação (é o caso, por exemplo, do tratamento dado aos indígenas no Brasil). Com isso perdermos a possibilidade de habitar a trama relacional entre esses distintos modos de existência e sustentar seus possíveis efeitos transfiguradores que tornam caduca a cartografia vigente. Mais preocupante ainda é que, quando tais efeitos ocorrem e novos modos de existência emergem no processo da vida coletiva, eles são lidos pelas esquerdas com a mesma lente, e tendem a ser igualmente confinados em entidades identitárias (é o caso, por exemplo, dos movimentos que hoje agitam as relações de gênero, sexualidade, raça, etc.). Ignora-se os processos de singularização em curso nestes movimentos insurrecionais, neutralizando assim sua pulsão vital de transmutação das políticas de subjetivação dominantes e as mudanças das formas de existência individuais e coletivas que dela resultam – sua potência de resistência micropolítica. Ainda que algumas das correntes de esquerda reconheçam estes movimentos, sua leitura tende a reduzi-los à questão da desigualdade, remetendo o foco de sua insurreição à luta de classes.

Esta insistente redução da mirada e dos modos de ação das esquerdas à esfera macropolítica é responsável por sua impotência face aos desafios do presente. A acumulação de experiências do triste destino da resistência reduzida a essa esfera e da reiterada frustração que nos provocam, somada à perplexidade e ao pavor, provocado pelo estado atual de coisas, é o que nos leva hoje a tomar consciência do limite intransponível do horizonte próprio do território das esquerdas. Começam a irromper, aqui e acolá, insurreições com novas estratégias face à violência contra a vida, em todos os seus matizes, para as quais o par direita-esquerda já não é mais um operador suficiente para delinear os personagens em jogo e acertar o alvo do combate. Não será a presença deste tipo de insurreição o que nos surpreende nos novos movimentos de resistência que vêm irrompendo por toda parte – principalmente nas gerações mais jovens, em especial nas periferias e entre negros, índios, mulheres e LGBTs? E não será precisamente isso o que nos fascina nestes movimentos e que, apesar da dificuldade de decifrá-lo e nomeá-lo, faz com que sua existência tenha o poder de impedir que soçobremos à paralisia melancólica e fatalista em que nos lança o atual estado de coisas? Há neste território em vias de formação, já povoado por alguns, uma mudança efetiva de perspectiva. Seu horizonte amplia o alcance de nossa visão, nos permitindo vislumbrar a esfera micropolítica. Mas como se opera, neste âmbito, a violência do regime colonial-capitalístico?

O ABUSO DA FORÇA VITAL

O que caracteriza micropoliticamente o regime colonial-capitalístico é a cafetinagem da vida enquanto força de criação e transmutação, sua essência e condição para sua persistência, na qual reside seu fim maior, ou seja, seu destino ético. Este estupro profanador da vida é a matriz do regime nesta esfera, a ponto de podermos designá-lo por colonial-cafetinístico. É a força vital de toda a natureza que é por ele expropriada e corrompida: a terra, o ar, as águas, o céu, as plantas, os animais e a espécie humana. Em nossa espécie, tal sequestro tem características particulares, decorrentes do modo como a força vital nela se materializa, a qual depende de um processo de criação que torna as opções múltiplas, implicando em escolha. Por esta razão, Freud atribuiu o nome de "pulsão" à força vital no humano, para distingui-la do instinto. Se, por um lado, esta nossa especificidade amplia as possibilidades de transmutação das formas de mundo quando a vida assim o exige, por outro, faz de nossa espécie a única que pode impedir que se faça frente a essa exigência. E quando isso acontece, o efeito é a despotencialização da vida, interrompendo-se seu processo germinativo, chegando até a destruição das fontes de energia vital da natureza – o que, nos humanos, inclui os recursos subjetivos para sua preservação.

Se a tradição marxista, originada no capitalismo industrial, nos trouxe a consciência de que a expropriação da força vital humana em sua manifestação como força de trabalho é a fonte de acumulação de capital, a nova versão do capitalismo nos leva a reconhecer que tal expropriação não se reduz a este domínio. Em sua nova dobra, é da pulsão em sua nascente, que o regime se alimenta: o próprio impulso de criação de formas de existência e de cooperação nas quais as demandas da vida se concretizam em novos modos de existência, transfigurando as formas do presente e transvalorando seus valores. Desviada pelo regime deste seu destino ético, a pulsão é por ele canalizada para que construa mundos segundo seus desígnios: a acumulação de capital econômico, político, cultural e narcísico. Em suma, o estupro da força vital produz um trauma que leva a subjetividade a ensurdecer-se às demandas da pulsão, o que corrompe o desejo que passa a agir contra o impulso de perseveração da vida. Resultam desta política de desejo cenários nos quais a vida se vê cada vez mais deteriorada, o que atinge hoje limiares que ameaçam sua própria sobrevivência. É esta, precisamente, a violência do regime colonial-capitalístico na esfera micropolítica: uma crueldade própria da política de desejo perversa, sutil, refinada e invisível, e, por isso, inalcançável pela percepção; como perante a crueldade do cafetão, é difícil resistir a seu abuso, porque ele opera pela via da sedução.

ESTRANHO-FAMILIAR: O PARADOXO INCONTORNÁVEL DA EXPERIÊNCIA SUBJETIVA

Proponho denominar 'inconsciente colonial-capitalístico' a dinâmica de inconsciente própria ao regime em questão. Seu principal traço é a redução da subjetividade à sua experiência como sujeito. Mas em que consiste esta experiência?

Intrínseca à condição sociocultural própria do humano e moldada por seu imaginário, a função do sujeito é nos capacitar para decifrarmos as formas da sociedade em que vivemos, seus códigos e suas dinâmicas relacionais. Tal decifração se faz pela prática da cognição, viabilizada por nossas capacidades de percepção e sentimento (emoção psicológica), as quais são marcadas pelos repertórios socioculturais que estruturam o sujeito e sua linguagem. Associamos aquilo que percebemos e sentimos a representações e as projetamos sobre ele, o que nos permite classificá-lo e reconhecê-lo, de modo a produzir sentido. Nesta esfera da experiência, sensorial e sentimental, o outro é vivido como um corpo externo, separado do sujeito, e com ele se relaciona pela via da comunicação, baseada no compartilhamento de uma mesma linguagem. É na experiência do sujeito que se constituem os hábitos, os quais nos proporcionam uma sensação de familiaridade. Esta é a esfera macropolítica da vida humana; habitá-la é essencial para a vida em sociedade. O problema do regime de inconsciente colonial-capitalístico é a redução da subjetividade ao sujeito, o que exclui sua experiência imanente à nossa condição de viventes – um fora-do-sujeito –, cujas consequências para a vida são altamente nefastas.

Em nossa condição de viventes somos constituídos pelos efeitos das forças e suas relações variadas e variáveis que agitam o fluxo vital de um mundo, as quais atravessam singularmente todos os corpos que o compõem, fazendo deles um só corpo, em variação contínua, que se tenha ou não consciência disto. Podemos designar tais efeitos por afetos. Trata-se de uma experiência extrapessoal (pois aqui não há contorno pessoal, já que somos os efeitos variáveis das forças do mundo, dos quais resultam devires), extra-sensorial (pois se dá via afeto, distinto da percepção) e extrassentimental (pois se dá via emoção vital, distinta da emoção psicológica). Costumamos chamar de intuição o modo de decifração extracognitivo próprio ao poder de avaliação dos afetos. No entanto, esta é uma palavra tão desgastada em nossa cultura – por desprezar o que não é da ordem racional própria ao sujeito –, que proponho substituí-la por saber-do-corpo ou saber-do-vivo, um saber ecoetológico.

Diferentemente da comunicação, o meio de relação com o outro nesta esfera é a empatia, na qual não há distinção entre sujeito cognoscente e objeto exterior, como é o caso na experiência do sujeito. Na experiência subjetiva fora-do-sujeito, o outro vive efetivamente em nosso corpo, ele nos habita por meio de seus efeitos. É na relação com sua presença viva, os afetos, que se produz a empatia. Ao habitarem nosso corpo, as forças do mundo nos fecundam, gerando embriões de outros mundos em estado virtual. Estes nos provocam uma sensação de estranhamento, distinta da familiaridade que nos proporciona nossa experiência enquanto sujeitos.

O MAL-ESTAR DO PARADOXO CONVOCA O DESEJO A AGIR

As experiências subjetivas do sujeito (o pessoal) e do fora-do-sujeito (o extrapessoal), produzem, portanto, duas sensações totalmente distintas: o familiar e o estranho. Estas funcionam simultânea e indissociavelmente, mas segundo lógicas e temporalidades díspares. Não há entre elas qualquer possibilidade de síntese ou de tradução; sua relação é marcada por um paradoxo, por princípio, incontornável. É que os embriões de mundos impulsionam o movimento da força vital para que germinem, levando a vida a plasmar-se em outras formas de mundo: estas não se fazem por oposição às formas vigentes, mas pela afirmação de um devir que coloca em risco sua perpetuação. Desestabilizada pela experiência paradoxal do estranho-familiar, a subjetividade se vê tensionada entre, de um lado, o movimento que a pressiona em direção à conservação da vida em sua potência de germinação de novas formas para sua materialização e, de outro, um movimento que a pressiona em direção à conservação das formas vigentes, nas quais se encontra temporariamente materializada.

O mal-estar provocado pela tensão entre estranho e familiar, bem como entre os dois movimentos desencadeados por esta experiência paradoxal, funciona como um alarme que convoca o desejo a agir para recobrar um equilíbrio vital, emocional e existencial, equilíbrio abalado pela emergência de um mundo e a dissolução dos mundos vigentes. Impõe-se ao desejo uma negociação constante entre estes dois movimentos. É precisamente neste ponto que se definem as políticas de desejo – das mais ativas às mais reativas. O que as distingue é o tipo de negociação entre os dois referidos movimentos que o desejo privilegiará em suas ações. Esta escolha não é neutra, pois dela resultam distintos destinos da pulsão que implicam distintas formações do inconsciente no campo social, portadoras de maior ou menor grau de afirmação da vida. É este o campo de batalha na esfera micropolítica.

O INCONSCIENTE COLONIAL-CAPITALÍSTICO

Nas subjetividades sob domínio do inconsciente colonial-capitalístico e, portanto, reduzidas a sua experiência como sujeito, prevalece uma micropolítica reativa: tende a impor-se exclusivamente o movimento de conservação das formas em que a vida se encontra materializada no presente. É que, dissociada de sua condição de vivente e desconhecendo o processo contínuo de mutação próprio à dinâmica vital (dinâmica pulsional, no humano), a subjetividade vive a pressão dos embriões de mundo como ameaça de desagregação de si mesma e de seu campo existencial, já que "este mundo", aquele no qual o sujeito habita e nele está estruturado, é por ela vivido como "o mundo", único e absoluto. Nestas condições, para recobrar um equilíbrio, o desejo agarra-se às formas estabelecidas, as quais busca conservar a qualquer custo. E quanto maior a desestabilização, mais veementemente a subjetividade acastela-se no instituído e o defende com unhas e dentes, podendo chegar a altos graus de violência para garantir sua permanência.

É esta separação da subjetividade em relação à sua condição de vivente que prepara o terreno para que o desejo se entregue (gozosamente) à cafetinagem da pulsão, da qual ele é o porta-voz. Tal entrega manifesta-se sob a forma da conversão da potência pulsional de criação em mera criatividade, que reacomoda o *status quo*, produzindo novos cenários para a acumulação de capital. Em situações de crise, ela se manifesta no investimento da pulsão em movimentos coletivos que clamam pela manutenção do *status quo*, como é o caso da vertiginosa ascensão do conservadorismo na atualidade. O gozo, em ambos os casos, está em proporcionar ao sujeito a ilusão de garantir seu pertencimento, placebo para o medo de estigmatização e vergonha social que a desestabilização de seu mundo lhe provoca, por interpretá-la como perigo de colapso. O que resulta deste tipo de ação desejante é um destino funesto da pulsão: a interrupção do processo de germinação da vida coletiva. E se é na existência coletiva que este processo se interrompe é porque mesmo que tal germinação seja interrompida na existência de apenas um indivíduo ou grupo, ela gera necessariamente um ponto de necrose na vida do corpo social como um todo.

O abuso profanador da pulsão é difícil de captar, já que ele se dá numa esfera invisível, encoberta pelo feitiço da sedução perversa. Porém, suas inúmeras manifestações no campo social são plenamente acessíveis àqueles que toleram enxergar o processo de degradação da vida, presente em todos estes sintomas de seu abuso. As mais óbvias são as relações com o meio ambiente geradoras de desastres ecológicos. Ou ainda as relações de poder classista, machista, homofóbico, racista, xenofóbico, colonialista etc., que confinam o outro num lugar imaginário de inferioridade ou mesmo de sub-humanidade, podendo chegar a sua total invisibilidade e inexistência, e até a sua eliminação concreta e, em casos extremos, ao desaparecimento de seu corpo. Estes não são, portanto, meros epifenômenos do regime, mas manifestações de sua própria medula na esfera da política dominante de desejo e de subjetivação.

Diante disto, não basta subverter a ordem na cena das relações de poder (insurreição macropolítica), é preciso desertar o lugar que nelas ocupamos (insurreição micropolítica), inviabilizando assim a continuidade da própria cena. Com lógicas e temporalidades díspares e paradoxais, da insurreição contra a violência em ambas as esferas depende, incontornavelmente, a dissolução do regime-cafetão em cada uma das ações humanas que viabilize uma transmutação efetiva do presente. E se é indispensável dissolver o regime em todas elas é porque, em sua nova versão, o regime logrou colonizar o conjunto do planeta, incidindo macro e micropoliticamente em todas as suas entranhas.

O limite do horizonte das esquerdas à esfera macropolítica encontra-se pois no fato de que a subjetividade que tende a predominar em seus territórios seja, ela também, estruturada pelo inconsciente colonial-capitalístico, daí sua impossibilidade de alcance à esfera micropolítica. Se nossa perplexidade com o destino das esquerdas nos leva a reconhecer este fato – o que já é um grande passo para não sucumbir ao trauma, evitando assim o lamento melancólico que nos paralisa –, impõe-se a urgência de irmos mais longe. É preciso desobstruir o acesso de nossa subjetividade à esfera micropolítica, para integrá-la e distingui-la da esfera macropolítica, resistindo mais eficazmente em cada uma delas e em sua indispensável articulação. Tendo isto em vista, sugiro a seguir algumas anotações nesta direção.

I - INSURREIÇÃO MACROPOLÍTICA: UM PROTESTO PROGRAMÁTICO DAS CONSCIÊNCIAS

Foco (visível e audível): a assimetria de direitos nas formas de relação social estabelecidas pelo regime colonial-capitalístico. São relações de poder que se manifestam não só no âmbito das classes sociais, mas também no âmbito das relações de raça, gênero, sexualidade, religião, etnicidade, colonialidade, etc.

Agentes (apenas os humanos): todos aqueles que ocupam posições subalternas nas relações de poder em todos os domínios da vida social.

O que move seus agentes: o impulso de denunciar as injustiças do mundo em sua forma vigente para mobilizar as consciências.

Intenção (empoderar-se): libertar-se da opressão; sair da invisibilidade e da inaudibilidade, para ocupar afirmativamente um lugar de fala e de direito de existência civil. Trata-se de desmantelar a assimetria nas relações de poder, promovendo uma redistribuição dos lugares que seja mais igualitária – não só no campo político, mas também nos campos social e econômico. O critério que nos guia, aqui, na avaliação das situações é, portanto, o sistema de valores estabelecidos. É esta bússola moral que orienta nossas escolhas e ações na esfera macropolítica.

Modo de operação (por oposição ao opressor para destituí-lo de seu lugar de poder): estratégias de luta contra o opressor e as leis que sustentam seu poder em todas as suas manifestações na vida individual e coletiva.

Modo de cooperação (construção de movimentos organizados, via recognição identitária): tal construção se faz em torno de uma mesma reivindicação (concreta) e em função de uma mesma posição (subalterna) num determinado segmento da vida social. Nesta posição, que pertence à esfera da "pessoa" na experiência subjetiva, desenha-se um suposto contorno identitário, que facilita a necessária agrupação; o problema é quando a subjetividade se confina neste contorno e a ele se reduz, interrompendo os processos de subjetivação decorrentes da tensão entre o pessoal e o extrapessoal. Vários destes segmentos podem unir-se num só movimento (em torno de reivindicações que implicam, por exemplo, gênero, raça e classe); assim como movimentos de diferentes segmentos podem juntar-se em torno de uma causa que diz respeito a todos. Um modo de cooperação que gera força de pressão para viabilizar uma reversão efetiva nas relações de poder no plano institucional (o que inclui o Estado e suas leis, mas não se reduz a ele). Este é um trabalho que se encerra quando se efetiva tal reversão no campo específico em que se deu o combate.

II - INSURREIÇÃO MICROPOLÍTICA: UM PROTESTO PULSIONAL DOS INCONSCIENTES

Foco (invisível e inaudível): o abuso perverso da força vital da natureza própria do regime colonial-capitalístico, em todos os seus elementos, o que inclui o humano; ou seja, a patologia altamente agressiva deste regime e suas graves sequelas para o destino do planeta.

Agentes (humanos e não-humanos): todos os elementos da natureza que se insurgem contra a violência exercida sobre a vida. No entanto há uma diferença entre os agentes humanos e não-humanos. Os não-humanos reconhecem instintivamente a despotencialização da vida resultante de seu abuso, e face a esta violência produzem transmutações que lhe permitem retomar seu curso. Por exemplo, um rio que seca pelo excesso de lixo colonial-cafetinístico e, que diante disso, se insurge voltando a fluir, agora no subterrâneo onde encontra-se protegido destes efeitos tóxicos[70]; ou uma árvore que floresce antes da primavera, prevenindo-se do risco de esterilidade que pode decorrer do acúmulo de poluição.

Já no elemento humano, sob o regime colonial-capitalístico, a redução da subjetividade à sua experiência como sujeito, inseparável do abuso da pulsão, a leva a interpretar o estado de fragilidade em que este a coloca como sinal de sua falência, fazendo com que o desejo se agarre ao *status quo*, agindo assim contra a perpetuação da vida, e não a seu favor. Diante disso, os agentes da insurreição micropolítica no campo humano são, portanto, todos aqueles e aquelas que resistem

70 Este fato aconteceu no Rio Doce, na aldeia Krenak, situada à sua margem esquerda, no município de Resplendor. Algum tempo depois dessa parte do rio ter ficado aparentemente morta, pelo efeito devastador de seu abuso pela Vale do Rio Doce em sua ganância de extração de minério, descobriu-se que ele havia voltado a fluir, caudaloso, sob a terra. Ver Ailton Krenak, "Em busca de uma terra sem tantos males", in: *O lugar onde a terra descansa*. Rio de Janeiro, EcoRo, 2000.

ao estupro de sua potência vital. Nesta insurreição, retoma-se o poder de decidir o destino da pulsão, reassumindo-se a responsabilidade ética perante a vida.

O combate nesta direção atravessa toda a sociedade, estejamos na posição de subalternidade ou de soberania nas relações de poder – por mais estranho que isso possa nos parecer do ponto de vista macropolítico e dos hábitos de interpretação da realidade próprios das esquerdas, quando reduzida a esta esfera. Mais estranho ainda deste ponto de vista é que nada garante que os subalternos sejam todos eles, por princípio, agentes desta insurreição, pois sua subjetividade pode estar sob o comando do inconsciente próprio ao regime dominante, mesmo que o combatam macropoliticamente. E vice-versa: o soberano pode ser eventualmente seu agente, quando logra deslocar-se desta política de subjetivação.

O que move seus agentes: o impulso de perseveração da vida que, nos humanos, manifesta-se como impulso de anunciar mundos por vir para mobilizar os inconscientes.

Intenção (potencializar-se): reapropriar-se da força vital e sua potência de criação, o que, no humano, depende de reapropriar-se igualmente da linguagem para que a pulsão encontre seu dizer (em palavras, imagens, gestos, modos de existência, de sexualidade, etc.), de maneira a tornar sensíveis os mundos que se anunciam ao saber-do-corpo. Esta é a condição para que o movimento pulsional se complete em seu destino ético, produzindo um acontecimento: a transfiguração da realidade de si e do mundo e a transvaloração de seus respectivos valores. Em outras palavras, combater a cafetinagem da pulsão implica em construir para si um outro corpo, abandonando a carapaça de um corpo estruturado na dinâmica do abuso – como os gafanhotos abandonam seu exoesqueleto para que um outro corpo, ainda embrionário, possa germinar e tomar o seu lugar.

Em suma, a insurreição micropolítica é, nela mesma, uma ressurreição da força vital. Para lográ-la é preciso manter-se em estado de alerta aos movimentos da vida, os assumindo como critério privilegiado de avaliação das situações. Esta é a bússola ética a orientar a pulsão nas escolhas do desejo e suas ações, na direção de uma transvaloração dos valores vigentes, quando estes perdem seu sentido e passam a sufocar a vida. Neste sentido, a intenção aqui é produzir "potencialização", o que é distinto de "empoderamento", uma ideia própria à esfera macropolítica da insurreição. Ambas intenções são importantes; o problema é quando a insurreição visa apenas o empoderamento, pois nos faz permanecer cativos da lógica do próprio sistema que buscamos combater. Diferenciá-las é especialmente indispensável para os corpos considerados de menor valor no imaginário social – como o corpo da mulher, do gay, do transexual, do negro, do índio, do pobre, do trabalhador precarizado, do refugiado, etc. Quando sua insurreição abarca a potencialização, não se restringindo à reivindicação de empoderamento, é mais provável que o movimento pulsional encontre seu dizer e dele resulte uma transmutação da realidade individual e coletiva.

Modo de operação (por afirmação da vida em sua essência germinativa, para desertar as relações de poder): não ceder ao abuso da pulsão, o que depende de fazer a travessia do trauma que tal abuso provoca necessariamente e que prepara o terreno para o sequestro de sua potência. Resistir ao abuso é a condição para desarticular o poder do inconsciente colonial-capitalístico em nossa própria subjetividade, o qual nos faz permanecer enredados nas relações de poder, seja na posição de subalterno (mesmo quando nos insurgimos macropoliticamente contra ela) ou de soberano (mesmo que sejamos os mais macropoliticamente corretos). Um exemplo: a mulher que se mantém dependente do olhar do homem para existir e, com isso, não só cai na cilada do abuso machista, mas o alimenta com seu próprio desejo. Isto vale igualmente para a mulher que tenta sair deste lugar, mas apenas macropoliticamente. Se, por um lado, a insurreição neste plano da desigualdade é indispensável, ao não incorporar ao combate a dimensão micropolítica, este se reduz à oposição ao homem, numa disputa de poder que não só mantém o mesmo como referência, mas mantém a mulher no interior do próprio cenário que ela visa combater, contribuindo assim para perpetuá-lo.

Mas se a mulher, ou qualquer figura que ocupa a posição de subalternidade no *script* das relações de poder do machismo – seja como vítima do opressor, ou como seu mero opositor – deserta seu papel, transfigurando seu personagem ou simplesmente abandonando a cena, o opressor fica falando sozinho e a cena não tem mais como se sustentar. Diante da angústia da desestabilização da cena onde o personagem do opressor tinha até então seu lugar, são várias as suas possíveis reações. Na melhor das hipóteses, esta experiência pode impulsioná-lo a superar sua desconexão com a experiência extrapessoal, assim como sua impossibilidade de sustentar-se na tensão entre esta e a experiência pessoal. A partir daí ele tenderá a recriar-se a si mesmo para interagir com o novo personagem, tornando-se assim, ele também, um agente da insurreição micropolítica. Nesta colaboração, surge um novo *script*, no qual a política de desejo que orienta os personagens e a relação entre eles já não está submetida ao inconsciente colonial-cafetinístico. Instaura-se assim uma nova cena na realidade social. Mas é óbvio que a impossibilidade de seguir atuando no papel de opressor pode levá-lo, igualmente, a uma reação violenta, movida pelo recrudescimento de sua vontade de conservar a cena e seus personagens a qualquer preço. É precisamente nesta tendência que se situam vários fenômenos assustadores que vêm ocorrendo na atualidade: da mencionada ascensão mundial de um conservadorismo cada vez mais tacanho ao aumento exponencial de feminicídios nas regiões do planeta em que o feminismo tem se intensificado e expandido – passando pelos requintes de crueldade do agronegócio em seus já tradicionais ataques aos indígenas em nosso país, movidos por sua fúria de ganância; a mesma fúria que se manifesta nas ações dos deputados no Congresso Nacional.

No modo operacional desta esfera da insurreição onde o que se combate é a patologia do regime colonial-capitalístico, a resistência política é também e indissociavelmente uma resistência clínica: curar a vida de sua impotência, sequela de seu cativeiro na trama relacional do abuso que aliena a subjetividade das demandas vitais e a mantém refém do regime em sua essência cafetina. Tal cura, indispensável para dissolver o regime em sua matriz micropolítica, depende de um trabalho sutil e complexo que só se interrompe com a morte.

Modo de cooperação (construção do comum, via empatia): trata-se de tecer múltiplas redes de conexões a partir de situações, experiências e linguagens distintas, cujo traço de união é uma perspectiva ética: a afirmação da vida em sua essência transfiguradora e transvaloradora. Criam-se assim territórios relacionais temporários, variados e variáveis, nos quais se produzem sinergias coletivas, provedoras de um acolhimento recíproco que favorece a travessia do trauma resultante da operação perversa do regime colonial-capitalístico. Esta é a condição para que se logre compor um corpo individual e coletivo resistente à cafetinagem da vida, capaz de a repelir. De tais reapropriações coletivas da pulsão depende a possibilidade de constituição de campos de emergência de acontecimentos, nos quais configuram-se outros modos de existência e suas respectivas cartografias, sempre que embriões de mundo assim o exijam para poder germinar.

Como a insurreição na esfera micropolítica nos é menos conhecida, esboçarei, para finalizar, dez sugestões acerca do trabalho necessário àqueles que buscam descolonizar o inconsciente em suas existências.

DEZ SUGESTÕES PARA A INSURREIÇÃO MICROPOLÍTICA

1. Desanestesiar a vulnerabilidade às forças em seus diagramas variáveis, potência da subjetividade em sua experiência fora-do-sujeito;

2. Ativar o saber-do-corpo: a experiência do mundo em sua condição de vivo, cujas forças produzem efeitos em nossa também condição de vivo;

3. Desobstruir o acesso ao paradoxal e tenso estado estranho-familiar;

4. Não denegar a fragilidade resultante da desterritorialização desestabilizadora que o estado estranho-familiar promove inevitavelmente;

5. Não interpretar a fragilidade e seu desconforto como "coisa ruim", nem projetar sobre ela leituras fantasmáticas, oriundas da submissão ao imaginário cultural (ejaculações precoces do ego, provocadas por seu medo de desamparo e colapso e suas consequências: o repúdio, a rejeição, a exclusão, a humilhação);

6. Não ceder à vontade de conservação das formas e à pressão que esta exerce contra a vontade de potência da vida em seu impulso de produção de diferença. Ao contrário, buscar sustentar-se no fio tênue deste estado instável até que a imaginação criadora construa um lugar de corpo-e-fala que, por ser portador da pulsação do estranho-familiar, seja capaz de atualizar o mundo virtual que esta experiência anuncia, permitindo assim que as formas agonizantes acabem de morrer;

7. Não atropelar o tempo próprio da imaginação criadora, para evitar o risco de interromper a germinação de um mundo e tornar a imaginação vulnerável a deixar-se capturar pelo regime colonial-cafetinístico. Nesta captura, ela se submete ao imaginário que tal regime nos impõe sedutoramente e se esteriliza;

8. Não abrir mão do desejo em sua ética de afirmação da vida, o que implica em mantê-la fecunda, fluindo em seu processo ilimitado de diferenciação e transvaloração;

9. Não negociar o inegociável: tudo aquilo que impediria a afirmação da vida, em sua essência de potência de criação. Aprender a distingui-lo do negociável: tudo aquilo que se poderia reajustar porque não obstaculiza a força vital instituinte; ao contrário, gera as condições objetivas para que ela se realize em seu destino de produção de acontecimento;

10. Praticar o pensamento em sua plena função: indissociavelmente ética, estética, política, crítica e clínica. Isto é, reimaginar o mundo em cada gesto, palavra, relação, modo de existir – toda vez que a vida assim o exigir.

Partindo do princípio de que a descolonização do inconsciente, alvo da insurreição micropolítica, só se completa ao concretizar-se em novas formações no campo individual e social, ela implica necessariamente o terreno de nossas relações, das mais íntimas às mais distantes. A insurreição nesta esfera depende, portanto, de um esforço coletivo. É no âmbito deste esforço que se situam as anotações e sugestões aqui apresentadas. Elas são apenas pistas provisórias, marcadas pelos limites de minha capacidade de enfrentamento do presente. E, se quis colocá-las na roda, é para que sejam revistas, reajustadas, ampliadas, transformadas, multiplicadas ou até abandonadas em favor de outras, mais precisas e fecundas. É isto o que espero com este texto.

II.5. MULTIDÃO E ORGANIZAÇÃO: PLANO OU SUJEITO?

Por Rodrigo Nunes[71]

O ângulo pelo qual gostaria de abordar o conceito de multidão e o trabalho desenvolvido sob esta rubrica por Antonio Negri a partir dos anos 1980, em particular na trilogia escrita em parceria com Michael Hardt, é aquele da organização política. Mais especificamente, o problema que pretendo discutir é a dificuldade de pensar a questão da organização a partir do conceito de multidão, ou pelo menos da maneira como ele figura no trabalho de Hardt e Negri.

Podemos começar a entender a dificuldade a que me refiro com uma observação simples. Se quisermos perguntar de que forma algo como junho de 2013 ou a Primavera Árabe foram possíveis do ponto de vista organizativo – isto é, como se organizaram estes e outros momentos da onda de protestos que correu o mundo nos últimos seis anos –, de pouco nos serve responder: "foi a multidão". É evidente que podemos, se quisermos, atribuir à multidão a responsabilidade por estes acontecimentos, situá-la como sujeito destes predicados. No entanto, a pergunta sobre a organização, enquanto pergunta sobre um "como", necessariamente envolve também uma pergunta sobre um "quem" – ou mais de um "quem", um "quem" no plural –, de tal maneira que há qualquer coisa de tautológico ou, na melhor das hipóteses, trivial, em não responder mais que "a multidão". Sim, foi a multidão; e daí?

71 Rodrigo Nunes é professor de Filosofia Moderna e Contemporânea na PUC-Rio. É autor de *Organisation of the organisationless: collective actions after networks (Londres: Mute/PML Books, 2014)* e editou um dossiê sobre as manifestações de 2013 para a revista *Les temps modernes*.

Quem efetivamente foi responsável pela eclosão e propagação destes movimentos, como estes se fizeram, a partir de quais pontos, começando com quais iniciativas, usando quais meios, através de quais conexões? Dizer que estes fenômenos se explicam pela "potência auto-organizativa da multidão" seria, neste sentido, tão esclarecedor quanto dizer que uma formação cristalina ou uma tempestade elétrica se devem à "potência auto-organizativa da natureza" – ou seja, não muito. Se a resposta nos diz *onde* procurar uma explicação, ela não nos oferece, propriamente falando, a explicação que buscamos; e o "onde" para o qual ela nos aponta é, tudo considerado, amplo demais.

A analogia com a natureza não é arbitrária. Do ponto de vista de uma Natureza pensada espinozisticamente como plano de imanência ou horizonte omnicompreensivo de todos os acontecimentos, rigorosamente tudo – da emergência de estruturas dissipativas às pirâmides do Egito, do nascimento do capitalismo até (esperamos) sua morte, e inclusive este momento em que me encontro aqui escrevendo diante do computador – pode ser dito produto de sua auto-organização. "Auto-organização" não indica aí nada mais que o fato de que o plano de imanência é a causa imanente de todos os seus efeitos, ou seja, que não possui nada de externo que pudesse agir sobre si e fosse capaz, portanto, de organizá-lo. Logo, o plano de imanência – a Substância espinozista, *Deus sive Natura* – é por definição auto-organizado.

Mas isto não nos dá, sobre aquilo que acontece, mais que uma perspectiva neutra, geral, *sub specie aeternitatis* – sob o aspecto, ou do ponto de vista, da eternidade. O que aprendemos aí é apenas que o plano de imanência é a causa *remota* de tudo aquilo que nele se produz, no sentido em que Spinoza[72] admite falar em "causa remota":

72 O autor faz uso da grafia "Spinoza" e seus derivados, o que foi mantido, posto que se trata de uma obra coletiva e também, por óbvio, porque são aceitas ambas as grafias, "Espinosa" (que tem se consagrado como grafia mais comum e aceita para o nome do filósofo luso-holandês) e "Spinoza" (além do possível "Espinoza").

para distinguir entre as coisas singulares que, sendo finitas e tendo uma existência determinada, só podem existir e ser determinadas a operar por outras causas também finitas e determinadas, e aquelas coisas "que Deus produziu imediatamente, ou melhor, das que seguem de sua natureza absoluta".[73] Em relação às primeiras, que são produzidas *mediatamente* por Deus na medida em que dependem, para existir, de causas finitas e determinadas interpostas, nosso conhecimento sobre elas permanece incompleto se desconhecemos as causas *próximas*, finitas e determinadas, que as produzem: a concatenação ou trama de acontecimentos, a rede causal complexa pela qual *estas* coisas singulares, *estes* acontecimentos particulares, têm lugar. E é isto, justamente, que está em questão quando nos perguntamos sobre o *como*, sobre *o quê*, sobre *quem* ou "*quens*".

Daí podemos tirar duas conclusões sobre o problema da organização política. Primeiro, que seu objeto se refere às causas próximas, não à causa remota, dos efeitos que a organização produz, dado que a causa remota pode nos oferecer apenas uma resposta tautológica ou trivial ("*foi a Natureza, foi a multidão; e daí?*"). Segundo, que o problema da organização jamais se põe *sub specie aeternitatis*, mas sempre unicamente desde perspectivas *interiores* ao plano de imanência. O plano de imanência, na medida em que não é Sujeito, mas Substância (no sentido espinozista), produz incessantemente, "sem pensar", sem nenhum propósito e de maneira inteiramente indiferente aos indivíduos que o populam ou que nele subsistem. São sempre indivíduos *finitos* – operando necessariamente, como aprendemos na *Ética*, com um conhecimento finito e incerto da existência e do destino de todas as coisas[74] – que se colocam o problema de pensar *o que é preciso fazer para produzir determinados efeitos*.

73 Utilizo aqui a tradução de Tomáz Tadeu em: Benedictus de Spinoza, *Ética*, edição bilíngue latim/português, trad. Tomáz Tadeu, Belo Horizonte, Autêntica, 2007, E1P28.

74 Ibid., E2P30, E2P31.

O que esta analogia entre multidão e Natureza nos propõe, portanto, é a questão: como pensar a multidão? Como sujeito, que seria tendencialmente capaz de se pôr *enquanto tal* o problema da organização (isto é, de perguntar-se com uma só voz, por assim dizer, o que fazer para produzir determinados efeitos)? Ou como Substância, isto é, plano de imanência *no interior do qual* o problema da organização será posto em diferentes momentos *por diferentes sujeitos*? Dito de outra forma: é a multidão *como um todo*, como Sujeito ou totalidade coletiva, que se coloca o problema da organização – ou pode ela vir a sê-lo? Ou este problema nunca é um problema da multidão enquanto tal, mas uma questão sempre posta e reproposta no interior da multidão *por diferentes sujeitos* (individuais ou coletivos) dentre aqueles que a compõem – em cujo caso a multidão é pensada como totalidade distributiva: não um sujeito, mas um *plano* ou *horizonte* em que imanem, inerem ou subsistem os indivíduos?[75]

Em *Multidão*, Hardt e Negri propõem quatro modelos de "como a multidão pode chegar a uma decisão"[76]: o cérebro, a inovação

75 A oposição entre "coletivo" e "distributivo" tem sua origem na lógica medieval, em particular entre nominalistas como Pedro Abelardo, sendo retomada posteriormente por figuras como Leibniz no século XVIII e William James no século XX. De modo esquemático, podemos dizer que assumir uma perspectiva distributiva implica negar que as totalidades possuam uma realidade à parte daquelas coisas de que são o todo – isto é, que não existem todos naturais ou dados, cujas fronteiras estariam estabelecidas de uma vez por todas, mas apenas totalidades abertas, no sentido tanto de que é sempre possível individuar mais de uma totalidade a partir de um conjunto qualquer de elementos (de maneira que o todo assim formado é inseparável da operação subjetiva de sua individuação), quanto de que os indivíduos que compõem um todo qualquer são sempre capazes de entrar em outras relações que aquelas que definem o critério de individuação daquele todo. Dizer que as totalidades resultem de uma operação não significa que elas dependam, para sua existência, da atividade sintética de um sujeito transcendental, antes pelo contrário; é porque todas as totalidades objetivamente existem – isto é, porque tudo está de algum modo relacionado – que qualquer todo produzido a partir destas relações resulta necessariamente de uma operação de *recorte*. Num contexto mais próximo à discussão aqui desenvolvida, ver, sobre este ponto, Maurizio Lazzarato, "Multiplicity, Totality and Politics," *Parrhesia* 9 (2010): 23-30.

76 Michael Hardt e Antonio Negri, *Multitude. War and democracy in the Age of Empire* (New York: Penguin Press, 2004), 338.

econômica, a linguagem e o desenvolvimento de *software*. O primeiro destes, mais longamente desenvolvido pelos autores, pode nos servir de guia para desdobrar as implicações desta decisão filosófica.

Quando Hardt e Negri afirmam que "[d]esde a perspectiva dos neurobiólogos, o Uno nunca decide"[77], é preciso estar atento para desfazer um risco de confusão. É verdade que, no cérebro, "não há um Uno que toma as decisões"[78], se entendemos aí que não há fora do cérebro nenhuma entidade (uma mente ou alma) que controlaria as funções cerebrais de modo a determinar as redes a comportar-se desta ou daquela maneira; tampouco há em seu interior um centro permanente de controle (uma espécie de "cérebro do cérebro", gerando o tipo de falácia lógica conhecido como "argumento do homúnculo"). Isto não significa, contudo, que a atividade cerebral envolva a ação *igual*, *simultânea* ou *consensual* de todos os neurônios a cada vez, como se o cérebro fosse uma alma indivisa ou uma grande assembleia que decidisse por consenso. Pelo contrário: o cérebro se organiza por meio da atividade descontínua e distribuída de *diferentes núcleos* formados por *diferentes redes neuronais* que se sucedem, em *diferentes momentos*, na tarefa de coordenar as ações das demais.[79] O cérebro, em resumo, não é uma democracia deliberativa (ele não delibera coletivamente enquanto tal), nem é um sujeito; trata-se, ao contrário, de um horizonte de acontecimentos, um plano de imanência.

Embora seja perfeitamente possível (e correto) descrever o processo de inovação e imitação, ruptura e captura recíproca que caracterizam a atividade cerebral como "auto-organizado", isto implica posicionar-se fora dele, assumindo um ponto de vista externo ou

77 Ibid., 337.

78 Ibid.

79 Ver, por exemplo, o modelo proposto em Francisco Varela et al., "The Brainweb: Brain Synchronization and Large-Scale Integration," *Nature Reviews: Neuroscience* 2(2001): 229-39.

transcendente. Visto de dentro, contudo – ou seja, da *perspectiva dos neurônios* ou *das redes neuronais* – o mesmo processo que é visto de fora como auto-organização ou auto-atividade de uma Substância cerebral agora aparece como *a ação de algumas singularidades sobre outras*. Da mesma forma, cada indivíduo finito que participa da multidão não experimenta toda ação que se realiza como pertencendo à multidão *enquanto tal*, mas como ação de alguns indivíduos finitos sobre outros que produz efeitos coletivos. Nós conhecemos a multidão *por dentro*, como uma parte desta, do mesmo modo como somos parte da Natureza; e não "de fora", desde um ponto a partir de onde seria possível totalizá-la ou apreendê-la como um todo.

Não estamos tratando apenas, diga-se, da ação de todas as singularidades sobre todas as outras – aquilo que Gabriel Tarde chamou de "possessão recíproca, sob formas extremamente variadas, de todos por cada um".[80] O fato de que toda imitação seja sempre imitação *de uma invenção* implica necessariamente que, desde "centros e focos infinitamente múltiplos, de pontos de vista e graus diversos"[81], sempre haverá mônadas que inovam e mônadas que imitam, mônadas que seguem e mônadas que são seguidas, num movimento e variação constantes.[82] A auto-organização nunca é, portanto, reciprocidade perfeita ou a igualdade plana de uma horizontalidade absoluta, mas o próprio movimento permanente pelo qual algumas partes agem sobre outras.[83] Aquilo que chamamos de auto-organização imanente de uma Substância nada mais é, portanto, que

80 Gabriel Tarde, *Monadologie et Sociologie*, Le Plessis-Robinson: Institut Synthélabo, 1999, 85.

81 Ibid., p. 98.

82 "Mônada" é empregado aqui no sentido de Tarde, não no de Leibniz.

83 Para uma exploração mais aprofundada desta ideia – aquilo que chamo de "liderança distribuída" – remeto o leitor a Rodrigo Nunes, The Network Prince: Leadership Between Clastres and Machiavelli, *International Journal of Communication* 9 (2015): 3662-79; Rodrigo Nunes, Liderança Distribuída, *Piseagrama* 9 (2016): 10-9.

o efeito da superposição e entrecruzamento de diferentes hetero-organizações, "ação sobre ações"[84] (ou, dito espinozisticamente, da ação de causas próximas). Vista "por dentro", pelos modos finitos que participam deste plano de imanência – neurônios ou redes neuronais, no caso do cérebro; no caso da multidão, nós – ela coincide com e não é mais que o movimento instável e precário pelo qual elementos ou indivíduos *no interior* de uma totalidade agem uns sobre os outros de modo a atuar *sobre* aquela totalidade. Vista deste modo, a auto-organização opera sempre metonimicamente, como *pars pro toto* – é o processo pelo qual partes, agindo umas sobre as outras, agem *sobre* e *em nome do* todo –, mas nunca é a ação *do todo enquanto tal*, exceto metonimicamente, como *totum pro parte* (no exemplo acima, "atividade cerebral" é tomado como substituto de "atividade das redes neuronais").[85]

84 Michel Foucault, The Subject and Power, em Hubert Dreyfus e Paul Rabinow, *Michel Foucault. Beyond Structuralism and Hermeneutics*, Brighton, The Harvester Press, 1982, p. 220.

85 Duas observações mais gerais podem ser extraídas daqui. Na medida em que denominar um sistema como "auto-organizado" supõe isolá-lo de alguma maneira de todos os outros, e na medida em que uma tal operação de isolamento será sempre necessariamente arbitrária em alguma medida (dado que todo sistema é parte de pelo menos um outro sistema ou, o que vem a dar no mesmo, que o único sistema que seria possível isolar não arbitrariamente é o universo como um todo), estaríamos justificados em concluir, como fez Heinz von Foerster em sua fala de abertura no primeiro congresso internacional sobre sistemas auto-organizados em 1959, que, propriamente falando, "sistemas auto-organizados não existem" [*there are no such things as self-organizing systems*]. Cf. Heinz von Foerster, "On self-organizing systems and their environments," *Self-organizing systems. Proceedings of an interdisciplinary conference*, ed. Marshall C. Yovits e Scott Cameron, New York, Pergamon, pp. 1960, 31-51. A primeira observação seria, portanto, que identificar um sistema como auto-organizado implica sempre em certa medida ignorar os sistemas de ordem superior no interior do qual este se encontra. A segunda seria, por sua vez, que identificar um sistema como auto-organizado implica igualmente ignorar os sistemas de ordem inferior que se encontram em seu interior (no exemplo acima, quando dizemos "atividade cerebral", apagamos a individualidade dos neurônios e das redes neuronais). Ambos estes pontos, aliás, poderiam ser usados como chave de leitura para a bem conhecida (mas algo obscura) crítica de Antonio Gramsci à ideia de "espontaneidade". Por um lado, Gramsci sugere que a pura espontaneidade seria impossível de distinguir do "puro mecanismo" – se os proletários fossem inteiramente

Partindo do próprio exemplo empregado por Hardt e Negri, então, parece necessário concluir que a multidão não pode ser tratada como totalidade coletiva (como Sujeito), mas apenas como totalidade distributiva: plano de imanência, horizonte de acontecimentos, Substância (no sentido espinozista).[86] Convém perguntar, então, qual seria a posição de ambos diante da escolha entre estas duas possibilidades.

O conceito de multidão mobilizado por Hardt e Negri parece deliberadamente explorar a ambiguidade entre estas posições. A multidão, no singular, é "uma multiplicidade, um plano de singularidades, um conjunto aberto de relações, que não é homogêneo ou idêntico consigo mesmo e mantém uma relação indistinta e inclusiva com aquilo que lhe está fora".[87] Mas se é *definido* como totalidade distributiva, o conceito é por outro lado *posto para operar* como totalidade coletiva; *Multidão*, com efeito, oferece uma teoria altamente reveladora sobre a compatibilidade entre estas duas posições, ao distinguir entre "multidão" em sentido ontológico, *sub specie*

---

espontâneos, sem qualquer elemento de intencionalidade, deliberação ou variabilidade em seus comportamentos, isto não seria evidência de auto-organização, mas antes prova de sua determinação por um sistema de ordem superior (no caso, a base econômica). Por outro lado, se "mesmo o movimento mais 'espontâneo'" apenas *aparenta* ser sem líderes para observadores posteriores que não são capazes de reconstituir o processo de difusão pelo qual uma mudança de comportamento se propaga, é porque a distância dos observadores (no tempo e/ou no espaço) os impede de apreender o sistema em seus detalhes menores (isto é, os elementos de ordem inferior que os compõem). Ver Antonio Gramsci, *Quaderni del Carcere*, Turim, Einaudi, vol. II, 328.

86 A referência à Substância espinozista se justifica aqui apenas analogicamente, no sentido da relação entre os indivíduos e acontecimentos humanos e a multidão – em que os primeiros estariam para a última como os modos finitos imanentes à Substância. Seria evidentemente um contrassenso dizer que a multidão de fato poderia, para Spinoza, ser uma substância: para o autor da *Ética*, segue do próprio conceito de substância que não pode haver mais que uma – conclusão que é, precisamente, um dos passos fundamentais na construção do conceito de Deus empreendida nas quatorze proposições iniciais do *De Deo*.

87 Michael Hardt e Antonio Negri, *Empire*, Cambridge, MA: Harvard University Press, 103.

aeternitatis, e "multidão" num sentido histórico ainda por realizar.[88] A primeira é dita como tendo estado sempre já presente enquanto força da cooperação entre singularidades, potência de constituição do ser (em) comum e plano no qual diferentes sujeitos, coletivos e individuais, construíram os diversos capítulos da história humana. Mas este fundo ontológico comum, esta multidão *em si*, só teria se tornado visível enquanto tal em nosso tempo, quando é possível olhar para trás e descobri-la como agente oculto de uma história cujos capítulos dispersos agora se unificam como momentos de sua autoconstituição. É, portanto, neste gesto – ato de autocompreensão que a obra de Negri e Hardt pretende ao mesmo tempo promover e expressar – que a multidão se faz Sujeito do ponto de vista cognitivo, na medida em que autoconsciente: multidão *para si*.

> *Se a multidão não estivesse já latente e implícita em nosso ser social, não poderíamos sequer imaginá-la como projeto político; e, do mesmo modo, podemos esperar realizar este projeto hoje apenas porque ele já existe como potencial real.*[89]

É assim que a multidão se torna capaz de tomar as rédeas do processo de sua autoconstituição, orientando-o na direção de sua plena realização histórica e política: "hoje estão emergindo as condições que tornam a multidão capaz de tomada de decisões e a soberania desnecessária".[90] Não mais apenas potência ou plano ontológico de constituição e organização, portanto, mas sujeito histórico e político autocompreendido e auto-organizado.

Há um duplo preço teórico a pagar por esta conversão da multidão em sujeito; o primeiro fica evidente nesta passagem. Não

88 Hardt e Negri, *Multitude*, 221.

89 Ibid., 221-2.

90 Ibid., 354.

obstante toda a ojeriza que não cessam de manifestar contra a mediação, a dialética e Hegel como herdeiro da tradição soberanista, Hardt e Negri acabam produzindo algo muito semelhante à dialética do Espírito – cujo propósito declarado, lembremos, era efetuar precisamente esta conversão. (A concepção espinozista de substância, diz-nos Hegel, é "o início essencial de toda a filosofia"[91]; e, no entanto, "tudo gira em torno de apreender e expressar o Verdadeiro, não apenas como *Substância*, mas também como *Sujeito*".[92]) Isto implica que as críticas frequentemente levantadas contra o autor da *Fenomenologia do Espírito* por conta do teleologismo e monologismo de seu pensamento poderiam igualmente ser usadas aqui. Não apenas há a constante sugestão de uma necessidade histórica[93] a assegurar a emancipação da multidão, como esta necessidade é posta para funcionar como critério pelo qual diferentes experiências políticas presentes podem ser avaliadas; como se, para além da multiplicidade de perspectivas internas à multidão, efetivamente houvesse um ponto de vista desde onde seria possível totalizar o movimento histórico de modo a julgar, a sua luz, cada coisa que acontece. Aquilo que é efetivamente uma tomada de partido, uma decisão política (e, portanto, parcial e incerta), veste-se assim com as roupas de um discurso analítico seguro, desde uma perspectiva de lugar nenhum: uma política *sub specie aeternitatis*.

O segundo preço, ironicamente, é que transformar a multidão em Sujeito termina por atribuir realidade *demais* à transcendência. Pensada como plano de imanência, a multidão é o horizonte de

91 Georg Wilhelm Friedrich Hegel, *Lectures on the History of Philosophy*, trad. Elizabeth Sanderson Haldane e Frances Helen Simson, Nova York: Humanities Press, 1974; vol. III, 257.

92 Georg Wilhelm Friedrich Hegel, *Phenomenology of Spirit*, trad. A. V. Miller, Oxford: Oxford University Press, 1977, §17. (Itálico no original.)

93 "Com o tempo, um acontecimento nos lançará como uma flecha neste futuro vivo". Hardt e Negri, *Multitude*, 358.

acontecimentos no qual diferentes sujeitos históricos se constituem na medida em que organizam uma massa de indivíduos "guiada como se por uma só mente" [*quae uma veluti mente ducitur*].[94] Neste sentido, "multidão" designa algo perfeitamente neutro, e não há nada que assegure que estes sujeitos sejam necessariamente virtuosos.[95] Há multidões "boas" e "más", não somente porque atribuir a um movimento o rótulo de "multidão" não o torna automaticamente um fragmento temporal da longa história da emancipação humana futura, mas porque toda multidão carrega em si o germe de sua degeneração. Isto significa, por um lado, que o espaço em que todo sujeito histórico se constitui é sempre já atravessado por uma série de relações de produção e dispositivos de disciplina e controle que reproduzem as condições micropolíticas que fazem da multidão – como já apontou Paolo Virno[96] – algo necessariamente ambivalente. E, por outro, que o poder constituído não intervém como uma interrupção ou bloqueio que vem *de fora* da potência constituinte da multidão, mas é antes um limite interno, sua desaceleração ou estratificação. A multidão carrega desterritorialização e reterritorialização em si, e seria um erro separar estes dois aspectos como se dissessem respeito a duas substâncias, uma apenas ativa, a outra apenas reativa. O desejo que

94 Baruch Spinoza, *Political Treatise*, trad. Samuel Shirley, Indianápolis/Cambridge: Hackett, 2000, 3.2. Embora esteja em disjunção exclusiva com qualquer tentativa de compreender a multidão como Sujeito, a interpretação oferecida aqui não me parece impossível de conciliar com a renovação do conceito de *species-being* (a *Gattungswesen* dos manuscritos marxianos de 1844) proposta por Dyer-Whitheford. Ver Nick Dyer-Whitheford, 21st Century Species-Being, Apresentado na sexta conferência anual *Marx and Philosophy*, Institute of Education, Universidade de Londres, disponível em http://www.fims.uwo.ca/people/faculty/dyerwitheford/species-beings2009.pdf.

95 Como observa Alexandre Matheron, a forma elementar da política para Spinoza pode perfeitamente corresponder a uma turba de linchadores. Ver Alexandre Matheron, *L'Indignation et le Conatus de l'État Spinoziste*; *Spinoza: Puissance et Ontologie*, ed. Myriam Revault d'Allones et Hadi Rizk, Paris, Kimé, 1994, 163.

96 Paolo Virno, *A Grammar of the Multitude*, trad. Isabella Bertoletti, James Cascaito e Andrea Casson, Los Angeles: Semiotexte, 2004.

guia uma multidão *quae una veluti mente* permaneceria vazio se não produzisse as formas – "os agenciamentos coletivos correspondentes à nova subjetividade"[97] – que o expressam, o tornam compartilhável e lhe asseguram um mínimo de consistência e reprodução. Mas é justamente na medida em que ele precisa assim positivar-se que este desejo também se fixa, estratifica, enrijece.[98]

Conforme vimos no exemplo do cérebro, a oposição entre auto-organização e aquilo que por contraste podemos chamar de hetero-organização não se confunde com a oposição entre imanência e transcendência; na medida em que envolve a ação de partes sobre partes, a hetero-organização é ela mesma imanente, isto é, *interior ao todo*. Mas ela passa a funcionar como transcendência no momento em que uma parte dominante projeta o fundamento de seu domínio como externo ao todo (Deus) ou coincidente com ele (a nação, a vontade popular). A transcendência existe, portanto, apenas como esta projeção ilusória e seus efeitos – estes, sim, reais. Ela é sempre *ilusão* de transcendência, de onde poderíamos dizer que a hetero-organização não é da ordem da transcendência, mas pode sê-lo, isto é, devi-lo. Como sugere Pierre Clastres, o Estado não é nada de externo, mas uma tendência interna que existe desde

97 Gilles Deleuze e Félix Guattari, *Mai 68 N'a Pas Eu Lieu, Deux Régimes de Fous. Textes et Entretiens, 1975-1995* (Paris: Minuit, 2003), 216. Tomo esta expressão em sentido amplo, para conotar comportamentos, práticas, instituições etc.

98 Ver, sobre este ponto, o comentário de François Zourabichvili: "Em Negri, a instituição não desempenha nenhum papel, está em exterioridade total em relação ao 'poder constituinte'. (...) [t]udo que este poder informe e 'omniversátil' constitui, ele deve negar imediatamente para continuar sendo aquilo que é (...) Em Deleuze, a instituição (...) também desnatura o desejo como momento criativo, porém não é menos positiva por isto na medida em que o atualiza e constitui uma criação. (...) Um dos *Leitmotive* de *Mil Platôs* é que o 'molar' (as 'segmentaridades' duras, o corte e escansão institucional de nossas vidas) não é menos necessário à vida que o 'molecular' onde, não obstante, a vida se inventa e se cria: é preciso um mínimo de reprodução, mesmo se sofremos com o fato de que ela acabe por ocupar todo o espaço". François Zourabichvili, *Les Deux Pensées de Deleuze et de Negri: une Richesse et une Chance*, *Multitudes*, n° 9, 2002, disponível em http://www.multitudes.net/Les-deux-pensees-de-Deleuze-et-de/.

sempre e nunca deixará de existir, pelo menos virtualmente: a questão é se existem forças e mecanismos capazes de impedir que "os pontos centrais potenciais se cristalizem, tomem consistência".[99]

A transcendência aparece, assim, como efeito ótico ou ilusão resultante da desaceleração, estabilização ou degeneração do movimento contínuo de emergência e desaparição de núcleos dinâmicos de organização – uma possessão unilateral, diria tarde; um caso-limite da hetero-organização. No entanto, a consequência de fazer da multidão um Sujeito puramente ativo e virtuoso, fonte de toda a criação, cuja corrupção viria sempre de fora, é transformar o poder constituído efetivamente num Fora, no Outro que a desnatura e bloqueia: uma realidade separada, que lhe é categorialmente distinta e oposta, e, portanto, efetivamente transcendente, dado que externa. Se pensamos a multidão deste modo, eliminando sua diferenciação interna, é inevitável que só consigamos conceber a hetero-organização como algo que lhe sobrevém de fora. De onde, justamente, que a hetero-organização só possa ser pensada como transcendência e soberania (veja-se a equivalência estabelecida na passagem citada acima: "hoje estão emergindo as condições que tornam *a multidão capaz de tomada de decisões* e *a soberania desnecessária*"); de onde, ainda, que se possa projetar um futuro iminente onde a soberania tenha deixado por completo de existir, o que não seria possível se esta fosse entendida como um risco sempre imanente à multidão.[100]

É esta oscilação do conceito de multidão entre sua definição como totalidade distributiva (plano) e sua mobilização como totalidade

99 Gilles Deleuze e Félix Guattari, *Mille Plateaux*, Paris, Minuit, 2004, p. 540.

100 Uma vez mais, a questão aqui está menos no modo como Hardt e Negri compreendem a transcendência, mas numa tensão entre o conceito e o modo como este opera. Afinal, se ao mesmo define-se a transcendência como ilusão e promete-se a possibilidade de eliminá-la em definitivo, estamos em território semelhante àquele da anedota da chaleira quebrada de Freud: "a transcendência nunca foi real, e agora deixará de existir".

coletiva (Sujeito), que explica porque, como apontam Hardt e Negri, os críticos os acusam ora de anarquismo, ora de vanguardismo.[101] Quando a multidão é apresentada como um Sujeito cuja realização depende apenas de "um projeto que o faça existir [*to bring it into being*] sobre a base destas condições emergentes".[102] É natural que alguns ouçam aí um apelo a um sujeito político capaz de assumir a responsabilidade de decisão sobre o *kairós* de um "momento de ruptura" em que "a extraordinária acumulação de queixas e propostas de reforma" se deixa transformar por "um acontecimento forte, uma demanda insurrecional radical."[103] A teoria nos situa aqui em um ponto suspenso entre a tendência objetiva e a intervenção subjetiva que deve efetuá-la. Acontece, porém, que, a partir do momento em que se confunde a hetero-organização com a transcendência, nega-se as condições mesmas em que se poderia pensar esta intervenção: como ação de uma parte sobre o todo.[104] Resta, então, a suspeita contra todo tipo de hetero-organização (no limite, contra a organização *tout court*) e a esperança de que a multidão venha a se auto-organizar *como um todo*, objetivamente, sem precisar passar pela parcialidade de uma decisão ou intervenção subjetiva – de onde, justamente, a impressão de flerte com um certo anarquismo. O que se perde de vista na oscilação entre estes dois extremos é justamente a perspectiva interior ao plano, à altura dos modos finitos que o populam: aquele nível intermediário em que "a multidão é formada por meio de articulações no plano de imanência sem hegemonia".

101 Hardt e Negri, *Multitude*, 222.

102 Ibid.

103 Ibid.

104 Ver, a este respeito, a observação de Laclau: "Talvez a incoerência de [*Império*] resida finalmente no fato de que o livro propõe fragmentos de um programa político perfeitamente aceitável, ao passo que suas condições de implementação se encontram negadas pelas categorias teóricas e estratégicas centrais em que se baseia a análise. As multidões nunca são espontaneamente políticas, só podem sê-lo por meio da ação política" – Ernesto Laclau, *Can immanence explain social struggles?Diacritics* 31:4 (2001),10.

Nota-se uma curiosa inflexão no uso das palavras "imediato" e "imediatamente" entre *Império* e *Multidão*, de um lado, e o terceiro volume da (até aqui) trilogia, *Bem-Estar Comum* – no qual a questão do "devir-príncipe" da multidão, sua aptidão à subjetivação política e à ação estratégica, assume grande importância. Enquanto os primeiros livros empregam as duas palavras de maneira quase invariavelmente positiva, associando-as à constituição da multidão, é em contextos de negação que ambas aparecem no livro mais recente. Lemos, assim, que a "afirmação da imanência não se baseia em qualquer fé na capacidade imediata ou espontânea da sociedade"[105], que "a organização das singularidades exigida pela ação política e pela tomada de decisões não é imediata ou espontânea"[106] e que "capacidades econômicas não se expressam imediatamente como capacidades políticas".[107] Este movimento não é acompanhado, no entanto, de uma reavaliação do conceito de mediação. Apesar de uma nova ênfase na dimensão *instituinte* da *potentia multitudinis*,[108] a mediação ainda é compreendida exclusivamente como algo externo à multidão, ou seja, como aquilo que a subsume a uma realidade que lhe é exterior. Isto demonstra que, neste contexto, "multidão" segue operando como sujeito singular e não como multiplicidade, isto é, plano internamente diferenciado/mediado; e que segue faltando a Hardt e Negri uma teoria da mediação em que esta seja pensada como relação lateral, co-evolutiva, entre termos, sem se confundir com a soberania, o Uno, a totalização, a transcendência. É de uma tal concepção de mediação que seria possível, acredito, desenvolver uma alternativa à disjunção exclusiva entre

105 Michael Hardt e Antonio Negri, *Commonwealth* (Cambridge, MA: Harvard University Press, 2009), 15.

106 Ibid., 175.

107 Ibid., 365.

108 O que relativiza em certa medida o comentário de François Zourabichvili citado na nota 23, *supra*.

multidão negriana e hegemonia laclauniana – cuja oposição não apareceria mais como uma escolha a ser feita entre imanência e transcendência, mas como duas perspectivas parciais, mas por isso mesmo potencialmente complementares, sobre a questão da organização.[109]

109 Ver Rodrigo Nunes, Entre Negri y Laclau: los límites de la multitud, *Políticas de la Memoria* 16 (2015): 39-55; e, sobre a questão da mediação, Rodrigo Nunes, Learning to no end: telos and tension in pedagogy and politics, *Lápiz* 2 (2015): 3-20.

II.6.[110]A REVOLTA DA MULTIDÃO E A CONSTITUIÇÃO DO BEM VIVER: CONVERSA ENTRE ANTONIO NEGRI E ALBERTO ACOSTA[111], MEDIADA POR ALANA MORAES[112] E GERHARD DILGER[113]

II.6.1. ABERTURA

Alana Moraes:

Negri e a feitura de nós mesmos

"Talvez eu seja irremediavelmente marxista", se definiu Negri em uma entrevista recente. Diríamos que, mais do que isso, Negri foi um dos primeiros pensadores do século XX a compreender o século XXI com Marx e para além dele. Antonio Negri nos convidou a habitar essa esquina da história onde muitos já celebravam o seu fim ou cultivavam a melancolia da catástrofe de um mundo globalizado e irreconhecível. É preciso quebrar os espelhos para ver além dos reflexos de nós mesmos e então perseguir continuamente "o fio

110 O texto a seguir é a transcrição do debate realizado na Biblioteca Mário de Andrade, em São Paulo, no dia 26 de outubro de 2016.

111 Alberto Acosta Espinosa é um político, ambientalista e pensador equatoriano. Foi presidente da Assembleia Constituinte Equatoriana que redigiu a Constituição Cidadã entre 2007 e 2008, tendo no processo rompido com o então presidente da República Rafael Correa. É autor de *O Bem Viver: uma oportunidade para imaginar outros mundos*, São Paulo, Autonomia Literária/Elefante, 2016.

112 Alana Moraes é feminista, antropóloga, co-organizadora de *Junho: potência das ruas e das redes,* São Paulo, Fundação Friedrich Ebert, 2014 e *Cartografias da emergência: novas lutas no Brasil*, São Paulo, Fundação Friedrich Ebert, 2015.

113 Gerhard Dilger é jornalista e diretor do escritório regional da Fundação Rosa Luxemburgo para o Brasil e o Cone Sul.

condutor vermelho da vontade/possibilidade de revolução".

O pensamento de Negri nos convoca: "Estamos destinados a viver nesse mundo!", nos diz. E por isso, é preciso abandonar todos os sonhos de uma política desencarnada de história e seus quebra-molas, feita pelos mais intocáveis valores – esses que nos prometem uma vida confortavelmente segura ao "lado de fora". Contaminar-nos desse mundo! Saber navegar em um maremoto, confundidos pela neblina, mas, ainda assim, conduzidos pela inteligência de um enxame e pela produção coletiva de novos nós. O antagonismo é o que nos move, e por isso Negri nos interpela, nos interessa saber como honrar as crises.

Em toda a sua vida, Negri percorreu os caminhos transfronteiriços. Como um cartógrafo meticuloso, experimentou a radical transformação das fábricas – com e contra elas –; a radical transformação da forma-partido – com e contra ela; a não tão menos radical transformação da classe que se desloca de suas fronteiras para se tornar multidão. Irremediavelmente viva e cooperada, feita nas lutas de todos os dias, refeita no novo grande chão de fábrica da metrópole.

É preciso pensar pelas lutas, com as lutas, do mesmo modo que lhe parece também urgente lutar pelo pensamento. Pensar com o corpo, vibrar na mesma frequência daqueles e daquelas que já não cabem nas velhas formas. As frequências mais baixas, nos lembra o filósofo, são as frequências de onda mais abertas, "e certas mensagens só podem ser ouvidas por aqueles envolvidos nas lutas".

Na década de 1970, Negri lutava com o operaísmo italiano pela potência e beleza da auto-organização dos trabalhadores, com e contra o trabalho. Transformou a prática da pesquisa num gesto de engajamento político coletivo cujo sentido era permitir novos caminhos. Compreender as questões que emergem da luta para assim escapar dos enquadramentos do capital, mas também do partido comunista. A possibilidade de criar brechas e experimentações atraía Negri para outros diagramas: linhas que traçavam poéticas insubmissas e que apontavam para a força das pequenas cooperações e do desejo de liberdade. Em 1979 é preso. Na prisão, descobre a poesia do pensamento de Espinosa – e encontra na multidão a possibilidade subversiva de pensar a constituição de um sujeito coletivo que não desiste de ser livre e múltiplo. Livre porque múltiplo.

Toni Negri nos concede a possibilidade de não desistir. Se Foucault nos ensinou a dignidade de não falar pelos outros, como dizia Deleuze, Negri nos ensina a dignidade de se pensar com o outro. Não temos quase nada além da intransigente recusa do papel de vanguarda. O pensamento só é capaz de imaginar e criar a emancipação coletiva na medida em que for situado, localizado. Estar com o corpo no problema: "precisamos pesquisar, entender!". É a sua última fala na Casa do Povo depois de ter ouvido pacientemente lutadores e lutadoras em movimento no Brasil de hoje.

"A solidão é ainda maior se uma multidão inteira espera sua vez" – nos diz Pasolini.

Com Negri, aprendemos que é também preciso transformar a espera em espreita. Sabotar os grandes esquemas explicativos que repousam em estruturas acomodadas e ocas. O revolucionário é aquele que está disposto a correr riscos, teóricos e práticos, e disso, Negri sabe bem. É também aquele que não cansa de reinventar constantemente nossa possibilidade de viver junto.

Ocupar o espaço político da feitura de nós mesmos – a multidão é um constante fazer-se – nos contaminar desse mundo, organizar nossa multiplicidade em práticas insistentes do comum. Saber transitar em diferentes intensidades e nos tornar bons conectores de mundos.

"O que falta é amor", nos diz Negri em *Commonwealth* [Bem-estar Comum]. Amor como o evento ontológico que marca a ruptura do que existe com a potência do novo, do que pode vir a ser. Amor como o vento que espalha e poliniza possibilidades insurgentes. Se o amor é ontologicamente constitutivo, é a ele que devemos confiar a produção de outros mundos. Não nos deixar entristecer é o que nos pede sua dedicação de luta e pensamento. Entre Itália e Brasil criamos um sul do mundo tecido por afetos, paixões alegres e generosidade com as novas lutas emergentes. Não nos permitamos desperdiçar nossas experiências! Investigadores das formas, acreditamos na transformação operada pelos momentos em que inventamos a capacidade de nos dirigir a nós mesmos.

Seguir com Negri e com amor esse fio vermelho que nos conduz por labirintos e encruzilhadas, praças, escolas, ocupações, greve mundial de mulheres; esse fio que nos faz em multidão e em movimento. Caminhar juntos, saber aprender com as nossas derrotas e traçar novas trilhas.

Gerhard Dilger:
Apresentação de Alberto Acosta

Boa noite a todos e a todas. Eu sou Gerhard Dilger, diretor do escritório regional da Fundação Rosa Luxemburgo aqui em São Paulo. É um grande prazer estar com esses gigantes do pensamento contemporâneo; e vou contar um pouco, digamos de uma forma mais anedótica, como eu conheci Alberto. Eu trabalhava como correspondente antes de entrar na fundação, América do Sul basicamente, desde o Brasil; eu viajei pela América do Sul, e acompanhei primeiro de longe e depois cada vez mais de perto a revolução cidadã no Equador, um país pequeno e muito especial nos Andes. Da primeira vez, fiz entrevista por telefone; e cheguei a conhecer o Alberto Acosta pessoalmente em 2008 quando ele era já presidente da Assembleia Constituinte no Equador, um processo constituinte bem especial. Mas a história dele começou muito mais cedo, obviamente; ele é economista, estudou nos anos 1970 na Alemanha, em Colônia, depois trabalhou na indústria petroleira do Equador; ele vem de uma família, digamos, da alta burguesia de Quito, com ilustres familiares e ilustres conexões, e na sua juventude estava convencido do desenvolvimento através do petróleo; ele conheceu os inícios da exploração petroleira nos anos 1960 e 1970 na Amazônia e aos poucos viu que esse não era o jeito de desenvolver o Equador e virou, estou resumindo muito rapidamente a vida do Alberto, ele virou ativista, ambientalista, candidato pelo partido indígena Pachakutik.

Como ativista e também economista virou um especialista mundialmente reconhecido na questão da dívida externa, e no processo da Revolução Cidadã se tornou o primeiro-ministro de Minas e Energia ecologista no mundo, no primeiro governo de Rafael Correa, com algumas ideias muito pouco ortodoxas, por exemplo, de deixar o petróleo debaixo da terra na Amazônia Oriental, o que depois virou a proposta visionária de Yasuní-ITT; certamente ele explicará um pouco mais isso, dentro de pouco. Depois ele virou presidente da Assembleia Constituinte, uma Constituinte muito participativa, muito democrática, que foi a primeira constituição do mundo a instalar os Direitos da Natureza, em 2008; depois houve ao final da Constituinte uma briga importante com Rafael Correa, que o chamou de democrático demais, participativo demais; então Acosta renunciou. Rafael Correa queria terminar o processo como estava proclamado e houve outras divergências, basicamente sobre o rumo do Equador, e, em 2013, Acosta virou candidato presidencial por uma coligação de partidos de esquerda, infelizmente com um resultado bastante modesto. Desde então, voltou a ser um verdadeiro missionário do conceito do Bem Viver, que, aliás, permeia a Constituição de 2008.

Aqui no Brasil, há alguns meses, a gente lançou *O Bem Viver*, que já foi traduzido para várias línguas e resume boa parte do pensamento do Alberto. Por enquanto é isso, ele vai falar por si mesmo. Muito obrigado.

II.6.2. DIÁLOGO NEGRI-ACOSTA

ALANA MORAES: Pensando sobre o último ciclo de lutas, tanto nos países árabes quanto na Espanha, também o Occupy, você acha que foi a multidão que se manifestou, a partir de 2008? E, neste sentido, como esse último ciclo de lutas nos oferece elementos para pensar hoje as lutas e os seus impasses?

TONI NEGRI: Eu diria que o que aconteceu nos países do Atlântico, EUA e Espanha, com repercussões diversas em outros países europeus, é diferente do que aconteceu nos países árabes.

Acho que nos países árabes se determinou uma situação de procura da liberdade, nos termos mais profundos, mais radicais, que nunca ocorreu nesses países. De vez em quando, pensando no que aconteceu desde a Tunísia até a Síria e o Iraque, nos encontramos quase em um 1848 europeu, e o que foi o 1848 na Europa, ou seja, uma revolução global em todos os países, Itália, Alemanha, França, mas também Espanha, Hungria, Polônia, para procurar a liberdade, para matar, destruir o *ancien régime* (antigo regime).

Depois que a Revolução Francesa passou, houve uma restauração. Isso que está acontecendo nos países árabes é uma tentativa de destruir, uma restauração, que tem todas as faces de uma restauração autoritária, totalitária, religiosa, liberal, neste caso liberal somente para os patrões, para os ricos, com certeza não para o povo. Isso gerou um problema, um problema de repressão enorme, um problema que está se resolvendo com o máximo da violência, melhor dizendo, está se prolongando no máximo de violência, ou melhor, se abre a uma estação longa de violência e de guerra. Isso se confunde, porque chegam os interesses das grandes potências, porque aí dentro existem duas forças reacionárias enormes, Israel e os sauditas.

Então o grande problema é de considerar essa situação de forma separada da que se originou nos EUA e na Europa, falo das duas experiências: *Occupy* e os *Indignados* espanhóis. *Occupy* na praça Zuccotti, em Nova York, e os *Indignados* na Espanha. Aqui o problema é o da luta contra o neoliberalismo, da luta contra a reorganização capitalista na crise, que move o poder de maneira mais forte, mais decisiva de como ocorreu anteriormente do povo ao poder financeiro. Foi a multidão que fez isso, acho que em ambos os casos podemos falar de multidão, ou seja, as pessoas que se rebelam nos países árabes não são mais de uma massa indistinta/ou desconhecida, são jovens homens e mulheres que frequentaram a escola, pessoas que, sobretudo na Síria e no Egito, possuem um grau de instrução médio-alto. Vemos isso com os imigrantes que chegam à Europa, são pessoas que começam a trabalhar usando a cabeça, força de trabalho cognitiva, que trabalham nos computadores, como fazem os trabalhadores hoje nas fábricas com a produção automatizada, como fazem todos os que trabalham com logística social, nos serviços sociais, como farão a maioria de vocês, jovens, quando construírem casas, não mais com as mãos, mas na rede (programas de computador). É este tipo de trabalho que é oprimido e reduzido dentro de uma guerra e se converte em terríveis experiências.

Por outro lado, e essa é uma analogia forte existente, existe um tipo de pessoa que se rebela e que quer reconquistar o poder para tê-lo em suas mãos, lutam contra a nova miséria que o capital propõe, contra o fato de que todos os Estados fogem à capacidade de participar e controlar o poder, lutam contra uma transformação radical dos modos de governo, que está acontecendo com a crise em todos os países daqui e do outro lado do Atlântico.

É difícil para mim opinar sobre o 2013 brasileiro, porque conheço pouco, apesar de conhecer alguma coisa, mas evidentemente me resulta embaraçoso opinar porque tenho um ponto de vista bem determinado, bem preciso. Aqui também teve uma tentativa de reverter o que foi uma linha de desenvolvimento na qual o *welfare*, a emancipação da maioria da população pela primeira vez depois de tantos e tantos anos, aconteceu. Tem essa inversão do poder que acho que foi equivalente ao que aconteceu no resto do mundo. Tem uma curvatura em toda a história desse período, que é uma curvatura levada pelo capitalismo, pelo capital financeiro que comanda em todos os lugares, na direção de uma centralização do poder, na direção de leis de exceção, na direção de um comando que traz aos ricos mais riqueza e aos pobres mais pobreza. É essa a situação a nível mundial, global, no império, ou seja, na globalização.

ALANA MORAES: O conceito de multidão no seu pensamento nos apresenta a possibilidade de pensar uma classe não operária, constituída pela multiplicidade e diferença ao invés da unidade impotente que sugere o "povo" ou as "massas". Como você pensa a multidão também a partir daqueles e daquelas que de alguma forma são os dissidentes da própria noção de progresso e que continuam sendo exterminados e exterminadas por ela, por essa noção de progresso? Os povos indígenas de um lado, e por outro, as mulheres bruxas que foram queimadas e que continuam sendo perseguidas e mortas por uma relação outra com a terra, com a própria reprodução da vida?

TONI NEGRI: Quando comecei a falar de multidão comecei a falar disto em polêmica com o conceito de soberania, com o conceito de povo. Porque achava que a população fosse muito diversa, tinha os ricos e os pobres, tinha os que aproveitavam um determinado governo e outros que não, tinha homens e mulheres, tinha uma diversidade na população e me parecia que o governo fosse sempre de um lado ou de outro, e que o povo fosse um conceito inventado pelo poder para dominar esta diversidade. Dizendo para todos "vocês são todos iguais", no final vocês são iguais só formalmente, ou seja, são iguais porque a lei diz que vocês são iguais, mas, depois, em cada família tem um pai de família, em cada relação de gênero tem homens que comandam mais do que as mulheres, mulheres que são pagas a menos, são infinitas coisas nas relações com o mundo indígena, tem o colonialismo, o escravismo e tudo aquilo que aconteceu, e não são todos iguais, não são todos igualmente povo.

Então me perguntei, sempre com os colegas, porque certas coisas são difíceis de pensar sozinho, como se faz para reencontrar uma democracia que fosse uma verdadeira democracia? Não uma massa genérica, não uma multidão que possa enlouquecer e ir de um lado para outro, mas realmente que cada um, cada singularidade, pudesse se organizar politicamente e se tornar uma coisa pública verdadeira? Mesmo porque, como velho marxista que eu sou, que antes de falar da política vai pesquisar as relações de produção, eu percebi que hoje, quando se trabalha, não se trabalha mais como nos países desenvolvidos, dentro de uma tendência irreversível, não se trabalha mais em uma produção em série, onde se tem um relógio que, quando toca, você abaixa a alavanca. Hoje se trabalha de forma criativa, cognitiva também quando se é comandado, aliás, quanto mais inovação proporcionamos, mais comandados seremos.

Então chamamos tudo isso de multidão, utilizando velhos termos da democracia do século XVII. Que eram termos liberais, libertários. Utilizamos estes termos para identificar aquela base política que serve para construir uma democracia.

Questionam-me agora a olhar também para aqueles que foram prejudicados pelo progresso. Sobre isso devo dizer uma coisa, que essa divergência da noção do progresso, precisa ser colocada dentro de termos bem precisos, eu nunca fui contra os antibióticos ou contra o *welfare*. Há um progresso que aconteceu e que constitui nossa existência. Mas com isso, sem dúvida, existe ainda enraizada na nossa experiência, sobretudo na experiência europeia, quando dizia sobre a multidão, sobre a soberania, que quer estar ativa sobre o povo, significa uma crítica profunda, radical de uma soberania que foi trâmite fundamental da criação colonial e do que ela criou no seu interior.

Outra questão importante de discutir é que o conceito de multidão vale seguramente para descrever povoações muitos diversas, não simplesmente de um ponto de vista econômico, de riqueza ou de condições econômicas, mas de todo o resto, de cor, de gênero etc.

Ocorreu-me há um tempo, quando estava na Bolívia, no momento que estavam fazendo a Constituição boliviana, se falava de multidão *abigarrada*, ou seja, multiforme, colorida. Era um conceito que confirmava o de multidão que tínhamos construído com respeito ao trabalho, à diversidade e à singularidade. Os dois conceitos, o construído na América Latina com respeito às diferenças estratificadas do colonialismo e da soberania, e às diferenças que se referiam à forma do trabalho hoje, se relacionavam de uma forma analógica. Ali também trabalhando, observando aquilo que acontecia dentro da avaliação dessa multidão *abigarrada* tinha toda uma série de elementos, aos quais se deve prestar atenção, porque dentro desta força *abigarrada*, formidável, tinha elementos patriarcais fortes de identidade, muito pesados, tinha condições de propriedade muito injustas.

O problema hoje, de maneira precisa, é o de conseguir interpretar essa multidão em todos os níveis, nos termos de uma constituição dinâmica, na qual essas diferenças estejam presentes. Exatamente como estão presentes no trabalho e em todas as estruturas públicas. E conseguir colocar o poder ao lado do que é a vontade e capacidade de ser livre e construir o próprio espaço político.

ALBERTO ACOSTA: Boa noite a todos e a todas. Infelizmente não falo português nem italiano, só um pouco de espanhol. Falarei em espanhol o mais devagar possível para que se entenda. Não teremos tradução para o português, parece que não havia mais recursos para ter um tradutor de espanhol. Mas isso não me impede de começar agradecendo aos amigos e amigas da Fundação Rosa Luxemburgo por esta oportunidade de estar aqui no Brasil mais uma vez, nesta ocasião com Toni Negri. Tive a sorte de conhecê-lo há quatro anos, quando eu comecei outra aventura política, a mesma de sempre, lutar para mudar o mundo. E o fazia como candidato à presidência da República com péssimos resultados eleitorais. Isso não me fez perder o entusiasmo para seguir tentando mudar o mundo, que é o objetivo, creio, que todos temos que assumir. Senão porque vivemos na atualidade, se a maioria dos habitantes do planeta tem condições indignas de vida em todo sentido da palavra.

Queria refletir em paralelo com o que fala Negri. Ele nos fala rapidamente de como foi a evolução das últimas décadas, anos, em relação à Primavera Árabe, aos processos dos *Indignados*, as lutas políticas, confrontando com tudo o que foi feito pela libertação dos seres humanos, a luta na Europa principalmente. Estamos influenciados pelas lutas europeias e, tradicionalmente, seja no Equador, seja na Colômbia, Brasil, Argentina, grande parte do pensamento dominante vem da Europa. O liberalismo, o conservadorismo, o socialismo, o comunismo, mais de uma vez, dentro desta lógica do colonialismo (do poder, do colonialismo do ser, do colonialismo do saber) procuramos achar respostas aos nossos problemas.

Mas nos últimos anos, sobretudo nos países andinos e amazônicos, houve a urgência de outros grupos sociais que não se encaixavam neste tipo de categoria da modernidade política. Eu me refiro aos movimentos indígenas, que abrem a porta a visões muito mais diversas, plurais, transcendentais na medida em que propõem a visão do *Buen Vivir* ou do *Vivir Bien*, que surge do mundo indígena. Em quéchua falamos do *Sumak kawsay*, em aimará falamos *Suma qamaña*, em guarani *Nhande reko*, outros idiomas para definir o que é o Bem Viver, que não é uma proposta que nasce do mundo acadêmico, político tradicional. É uma proposta política, sim, mas que emerge estabelecendo algo fundamental, a presença destes diversos indígenas e afros também como sujeitos dessa vida política nacional. Tradicionalmente os indígenas eram vistos, sobretudo na América Latina e nos países andinos, como proletários, como trabalhadores escravizados nos campos. E as esquerdas representavam esses interesses dos proletários do campo, e aqui emergem os indígenas, que reconhecem a sua exploração, mas também que são mais do que explorados, exigem um espaço na vida política além de ter a própria "*belt anchor*", uma visão do mundo que difere da lógica da modernidade, e isso me parece um ponto fundamental.

Aqui me pergunto, por que de repente aparecem as indígenas nestes países quando já estavam presentes há mais de quinhentos anos? Existem várias razões, não explicarei todas, existem melhorias em termos de organização, em termos de consciência, em termos de fazer nascer suas próprias propostas desde suas próprias realidades. Não houve uma ruptura total com o que significou a luta dos setores populares que ademais participam ativamente em diferentes formas e aliança. Está o pensamento marxista, o socialista que se enriquece também como o pensamento feminista e o ecologista, para mencionar apenas quatro (destes pensamentos). O interessante é que este processo acontece no meio de uma crise do Estado-nação, do Estado colonial, oligárquico e neoliberal, e são os indígenas e outros setores populares que lideram na América Latina a luta contra o neoliberalismo na sua fase mais adiantada, recordem como nos mobilizamos para enfrentar a Alca, os tratados de livre comércio, as privatizações, aquela tentativa para minimizar o papel do Estado e para colocá-lo a serviço da acumulação do capital transnacional, transformando-o cada vez mais em um Estado maior, gigante, em termos de repressão.

Nesse contexto de América Latina, quando a ideia do desenvolvimento entra em crise, e o conceito do progresso deixa de ser a promessa mobilizadora, aparecem teses do Bem viver. Mas existe um dado interessante, é quando estas ideias do Bem Viver que aparecem em nossas regiões começam a ser objeto de reflexão e estudo em muitas outras partes, e desde aí entendemos que a procura de uma vida diferente, para construir uma sociedade e civilização que não seja antropocêntrica, utilitarista, que não siga destruindo a natureza e gerando miséria, está presente em outros lugares do mundo. Aqui deixo alguns dados, a miséria aumenta no mundo de um jeito acelerado. Não sei quantos de vocês ouviram falar das cifras de Oxfam, uma ONG internacional que apresenta dados sobre a pobreza. No ano de 2014 a ONG divulgou que 85 pessoas possuíam uma riqueza superior a mais de 3.600 bilhões de habitantes no mundo, pessoas, não empresas. Em 2015 eram 80, este ano (2016) são 62, e isso se reflete não só no Brasil, no Equador, na Colômbia e na Argentina, mas também nos países ricos, na Alemanha, de onde vem a Fundação Rosa Luxemburgo, temos uma situação preocupante.

A Alemanha se apresenta como o grande país da equidade, da democracia, da justiça, e do progresso econômico. Os 10% dos alemães mais ricos controlam 53% da riqueza desse país, e 50% da população alemã controla 1% da riqueza desse país. Então entendemos que além de problemas sociais, existem problemas ambientais enormes e insustentáveis, 90% das cidades têm o ar contaminado, São Paulo não é uma exceção. Vemos uma realidade em que a cada oito anos ocorrem mortes somente por conta da contaminação do ar, sobretudo morte de crianças e idosos. É um mundo onde vemos que as coisas estão loucas.

Cheguei segunda-feira ao Brasil graças ao convite da *3º Bienal do Livro*. Cheguei a uma hora da manhã, no hotel cheguei às duas da manhã, não vi ninguém na rua, saí agora e também não tinha nenhuma pessoa, às oito da manhã, mas, sim, tinha muitos carros, que cidade estamos construindo?

Semana passada estive na Cidade do México, outro monstro urbano, outra cidade mercadoria, outra cidade onde aparentemente as multidões são indivíduos solitários, aparentemente. Qual é a realidade do transporte no México? Que imagino ser similar à realidade de São Paulo; 27% da população usa carro próprio, 73% usam o transporte público. Mas os carros próprios ocupam 85% da superfície da cidade para o transporte, 15% para o transporte público e se destina 66% do orçamento para o transporte dos carros particulares. Este é o mundo onde vivemos.

Podemos ver, não só com este exemplo, poderia falar de muitos mais, como existe uma espécie de produção coletiva do espaço disponível para o transporte, enquanto simultaneamente existe uma apropriação privada deste espaço público, e isto é o que se vive agora. O mundo chegou a um ponto onde se generaliza a mercantilização, inclusive da vida. O mercado cresce. Rosa Luxemburgo dizia que algum dia o capitalismo iria acabar quando chegássemos na última fronteira da colonização territorial. Rosa, que era genial, brilhante, não se deu conta de que o capitalismo é muito mais perverso, estamos mercantilizando os genes, o clima com o mercado do carbono. A pergunta é, o que vamos fazer? Não é só uma questão de produção.

Pensem, no mundo, segundo várias fontes de informação, sabemos que entre 850 milhões e 1 bilhão milhões de pessoas passam fome. E isso não é pela falta de produção. Somos 7 bilhões de habitantes no planeta, e se produz alimentos para 10 ou 11 bilhões de habitantes. Existe uma má distribuição dos alimentos, sem dúvida, existe um desperdício de alimentos.

As Nações Unidas, a FAO, nos fala que cada ano se desperdiçam 1,3 bilhões toneladas de alimentos, no norte do globo 670 milhões e no sul do globo 630 milhões, nos EUA, em média, cada família joga fora 40% dos alimentos sem abri-los, na Europa um pouco menos, uns 30%. Este é o mundo onde vivemos. E para fechar o assunto da perversidade das cidades, muitas vezes, e o Brasil não é uma exceção, produzimos alimentos para os carros e não para os seres humanos. Diante dessa realidade se mobilizam diferentes setores da população mundial, neste caso concreto do mundo indígena. Que emerge não só para reclamar um espaço que garanta os seus direitos a uma vida digna, mas que propõe reflexões, ideias e muitas práticas de como podemos organizar de outra forma a vida dos seres humanos no planeta. Este é o grande objetivo do Bem Viver.

Este livro que aqui apresento, *O Bem Viver*, não reúne minhas ideias, não; os erros todos são meus, simplesmente reúne propostas e visões que oferecem a oportunidade para pensar outros mundos onde a vida, com dignidade de todos os seres humanos e todos os seres vivos, seja uma realidade.

GERHARD DILGER: Alberto, você deu algumas pinceladas sobre o conceito do Bem Viver, que é uma construção, uma proposta de imaginação social com base na relação harmônica com a natureza, na reciprocidade, complementaridade, solidariedade entre indivíduos e comunidades. Visto desde São Paulo, desde o ponto de vista das lutas, como este conceito do Bem Viver poderia mobilizar hoje o que Negri chama de multidão, como você vê esta relação?

ALBERTO ACOSTA: A primeira reflexão que me vem à cabeça é se existe espaço para alguém que possa dar-nos receitas para resolver os problemas dos outros. Acho que não, categoricamente não. Frente a essa pergunta, não poderia traduzir minhas reflexões em receitas concretas. Não sou médico, sou economista, não tenho livro de receitas. O interessante seria entender o que significa o Bem Viver. O Bem Viver surge de um mundo tradicionalmente marginal, esquecido e explorado. No Equador, como na Bolívia, por décadas foi proibido aos indígenas que falassem em seus idiomas nativos, o quéchua por exemplo. Proibiram nas escolas, nos espaços públicos. Desculpe o termo, se tratava de branquear a sociedade. Forçavam os indígenas a parecer brancos, e o mesmo acontecia com os negros, existia todo um processo de uniformização da sociedade, em termos culturais, políticos, econômicos para que todos se parecessem com o mundo branco.

Isso segue presente na atualidade. A colonialidade do poder, vocês seguramente conhecem as obras de Anibal Quijano, de Enrique Dussel, de Walter Mignolo, de José de Souza Santos no Brasil, Arturo Escobar. São diferentes pensadores que se aproximaram da temática da colonialidade do poder que também interessa a Negri em um dos seus trabalhos, o livro *Commonwealth* (*Bem-Estar Comum*). Estas são questões fundamentais, sempre vimos nosso mundo em função de realidades distantes da nossa, sempre procuramos nos parecer com a Europa ou os EUA, rejeitando nossas capacidades e potencialidades.

Desde esse ponto de vista é importante abrir a porta para escutar o que dizem os outros, o outro, o indígena, o afro, tradicionalmente marginalizados e explorados. Eles têm conhecimentos e saberes que precisam ser valorizados. Eles exigem um reconhecimento social e cultural. Eles têm uma série de códigos de conduta que resultam complexos para quem pertence ao mundo branco e ocidental, e eles nos propõem conceitos que ultrapassam o utilitarismo e o antropocentrismo. Desde esta visão do mundo indígena, desde a plurinacionalidade, desde a interculturalidade (gostaria de falar também sobre a multidão, mas para isso teria que aprofundar melhor o termo para não simplesmente adotar um critério interessantíssimo e tratar de colocá-lo em vigência na nossa realidade), o que nos convidam os nossos indígenas é a enfrentar uma ruptura que existe em nossa civilização desde muito tempo atrás, não somente na atual etapa capitalista, não só na modernidade, na ruptura dos seres humanos com a natureza.

Figurativamente falando, nós, os humanos, nos colocamos à margem da natureza e a consideramos um grande *shopping* onde podemos seguir conseguindo recursos.

A primeira tarefa a ser feita é nos reencontrarmos com a natureza, abrir a porta aos direitos da natureza.

Em segundo lugar, teria que aprofundar cada um destes aspectos, tem que ver com as rupturas dos indivíduos, dos seres humanos com a comunidade. Somos indivíduos, e portanto somos produtores e consumidores, mas não fazemos parte da comunidade no mundo atual. Olhe como se constroem as cidades, o que se falava sobre Brasília, e pode ser visto aqui em São Paulo, ou em Quito ou em qualquer outra parte, são cidades para indivíduos, talvez suas famílias, muitas vezes não conhecemos nem os nossos vizinhos, não temos nenhum contato comunitário. Este é o segundo elemento fundamental do Bem Viver, nos reencontrarmos como comunidade, não somos um Robinson Crusoé isolado numa ilha, que consome e produz, que é a visão de Margaret Thatcher, que dizia que a sociedade não existe, existem homens e mulheres isolados, a sociedade é uma construção. E aqui a grande tarefa é que não se trata somente de sociedade, mas também de comunidade, e o velho Karl Marx definia com clareza o que é a *Gesellschaft*, a sociedade do que é a *Gemeinschaft*, a comunidade. O que entendemos por comunidade? Essa é outra pergunta difícil e complexa. O que me interessa aqui é abrir a porta para outro mundo onde não se garanta simplesmente a promessa do bem-estar, do viver melhor às custas da fome da maioria, às custas do sacrifício da maioria. O Bem Viver é uma proposta que precisa ser construída, é para todos ou não será para nenhum, não é a *dolce vita* de poucos custando do sacrifício de muitos. Concluo dizendo que é importante resgatar um assunto básico e fundamental, não pode existir um só Bem Viver, único e uniforme para todos, falamos melhor de boas vivências. Essa é uma tarefa complexa quando temos que trabalhar em cidades que são eminentemente insustentáveis. Se alguém me fala de uma cidade sustentável, está utilizando um termo que conduz a um oxímoro, uma cidade por definição não é sustentável. Mas temos que achar algum mecanismo para estabelecer relações muito mais harmônicas com a natureza e, obviamente, para nos reencontrarmos com o resto dos membros da comunidade.

GERHARD DILGER: Antonio, você gostaria de comentar um pouco as colocações de Alberto?

TONI NEGRI: Concordo com tudo e me pergunto como fazer. A discussão começou do fato de que existem lutas em curso, começou da consciência de que o poder é forte, é duro, que o comando capitalista, financeiro ocupa as nossas vidas. Então eu acho que um discurso como esse do Alberto se encaixa dentro da luta, um discurso que não se apresente como utopia, mas como organização do desejo. Mas, entre essa organização e o fazer as coisas, existe um espaço que se chama política. Um espaço que o Alberto tentou percorrer e, ele mesmo disse, sem muito sucesso. Porque é um espaço duro, contra o qual as ideias que emocionam a todos e as quais podemos acrescentar outras coisas, terminam como ideias que se chocam com um poder inflexível , com a dor da vida, com o fato de que o desejo não consegue se expressar, que se enlouquece de desejo, com o fato de que se é preso quando se rebela. Também os princípios fundamentais da democracia estão em perigo, se já não estiverem ultrapassados, nos regimes gerais. À crise, que é uma crise mundial, as instituições respondem de maneiras análogas. Alberto já falava das diferenças econômicas que existem entre as faixas altas e baixas das populações nos vários países, no Brasil, como na Alemanha ou nos EUA. Então levamos este discurso dentro da realidade. Como lutar, quais são os pontos que podemos utilizar para desencadear a luta.

Aqui no Brasil este ponto que desencadeou a luta foi a demanda por reduzir o valor da passagem do transporte. Uma coisa pequena que desencadeou uma avalanche dentro da qual estavam representados todos os valores e os desejos ditos por Alberto. É esse o discurso que torna as coisas concretas. Como se faz para desenvolver a luta, como se organiza essa luta. Porque quando se luta é preciso seguir lutando para se alcançar resultados. É preciso viver, e o capital hoje influencia a nossa vida diretamente. Não é necessário dizer que não se respira, temos que reconhecer que existem operários, nossos parentes, que trabalham em fábricas que poluem, mas seguem trabalhando por medo de perder o seu emprego. Essa é uma tragédia que em toda a Europa se vive continuamente, de pessoas que sabem que morrerão nas fábricas e ainda assim continuam, porque, do contrário, morrerão de fome.

As contradições se encontram em todos os lugares, quando assumimos esse formidável impulso de desejo, que Alberto nos apresenta; são problemas que temos que colocar sobre a mesa e discutir um atrás do outro. Como abrir uma luta sobre este terreno, como se organiza uma luta, quais são os caminhos através dos quais podemos fazer mal para o poder. Porque construir comunidade não é simplesmente aproveitar desta comunidade, mas também fazer mal a quem nos impede de tê-la. Essa é a dialética terrível na qual a nossa vida está submetida, uma dialética que vai entre a vida e a morte, é verdadeira, real. Queremos estar de acordo com a natureza, acho que essa relação homem natureza seja terrivelmente complexa nos dias de hoje. Que exista um antropoceno que pode ser mortífero, mas que no qual possa existir espaço para a esperança. Talvez não seja esse o problema a ser discutido hoje. O problema é qual é o tipo de vida que queremos e como faremos concretamente para nos organizar e conseguir, não digo tudo, mas sim uma pequena parte do Bem Viver.

ALANA MORAES: Você pensa a multidão em termos biopolíticos, mas também poderíamos falar sobre a cosmopolítica da multidão? O que seria pensar as lutas hoje desde a perspectiva descolonial? Ou seja, pensar com a natureza, com aqueles e aquelas que têm a cor da terra, como dizem os zapatistas?

TONI NEGRI: Como eu conheço o termo cosmopolítica, foi introduzido por Bruno Latour, um sociólogo parisiense, em polêmica com o pensamento de um outro filósofo parisiense, Foucault, que é muito importante, porque ele inventou o conceito de biopolítica. O que quer dizer o conceito de biopolítica? Quer dizer que a política invade a nossa vida, que estamos submergidos num comando que forma nossa subjetividade. Podemos simplificar esse conceito, nascemos dentro de hospitais e não mais na natureza, vivemos com salários que trocamos com os nossos pais (mesadas), quando começamos a viver trocamos com o capital, com o patrão, e seguimos, assim, nos enchemos de remédios, as crianças têm que ser vacinadas, a vida está organizada para que você vá à escola, é organizada para ter assistência pública. Ou seja, existe uma política para fazer viver, mas ao mesmo tempo ela cria as condições para lhe explorar, estorcer, extrair o valor do seu trabalho, do trabalho vivo que é a riqueza verdadeira desse mundo. Quando se fala de cosmopolítica, na linguagem de Bruno Latour, se diz que tudo isso é bastante irrelevante, este tipo de organização geral que para Foucault é fundamental, é irrelevante com respeito aos ritmos da natureza, nascimento, crescimento. E que no fundo a biopolítica não acompanha os mecanismos do crescimento capitalista, mas os ritmos determinantes que derivam da natureza.

Eu acho muito errada essa concepção de Bruno Latour, acho que a situação seja mais próxima de Foucault, de uma biopolítica que se confronta com o biopoder, do fato de que nossa vida está dentro de certas condições e é condicionada por um poder que se encarna na vida. Então aqui eu coloco em jogo o Alberto, porque é claro que o seu discurso não surge do céu, nasce de um núcleo de desejos que se encarnam aqui. E acredito que a relação com a natureza tem que ser equilibrada, no sentido que é impossível fazer uma vida sem a natureza, é impossível viver sem modificar a natureza. Viva a natureza que fica dentro da história, que vive dentro do nosso viver inteiramente. O mesmo termo biopolítica se refere ao bios, essa coisa natural antes de tudo, a natureza não é diferente da vida. Escutamos faz pouco tempo uma linda lição de Suely Rolnik sobre esse nó de paixões que compõe a vida natural. Temos que concentrar o discurso sobre a natureza ao redor do discurso sobre o homem. Não um humanismo que espante a natureza, mas aquele humanismo antigo que queria da natureza o máximo de potência pela vida de todos. Acrescentamos outra coisa, e acho que estamos todos de acordo desde o princípio, temos que eliminar o individualismo, a cultura individualista é a cultura da miséria, do domínio e da morte. A cultura individualista, o cartesianismo moderno, que organizou o colonial e todo o resto. Existe um comum, o comum onde vivemos, o comum do bios, que é fundamental. E é sobre este ponto que temos que focar nossa atenção para desenvolver um discurso.

GERHARD DILGER: Alberto, poderia, depois do que falou Antonio, explicar como surge esse conceito de direito da natureza e, para lembrar o desafio de Antonio também, escrever isso na constituição já é uma vitória, mas como fazê-lo realidade. Pode comentar sobre isso?

ALBERTO ACOSTA: Eu sabia, quando vim, que iria aprender bastante e que Toni Negri iria me provocar muito mais. E isso me parece interessante numa reunião desse tipo. Sem dúvida, minha forma de ser se mobiliza muito pelo impulso do desejo, e faço isso pensando no mundo em que viverão meus netos e minhas netas. Gramsci nos dizia que o pessimismo é um assunto da inteligência, mas que o otimismo é um assunto da vontade. Pessoalmente eu tenho essa vontade de mudar, como tem muitas pessoas no mundo, a maioria dos habitantes do planeta, quando lutam dia a dia achando respostas para os seus problemas em condições tremendamente difíceis. Aí, temos que nos perguntar qual é a realidade do mundo indígena. Falar do Bem Viver não é falar de teorias ou filosofia. São práticas sem teorias e, de alguma forma, filosofia sem os filósofos tradicionais. Não tenho nada contra Toni, pelo contrário, aprendo muito. O interessante é que não se trata de assegurar um espaço para fazer política do Bem Viver, porque o Bem Viver tem muitos valores, experiências e práticas e está presente em muitos lugares do planeta, não só na América Latina. Nas comunidades indígenas amazônicas, nas indígenas andinas, no mundo afro, quando falam do ritmo e da harmonia, estão falando das questões do Bem Viver. Na África, quando se fala do *ubuntu*, eu sou porque você é, e você é porque eu sou, então os dois somos ou todos somos. Ou na Índia, tem um pensador fantástico,

Ashish Kothari, que fala da visão do "esbarrar", uma ecologia radical que recupera o comunitário em centenas, milhares de vilarejos na Índia. Desde esse ponto de vista não se trata somente de começar a organizar um programa político, mas ver o que podemos aprender de projetos de vida que estão se desenvolvendo em muitas partes do planeta. É importante e tem muitos pontos para desencadear a luta, Toni.

Eu vim aqui convidado pela fundação Rosa Luxemburgo, para tratar o tema do extrativismo, que se refere às mobilizações para exigir o transporte gratuito na cidade de São Paulo e no Brasil em junho de 2013. Isso é uma expressão de uma reivindicação, que isso possa ter sido manipulado e utilizado para chegar a uma situação intolerável, na qual se utiliza de um jeito perverso a Lei e a Constituição para fazer um golpe de Estado é outra coisa. Mas essa foi uma reivindicação que tinha muito sentido.

Nas cidades, por exemplo, para dar fim a essa situação, na qual o setor privado se apropria do setor público construído com o dinheiro de todos, o transporte público deveria ser gratuito, obviamente. Porque temos que seguir financiando para que as pessoas tenham carro próprio, o que nem ajuda a resolver o problema do transporte. Na Cidade do México, acho que acontece a mesma coisa que em São Paulo, anos atrás a velocidade de transporte chegava mais ou menos a uns vinte, trinta quilômetros por hora, agora, quando muito, a onze, doze por hora. Cada carro novo que entra vai mais devagar. Os pontos para desencadear a luta são muitos. Por exemplo, porque não se começar a exigir que a água seja um direito humano como está estabelecido na Constituição do Equador, e que não possa ser privatizada?

Então abrirmos a porta aos bens comuns e nos sintonizamos com Europa. Na Europa também se fala de bens comuns. Essa é a realidade no mundo indígena, a terra não é um fator de produção, é um território, uma forma de se relacionar com a *pachamama*, que não é uma metáfora, é uma realidade. É muito difícil para entendermos isso. Bruno Latour nos recomenda voltarmos a atar o nó górdio, porque nós, humanos, cortamos o nó górdio da vida, num lado a natureza, no outro os seres humanos.

Agora, falo bem claramente, quando falo dos direitos humanos não estou me referindo à natureza intocada, de jeito nenhum, mas me mobiliza ver, por exemplo, que o extrativismo está destruindo a vida, não para melhorar as condições de vida das pessoas, mas, sim, para garantir a acumulação do capital. Exemplo muito concreto, se extrai ouro do subsolo, com altíssimo custo social e ambiental, centenas de toneladas por cada onça que se extrai, milhares e milhares de litros de água por cada onça que se extrai. E para onde vai a grande maioria do ouro que se extrai? Para o subsolo outra vez, ao subsolo do banco internacional para sustentar o capitalismo especulativo. Apenas uns 10% do ouro teria algum tipo de justificação industrial. Mas queremos sempre mais. O extrativismo descarado.

O que está acontecendo no Brasil com Belo Monte, a curva cumprida do Xingu, se coloca em risco o rio e se coloca em risco a vida das comunidades indígenas para ter cada vez mais eletricidade, que será utilizada na extração de ferro a ser exportado para a China e, assim, para poder importar ferrovias já prontas, para se ter trens e poder continuar extraindo ferro e mais ferro. Essas são as irracionalidades. Eu não digo aqui, de jeito nenhum, que temos que ter a natureza intocada, seria uma barbaridade, mas algo tem que ficar claro: não se consegue justiça social sem justiça ecológica. E a justiça ecológica é impossível se não houver justiça social. Um exemplo muito concreto, no Equador foi levantada a possibilidade de deixar mais ou menos 30% do petróleo no subsolo, procurando uma contribuição internacional a partir do princípio das responsabilidades compartilhadas e diferenciadas. Os países ricos tinham que dar uma quantidade de dinheiro para que não seguíssemos contaminando. A história é mais longa e posso explicar depois, onde quero chegar é no seguinte, o governo do presidente Correa, quando reconhece que a iniciativa ficou muito grande para o seu governo e ele não havia mensurado o tamanho para fazê-la realidade, se justifica dizendo que a extração do petróleo é feita para exportação e obter recursos para pagar grande parte das obras de educação, de saúde, de casas populares e para erradicar a pobreza. Atualmente 18 bilhões de dólares, tirando o efeito da inflação nos próximos 20 ou 23 anos no total, isso dá menos de 2 bilhões de dólares por ano. Se existisse de fato um governo revolucionário e se aumentasse o imposto dos 10% mais ricos da população em 3,36%, se teria mais de 2 bilhões de dólares por ano. Voltamos ao começo, até quando será mais fácil tirar da terra do que tirar dos ricos? Meter a mão no bolso dos ricos ou meter a mão na terra? Chegamos a um ponto fundamental, a questão do poder. Quando quebrarmos o poder ao capitalismo, ao qual interessa a reprodução do capital e quando construímos poderes contra-hegemônicos para ir garantindo a reprodução da vida, que é isso na essência o que nos interessa.

ALANA MORAES: Nas últimas décadas vivemos um ciclo importante de mobilização social e de luta antineoliberal, que gerou, por sua vez, outro ciclo também importante, o dos governos progressistas na América Latina. Passada mais de uma década já é possível fazer um balanço dessa experiência. Gostaríamos que vocês comentassem e apontassem os limites e êxitos dessa experiência.

TONI NEGRI: Antes de responder à pergunta, queria expor um testemunho que é importante porque é um elemento da discussão. Na Itália teve um referendo sobre a água, concebida como propriedade comum, um referendo para tirar os serviços da água das empresas particulares e públicas, para dar uma ordem comum à água. Esse referendo, do qual participaram mais de 50% da população, cerca de 60%, 94% votaram sim para que a água fosse comum. O que aconteceu? Em menos de um ano se descobriu que a água, sim, era comum, mas que todos os mecanismos que colocavam a água à disposição nas cidades eram privados. Temos que ter cuidado quando falamos sobre o comum porque é algo importante, que se contrapõe ao privado, e às vezes também ao público. Porque quando se fala de comum se fala também de autoadministração e não de delegar ao Estado a gestão da água. Na mente de quem propôs a gestão da água, ela tem que voltar ao cidadão e nós é que teremos de gerenciá-la, com toda a racionalidade que ela demanda, porque tem que distribuir a água para as necessidades das cidades, as necessidades civis, para a necessidade da agricultura, para a necessidade da indústria etc., falo de um jeito sustentável para poder oferecer água a todos em tempos razoáveis.

O que aconteceu na América Latina com os governos, pelos menos por uns vinte anos, dos anos 1990 até hoje. Acho que teve uma revolução efetiva na América Latina, que pela primeira vez teve governos democráticos, em especial os governos das montanhas, os governos andinos tinham proposto fortemente essa temática do comum. Aconteceu que, na crise econômica geral, as dificuldades em manter as dimensões do progresso, e sobretudo esse progresso fundado no comum, não avançaram, e a única alternativa que se deu em alguns destes países, como eles mesmos reconheceram, na Bolívia sobretudo, foi um retorno às formas soberanas públicas e centralizadas de governo. Em outros lugares, desde a Argentina até o Brasil, vocês sabem o que está acontecendo, um retorno da direita muito forte, na qual, como se reorganiza a resistência, como se organiza a renovação de lutas para o comum, como se organizam os movimentos que reabram, não os discursos da antiga esquerda, mas os discursos dos quais Alberto falava, a reconquista do terreno de luta pelo comum, para atacar a propriedade privada, para atacar os poderes financeiros. Temos que falar com clareza, seguimos falando de natureza etc., que são coisas sacras, mas por trás tem o poder verdadeiro que lhe faz viver ou morrer, e temos que falar disso e ligar nosso discurso a essas condições de luta fundamentais para reabrir grandes processos que possam chegar a um nível continental. Uma Europa sozinha é inimaginável, assim como uma Itália ou uma França ou uma Alemanha separadas. Como aqui, me fazia rir essa ideia da América Latina bolivariana. Mas é verdadeiro que só uma América Latina unificada poderia suportar o peso dos colossos imperiais. Então, aqui na América Latina houve um tempo de efetiva vitalidade política e das populações, uma participação democrática real. Houve uma mudança verdadeira nas condições de vida dos cidadãos, um impulso político que nos leva a dizer, como fala Alberto, que cidadãos juntos começam a desejar esse tipo de vida, que não tem que ser aquela vida ocidental, americana etc. Ok, concordo, é uma vida que se mede com os parâmetros da própria existência, dos próprios espaços, territórios, cultura, do próprio ser. Muito bem, tudo isso hoje é obstáculo em nível mundial, e a América Latina é um ponto fortemente debilitado porque o neoliberalismo está vencendo.

ALBERTO ACOSTA: Qual é a herança dos governos progressistas? Como entender esse enfraquecimento dos governos progressistas? Não falaria de um fim de ciclo, falaria de um cansaço dos governos progressistas, e isso acredito que temos de fazer desde um ponto de vista mais pontual, definitivamente não poderia generalizar. Existem situações em alguns governos progressistas que precisam ser evidenciados com muita força, por exemplo, as transformações culturais que estão acontecendo na Bolívia, um país onde, nos últimos anos, ser indígena é motivo de orgulho, quando antes era motivo de exclusão e de marginalização. Esse é um ponto fundamental, importantíssimo. Poderíamos analisar e nos perguntar qual é a situação em termos de redução da pobreza. Brasil, Argentina, Venezuela, Equador, pelo menos em uma primeira etapa, registraram reduções da pobreza muito importantes, o que é muito bom, melhorar a condição de vida das pessoas é sempre muito bom, mas o assunto se complica em duas perspectivas. Não se conseguiu transformar o sistema produtivo para que sustentasse o aumento da demanda com produção nacional. O exemplo brasileiro é paradigmático. Com todo esse potencial industrial se abriu a porta da importação de produtos estrangeiros, e o mesmo aconteceu no Equador, Venezuela e Bolívia, e em todos os outros países com governos progressistas.

Podemos incorporar outro elemento preocupante desde a perspectiva de uma transformação civilizadora. Diminuir o consumo, eu não me oponho ao consumo, quem sou eu para dizer às pessoas que não consumam, mas essa é uma lógica insustentável, cuja única coisa que faz é reproduzir as lógicas da acumulação. O assunto é mais lamentável nessa análise. Sim, os governos progressistas reduziram a pobreza, mas nos mesmos anos, nos países com governos neoliberais, se reduziu a pobreza. Vejam os números da Cepal. A pergunta que podemos fazer é se essa redução foi resultado das políticas sociais ou do crescimento econômico? A conclusão é meio a meio. Há países onde foi maior o esforço das políticas sociais que o crescimento econômico. No fundo existe um problema, é bom reduzir a pobreza, mas afetou a concentração da riqueza? Exceto a Venezuela, nos outros países com governos progressistas a concentração não foi afetada. Os ricos aproveitaram do *boom* dos *commodities*, ou do consenso dos *commodities,* como diz Maristella Svampa, para enriquecer cada vez mais.

No meu país, por exemplo, sim, a pobreza foi reduzida, mas os grupos oligopolistas não perderam poder, se concentraram. Tem uma empresa que domina 82% do mercado de refrigerantes, uma empresa que controla 62% do mercado de carne. Existem três grupos que comercializam alimentos e controlam 91% do mercado de alimentos manufaturados. Existem duas empresas que controlam 91% do mercado de azeite para consumo humano. Três famílias que são donas de cinco engenhos que controlam 92% do mercado de açúcar. Duas empresas que controlam 76% do mercado de produtos de higiene pessoal. Não houve redistribuição da riqueza, teve uma diminuição da pobreza, mas não a redistribuição da riqueza. Essa é uma realidade, e o assunto é mais complexo; seguimos sendo países produtores e exportadores de matérias-primas, e em dez, quinze anos essa realidade não mudará.

Considerem a tendência nos países com governos progressistas, a presença de poucos produtos primários de exportação aumentou nestes anos. O caso da Venezuela é lamentavelmente triste, passou de 80% a 95% do domínio do petróleo nas vendas externas. Essa é uma questão que não foi resolvida. A modalidade de acumulação primária exportadora que nos mantém dependentes do mercado mundial não foi afetada. E essa é uma explicação da pobreza e do subdesenvolvimento. Por outro lado, vemos que existe uma recuperação do Estado, o que é bom, porque o Estado mínimo neoliberal a serviço das transnacionais não era o que queríamos.

Existem dois problemas graves, esse Estado recuperado não conseguiu impulsionar as transformações produtivas, como no meu país, e pelo contrário, dá brechas às políticas neoliberais. Falamos no começo do governo do atual presidente, que não abriríamos as portas aos tratados de livre comércio, lutamos contra isso, e o Equador assinará nos próximos dias um tratado de livre comércio com a Comunidade Europeia sob as mesmas condições que fizeram Peru e Colômbia. Falamos que não teríamos privatizações, e estamos abrindo as portas para as privatizações. Falamos que iríamos fortalecer o preço estatal do petróleo, e agora estamos entregando os grandes campos de petróleo às empresas transnacionais, está-se abrindo portas à megamineralização, o que os governos neoliberais não conseguiram pela oposição das comunidades. Jogou-se fora na Assembleia Constituinte todo o marco jurídico laboral que flexibilizava as relações laborais. Agora se retorna à flexibilização laboral. Inclusive vemos nesse momento como estão influindo nas condições dos movimentos sociais, num ato de totalitarismo puro, que visa subordinar os movimentos sociais, ou dividi-los, e o presidente tem seu próprio movimento indígena, sindical, de mulheres, de professores, de estudantes. Não avançamos nisso, retrocedemos, e inclusive, sou muito claro, nos termos do conservadorismo, porque se fala que agora estamos numa restauração conservadora, com os governos neoliberais, aqui no Brasil e na Argentina em particular. Não houve em muitos países da América Latina, com governos progressistas, propostas claras para resolver problemas de fundo. O Estado plurinacional não é uma realidade, nem na Bolívia, nem no Equador, o tema do racismo segue presente, o tema das mulheres, o feminismo não é uma política do Estado. Temos presidentes autoritários e machistas, como é o caso de Evo Morales e do Correa. Contarei um caso, se discutia o Código Orgânico Integral Penal na Assembleia Nacional e alguns membros da Assembleia e do movimento oficialista propuseram a possibilidade de discutir o tema do aborto por estupro, o presidente se indignou, puniu e impediu que falassem por um mês, além de excluí-los por dois meses da Assembleia Nacional. E se fala que estamos chegando à restauração conservadora, não, temos que falar as coisas como são, temos que fazer uma análise crítica e autocrítica para enfrentar o neoliberalismo.

Lamentavelmente, em alguns casos, como o do meu país, temos um tipo de neoliberalismo transgênico, porque todas as políticas neoliberais são impulsionadas desde o Estado, e estamos abrindo brechas para as multinacionais chinesas, canadenses e seguimos nos endividando com os capital internacional. Passamos do domínio do imperialismo ianque ao domínio do imperialismo chinês. Nesse contexto, não quero dizer que os governos progressistas não contribuíram, mas sim que cometeram muitos erros, ficaram atados ao extrativismo, não transformaram a matriz produtiva, não entenderam que a democracia surge das bases. Usando o termo de Negri, das multidões, e que não é simplesmente abrir portas para as escolhas cotidianas e impor desde cima, se não tivermos uma participação das bases ativa e decidida, não haverá transformação. Se o processo de construção não é democrático, o produto final não será democrático. Não tem espaço para iluminados, para salvadores, para caudilhos, se quisermos transformar nossa América. Nós temos que assumir o esforço fazendo realidade todos os pontos que nos permitam desencadear todas as lutas que sejam necessárias.

GERHARD DILGER: Agora uma pergunta que veio do público: você (Negri) se considera próximo ao anarquismo?

TONI NEGRI: Eu nunca fui anarquista, sempre fui comunista. Sempre tive respeito pelos anarquistas que conheço, pessoas inteligentes, queridas, algumas vezes inúteis, mas sempre na luta. Acho que o problema das instituições seja o problema político fundamental. O problema político fundamental é construir sociedades, o *Poder Constituinte*, o poder de construir lugares onde decidir, onde se relacionar. O problema da multidão é este, levar o poder para todos, e construir instituições que saibam gerenciar a nossa vida.

ALANA MORAES: Outra pergunta do público: Estamos vivendo no Estado de São Paulo um processo de privatização dos parques ecológicos, onde vivem populações indígenas e tradicionais que mal podem utilizar os recursos naturais destas áreas para o seu modo de vida. Agora estas áreas serão destinadas a empresas estrangeiras que terão aval para a exploração madeireira. A antítese completa da proposta do bem viver presente na Constituição do Equador. O que você diria para a organização de um movimento de resistência deste processo?

ALBERTO ACOSTA: Eu vou questionar para poder aclarar a pergunta. Estão privatizando os parques ecológicos em São Paulo?

Isso já não é um tema de política, é um tema de psicanálise, porque somente um louco pode pensar isso numa cidade como essa.

Privatizar os parques ecológicos é uma demonstração do que estou falando, estamos em um momento na história da humanidade onde o capital segue aumentando as fronteiras da colonização. Porque, atenção, a colonização não acabou em nossos países quando se foram os portugueses ou os espanhóis. Seguimos colonizando os nossos países, como fala um amigo de origem alemã que mora em Belém do Pará, a Amazônia é a periferia da periferia, e seguimos colonizando. Mas este capitalismo é tão perverso que agora quer colonizar, privatizar os parques naturais ecológicos. Esse é um desafio, é começar a desmercantilizar a natureza, começando pela água. Temos que determinar que em certos âmbitos da natureza a lógica do mercado não pode entrar, e isso teria que ocorrer pelo menos nos parques ecológicos. Esta é uma grande tarefa. Estamos frente a uma luta pela vida, e até os anarquistas devem nos ajudar a ganhar. Eu também não sou anarquista.

GERHARD DILGER: Como é possível interpretar o colonialismo hoje a partir de uma visão europeia?

TONI NEGRI: Duas coisas eu posso falar, primeiro, o colonialismo hoje não existe mais, e a segunda é que o colonialismo está presente em todas as partes. Ou seja, a empresa colonial europeia, aquela que caracterizou o século XVI até hoje, até a abertura da colonização. Houve um momento em que o colonialismo não era apenas uma coisa própria do povo colonial, mas também coisa própria do proletariado dos países europeus. Pense quais são os fluxos de emigração na Europa. É a criação de zonas coloniais dentro da Europa. A colônia está em cima e embaixo (ou seja, em todos os lugares). Os fluxos de migração são fenômenos seculares neste caso, determinam situações que se parecem muito com as condições econômicas que foram desfrutadas. Evidentemente *mutatis mutandis*, ou seja, considerando as coisas em todas as suas mudanças, assumindo o colonialismo não simplesmente como invasão de território, mas como condição de vida geral, isso está acontecendo hoje. Se vocês vissem o que foram as *barrières* (barreiras) francesas depois da crise do fordismo, quando os operários negros foram fechados dentro de contêineres e excluídos da República, mesmo sendo cidadãos, por sua cor de pele, condenados ao desemprego, à marginalidade, são fenômenos que não deixam nada a invejar à condição colonial. Hoje existe esse paradoxo, o colonialismo está em todos os lugares do mundo.

GERHARD DILGER: Como você define o colonialismo no contexto regional, da América Latina?

ALBERTO ACOSTA: Começaria concordando com Toni Negri quando fala que o colonialismo é uma condição geral de vida. Estamos de um jeito ou de outro colonizados por esse desejo de consumo e de consumismo, pela visão do progresso, pela lógica individualista, pelo produtivismo. É uma das formas mais perversas de colonização. Não vemos, não precisamos de tropas de ocupação, estamos mentalmente colonizados. Na América Latina estamos ainda presos ao que é a colonialidade do poder, por um lado procuramos nos inspirar no que faziam ou fazem as metrópoles dominantes, e por outro lado rejeitamos nossas próprias capacidades, negando as propostas que vêm das classes tradicionalmente marginais, como são os afros e os indígenas. Existe um colonialismo muito presente, mas também existe um colonialismo que está se recompondo. Falemos do imperialismo que está se recompondo. A presença da China na América Latina, por exemplo. Está presente o imperialismo norte-americano e europeu, e agora chega o imperialismo chinês. Eu tenho uma preocupação com o imperialismo chinês. Muitas vezes em nossos países, para enfrentar as empresas transnacionais, conseguimos aliados nas sociedades civis organizadas nos EUA ou na Europa. Quais seriam nossos aliados na China, onde tudo está controlado pelo Estado?

Eu acho que temos que refletir. Nesses quinze anos, quando teríamos que ter aprendido da tradição dolorosa da dependência permanente dos imperialismos dos EUA e da Europa, não conseguimos chegar à conclusão para procurar outro tipo de relacionamento com a China. Somos ainda fornecedores de matérias-primas, não logramos dar um salto qualitativo importante para incorporar valor agregado, valor interno de retorno em nossos produtos, nem falo em termos do Bem Viver, penso em termos de proposta de desenvolvimento. Tem outro imperialismo, aqui o chamamos de subimperialismo, o do Brasil que é um imperialismo com várias características. Existem empresas brasileiras que atuam como qualquer empresa transacional, e isso é lamentável, porque muitas dessas empresas estão controladas pela mão do Estado brasileiro. Mas existe outra face do subimperialismo brasileiro que também é muito preocupante. Essa incapacidade dos grupos de elite no Brasil para desenvolver uma integração regional de outro tipo. Algo muito importante nos governos progressistas foi ter proposto o que se conhece como a nova arquitetura financeira regional, o Banco do Sul, o Sistema Único de Compensação Regional (Sucre), o sistema monetário para facilitar as transações sem ser dependente do dólar, se falou de um fundo do Sul, de um tribunal internacional para as dívidas externas, para gerenciar as dívidas internas e isso não prosperou. Agora resgato o papel de muitos governos latino-americanos, como Equador ou Bolívia, que defendiam essas iniciativas. Mas o Brasil nunca teve interesse que o BNDES, o banco de desenvolvimento, tivesse um papel subordinado na integração. Porque ia fazer isso se o BNDES era um instrumento de poder. Nunca o Brasil pensou numa possibilidade verdadeira de integração. Isso teremos que reclamar aos governos progressistas e sobretudo ao governo brasileiro. O Brasil pode e tem que desempenhar um papel fundamental para um processo de integração regional horizontal, não com relações de dominação de país maior sobre países menores. Temos muito que aprender mutuamente e aportar. E o Brasil e a Argentina podem ser fatores nesse processo.

ALANA MORAES: Outra pergunta do público: Nos últimos dez anos o Brasil passou por intenso processo de mudança social, aumento da escolarização e crescimento dos empregos no setor de serviços, podemos falar em uma recomposição do trabalho e da vida nos termos de sua reflexão. Desde 2013 temos acompanhado movimentos que rejeitam a representação, os partidos e sindicatos associados ao operário massa. Estes elementos lembram o contexto da formulação operaísta italiana nos anos 1960. Na Itália esse momento foi seguido pelo aumento da violência política, pela Operação Mãos Limpas e pela ascensão do Berlusconi, como você relaciona esses momentos e eventos?

TONI NEGRI: É sempre difícil fazer analogias históricas, sobretudo entre países tão diferentes como são Itália e Brasil. Cada vez que venho ao Brasil fico fascinado com a potência deste país, este país que é um continente, este país que poderia dar o Bem Viver a todos. É impressionante, vivo na Itália onde as políticas neoliberais reduziram o país a condições sociais e políticas extremamente miseráveis. A Itália é um país que tem aproximadamente 60 milhões de habitantes. Foi a sexta ou a sétima economia do mundo considerando o PIB, o produto interno bruto. Hoje se vê a miséria de forma pesada em todos os lugares, é um país no qual as leis de trabalho foram abolidas, onde o *welfare* é atacado, onde o sistema sanitário, a escola, os serviços fundamentais são atacados duramente. Onde 40% da população entre 15 e 35 anos está desempregada, sem trabalho. Onde 150 mil pessoas por ano, licenciadas, formadas em universidades, saem da Itália para outros países. Estes são os frutos do neoliberalismo, estes são os frutos que começaram quando Berlusconi entrou no governo e desde quando a social-democracia não existe mais. Essa é a grande tragédia que estamos vivendo tanto na Europa como na América Latina. A social-democracia está em crise, e uma crise profunda que se deixou absorver pelas políticas neoliberais, e não é capaz de propor uma alternativa, isso é o triunfo do neoliberalismo. Como se luta para construir novas forças? Na Itália a gente tenta. Na Espanha houve esse grande fenômeno que foi a construção do Podemos, um fenômeno que nasce da ocupação das praças, em 2011. Produz-se uma democracia de base que imediatamente toca os interesses dos patrões, porque a social-democracia se tornou uma parte do poder neoliberal, devemos construir uma nova política, uma nova realidade, temos uma palavra mágica que se chama comum, o comum é contra a propriedade privada, contra a o capital financeiro. Onde se trata de construir programas e fazer programas, e lembrem-se: não confiem em nenhuma força externa, sejam vocês a força; é a militância, é a capacidade de ir com os outros, de discutir com os outros que constrói um outro mundo. Não existe um outro mundo estabelecido se não o fizermos, isso é a militância, viver transformar o mundo, todo o resto é discurso solto, coisas que se constroem nos regimes novos, os afetos, os desejos, as paixões, a construção de sonhos, a imaginação, se não tiver isso no debate não se tem mais nada. Eu acho que a grande analogia entre Itália e Brasil é provavelmente o fato de que falta esse espírito, então são analogias negativas. São coisas que antes de serem políticas são antropológicas, temos que tocar a consciência, temos que fazer infinitos 1968, infinitos 2011, 2013, são essas as coisas que contam, são essas as coisas que transformam os governos, que transformam tudo, são ações conscientes que podem ser feitas, que podem ser colocadas em pé, que qualquer um pode fazer e que mudam o mundo.

GERHARD DILGER: Pergunta do público: Em determinados momentos você falou de dependência externa, na qual o nosso modo de produção se volta para a exportação de produtos primários, não seria o caso de retomar a teoria marxista da dependência? Não aquela do FHC. Para entender a América Latina no século XXI, qual poderia ser a contribuição desta teoria hoje, na sua opinião. Colonialismo no século XXI mudou alguma coisa?

ALBERTO ACOSTA: Hoje as teorias da dependência estão mais vivas do que nunca. Ajudam-nos a entender o que está acontecendo na América Latina. Por sorte aquele que foi o presidente de vocês não segue protegendo essas teorias da dependência, Fernando Henrique Cardoso, que inclusive falou que tinha que queimar seus livros porque já não acreditava mais no que ensinavam. Mas tem outros pensadores valiosos, cujos aportes são fundamentais. Teotônio, Rui Mauro Marini, o mesmo Anibal Quijano, entre outros. E os convido a voltar a ler as teorias da dependência, é preciso ler as teorias atualizando-as, e entendendo para que servem. As teorias da dependência foram escritas numa época determinada, quando ainda pensávamos na possibilidade do Estado-nação que impulsionava políticas nacionais dentro da lógica do desenvolvimento e do progresso. O grande desafio é como aproveitar as teorias da dependência para achar respostas de transformação civilizadoras. Um dos graves problemas das teorias da dependência é que eram antropocêntricas, e estavam muito atadas à lógica do crescimento econômico, havia que se conseguir um importante crescimento econômico. Eu diria que este é um dos primeiros pontos a que temos de dar ênfase. Um economista inglês que de marxista e socialista não tinha nada, Kenneth Boulding, que foi assessor de alguns governos americanos, disse algo que eu não esquecerei jamais, disse que "acreditar que pode haver um crescimento econômico permanente em um mundo com limites biofísicos finitos é próprio de economistas ou de loucos". É impossível, claro, é mais fácil dizer que os economistas estão loucos. Então uma das primeiras tarefas é se afastar do crescimento econômico. Não digo que devemos afirmar o "decrescimento", "*décroissant*" (em francês), "*decrecimiento*" (em castelhano), "*degrowth*" (em inglês) etc. Mas acredito, sim, que devemos nos libertar da religião do crescimento econômico, o crescimento econômico não garante equidade, nos últimos anos o mundo cresceu e houve uma maior concentração de riqueza. O crescimento econômico não garante felicidade. Existe um paradoxo de

Easterlin que demonstra como cresce a economia e onde se mantém o índice da felicidade nos países ricos, se tem mais, porém não se é mais feliz. Isso, sim, o crescimento econômico exagerado segue destruindo as condições de vida ao afetar gravemente a natureza. Então me parece que precisamos recuperar as teorias da dependência e aplicá-las em outras situações, em uma situação de transformação civilizatória. Libertarmo-nos da religião do crescimento econômico, ponto um. E ponto dois, temos que dar um passo para a "desmercantilização" da natureza e dos bens comuns, e, como muito bem sinalizou Negri, não se trata de "desmercantilização" significar a estatização, não, é a comunidade que tem que assumir o controle dos bens comuns. Ponto três, o tema da desmaterialização, temos que começar a consumir cada vez menos materiais que são totalmente desnecessários, a desconcentração das estruturas de produção e logicamente a redistribuição da riqueza, qualquer processo de transformação passa por uma redistribuição da riqueza, e a redistribuição das receitas, se não se afeta a tendência da terra concentrada em poucas mãos, se não se afeta a concentração dos fatores de produção, ao menos o funcionamento dos mercados e suas lógicas perversas oligopolistas, não há possibilidade de transformação alguma. Neste sentido também coincido com Toni, gostei da sua fala final, precisamos de muitos maios de 1968. Sabe do que precisamos? Começamos esta reunião dizendo que devemos partir desde a lógica do amor, sim, do amor, mas também de algo muito importante, a paixão. Temos que fazer as coisas com paixão, no amor, na política e em todas as coisas que fazemos todos os dias. Muito obrigado!

PARTE III

COMUM

III.1. COMUM, CRISE DA MEDIDA E OS IMPASSES DA SUBJETIVAÇÃO CAPITALISTA

Por Tatiana Roque[114]

A emergência do comum aponta para uma nova perspectiva de contestação e de superação do capitalismo. Isso porque permite ultrapassar a dicotomia estado-mercado que aprisiona a esquerda. Pensar a dimensão do comum, hoje, torna-se ainda mais importante, quando é necessário suplantar a nostalgia dos programas da esquerda e fornecer um instrumento capaz de revogar suas esperanças progressistas no Estado.

A noção de comum como modo de produção, proposta por Negri, traz em seu bojo a afirmação da renda como reconhecimento da cooperação social. Tem a ver com isso o sucesso das políticas de investimento público direcionadas diretamente à renda: Bolsa Família e programas de transferência de renda em geral, valorização do salário mínimo e pequenos empréstimos. Em seguida, ou paralelamente, seria o momento dos governos do PT tornarem as transformações sociais mais estruturais e consistentes. Em vez disso, o governo escolheu a via do estímulo estatal ao setor produtivo, conduzido na prática por uma oligarquia obscena, bem representada pelas empreiteiras sob investigação. Um dos maiores equívocos do governo, sobretudo a partir de 2011, foi ter apostado numa aliança com o setor produtivo para colocar em prática políticas desastrosas de desonerações

114 Tatiana Marins Roque é professora associada do Instituto de Matemática e da Pós-Graduação em Filosofia da Universidade Federal do Rio de Janeiro (UFRJ), tem experiência nas áreas de História e Filosofia da Ciência e Filosofia Francesa Contemporânea. É autora do livro *História da Matemática: uma visão crítica, desfazendo mitos e lendas*, Zahar, 2012, o qual é um dos vencedores do Prêmio Jabuti 2013.

fiscais e rebaixamento artificial de tarifas, medidas que mostram bem o quanto Estado e mercado são aliados na atual fase do capital e que foram ingredientes fundamentais da chamada *Nova Matriz Econômica*. Acreditava-se que a aliança improvável entre industriais da Fiesp e trabalhadores da CUT pudesse diminuir o poder dos rentistas – verdadeiros inimigos do desenvolvimento.[115] Sabemos que o plano falhou. Essa escolha errada, com consequências graves no presente, torna ainda mais urgente a necessidade de pensar num modelo de desenvolvimento que não se fie demais no nacionalismo estatista.

Que a esquerda no mundo, em particular no Brasil e na América Latina, tenha feito parte do consórcio Estado-mercado é um fato não desprezível para compreender a desconfiança da população em relação ao sistema político. O comum nos permite ultrapassar essa alternativa infernal. Vamos falar um pouco das diferentes acepções da noção de comum, antes de analisar a especificidade da proposta de Hardt e Negri.

Em primeiro lugar, há o ponto de vista dos *commons*. O comum é pensado aí a partir dos bens comuns, naturais ou culturais: a água e as florestas, os saberes indígenas ou o conhecimento produzido na universidade. Bens comuns, diga-se de passagem, que não têm tido no Estado uma proteção. O plano das experiências concretas dos comuns, das lutas pelos bens comuns, intensificou-se e diversificou-se nos últimos anos. Desde a luta pela água na Bolívia e pelos povos da Amazônia, até os saberes e tecnologias comuns do *software* livre e dos direitos de propriedade intelectual. Essas práticas levaram a uma interpretação da nova fase de acumulação do capital como marcada pela apropriação dos bens comuns, pela constituição de novas *enclosures* (cercamentos). Vandana Shiva avança essa tese e aponta caminhos:

115 O projeto, e suas contradições, foi relatado em detalhes no artigo de André Singer: "Cutucando onças com varas curtas: o ensaio desenvolvimentista no primeiro mandato de Dilma Rousseff (2011-2014)", *Novos Estudos-Cebrap*, 102, jul. 2015, pp. 43-71.

Se a globalização é a mais recente enclosure dos comuns – nossa água, nossa biodiversidade, nosso alimento, nossa cultura, nossa saúde, nossa educação – recuperar os comuns é o dever político, econômico e ecológico do nosso tempo.[116]

Originalmente, o termo *commons* se refere ao conjunto de regras que permitiam aos camponeses de uma mesma comunidade o uso coletivo, regulado pelo costume, dos caminhos, das florestas e dos pastos. Era possível, sem deter a propriedade sobre uma terra, ter livre acesso para recolher lenha ou frutas nessa terra. Há inúmeras questões relativas à propriedade que têm origem na problemática dos comuns. Uma das mais conhecidas é expressa no trabalho clássico de Garrett Hardin, *The Tragedy of the Commons.*[117] O foco está no problema do livre acesso, que levaria necessariamente à deterioração dos bens comuns. Se todo mundo tiver livre acesso ao mar onde se pesca atum, sobretudo com a febre internacional do sushi, haverá uma procura cada vez maior, o que provocará inevitavelmente a extinção do atum. Parte-se da premissa que indivíduos racionais vão querer sempre maximizar seus ganhos pessoais, ainda que em detrimento do de outros. Elinor Ostrom, prêmio Nobel de economia, mostrou que, implícita nesse paradigma, está uma concepção limitada do ser humano, que não tem porque ser assumida como pressuposto. A existência de pessoas que se comunicam e são capazes de abrir mão de seus interesses pelo comum depende das relações sociais em que estão inseridas.[118]

Justamente por contrapor visões de mundo que implicam em

116 Vandana Shiva, Water Democracy, in: Oscar Oliveira e Tom Lewis, *Cochabamba: water war in Bolivia*, South End Press, Cambridge, 2004, p.xi. Referência tirada do livro *Commun*, de Dardot e Laval, citado abaixo.

117 Garrett Hardin, The tragedy of the commons, *Science* 13, Vol. 162, Issue 3859, pp. 1243-1248, 1968.

118 Elinor Ostrom, *Governing the Commons: the evolution of institutions for collective action*, Cambridge University Press, 1990.

utopias distintas, a ideia de comum adquiriu um potente valor antagonista nos movimentos contemporâneos, designando a espoliação e a apropriação das riquezas comuns nas mãos de poucos – o 1% apontado por *Occupy Wall Street*. Há exemplos de apropriação especialmente significativos: expropriação de camponeses e indígenas de sua cultura sobre sementes e remédios por grandes multinacionais do alimento (como Monsanto) ou por grandes farmacêuticas; o desenvolvimento de patentes por empresas de biotecnologia; e a monopolização por grandes empresas de informática (como Microsoft ou Google) das linguagens, dos *softwares* e dos saberes de rede em geral.

Mas ainda que esses movimentos tenham demonstrado grande poder de mobilização, o foco na expropriação pode ter levado a uma postura excessivamente defensiva, que ajuda a explicar seu caráter provisório. O pensamento do comum, nesses termos, fica restrito a uma reflexão estratégica defensiva, análoga à da ecologia como preservação. O potencial mobilizador dos movimentos não avança em direção a iniciativas de organização mais duradouras, que nos levem para além da temporalidade da indignação.

Dardot e Laval fazem uma genealogia da noção de comum e de sua relação histórica com as questões de soberania e propriedade.[119] Uma alternativa política para o século XXI precisa conseguir aliar a luta anticapitalista à ecologia, reivindicando os comuns contra novas formas de apropriação tanto privadas quanto estatais. O comum aponta, portanto, para novas práticas democráticas e institucionais. Essa dimensão estratégica leva Dardot e Laval a apontarem uma fragilidade da sugestão de David Harvey, ao apontar para um novo regime de acumulação em curso – acumulação por despossessão.[120]

119 Pierre Dardot e Christian Laval, *Commun: essai sur la révolution au XXIe siècle*, Paris, La Découverte, 2014.

120 Diversos trabalhos de David Harvey tratam do tema: *The New Imperialism*, Oxford, Oxford University Press, 2003; "The 'new' imperialism: accumulation by dispossession",

A nova acumulação de capital, além de extrair lucro da atividade econômica normal, espolia por manipulações e especulações que permitem acelerar a concentração de riquezas, realizadas por uma associação entre o poder financeiro e o Estado. Aposentadorias substituídas por planos de saúde privados são um exemplo do modo como a ação estatal participa de uma sobreacumulação de capital nas mãos de fundos privados, aprofundando seu controle sobre a sociedade por meio da expropriação dos – cada vez mais – despossuídos. Ricos ficando mais ricos e pobres, mais pobres fornecem um meio de aprofundar a acumulação onde o capitalismo já é dominante. Parte-se, nesse caso, de uma analogia com a pilhagem e o roubo dos comuns, que se exerceria, agora, pela produção de um enorme contingente de despossuídos. Essa tese, contudo, lança-nos num impasse: como contar com esses despossuídos para combater esses novos processos de acumulação capitalista?

A ação política precisa de um idioma próprio. Designar os novos sujeitos da ação política como despossuídos não parece despertar a força antagonista necessária para combater os processos de acumulação capitalista que o próprio Harvey descreve. Essa fragilidade política é apontada por Dardot e Laval. É justamente quanto à dimensão estratégica do conceito que queremos focar a análise do comum de Hardt e Negri.

A noção de comum no singular é uma proposta original de Hardt e Negri, que não tratam somente dos comuns, mas buscam recolocar a problemática do comum no seio das dinâmicas de produção e reprodução do capital e do trabalho. No capitalismo cognitivo, há uma subsunção real do trabalho ao capital, o que enseja um controle sobre a vida do trabalhador explorada em todas as suas dimensões, até aquelas mais recônditas e íntimas – como a afetividade e a sexualidade, afetando o conjunto das relações sociais. Mecanismos

---

Socialist Register 40, 2004; *The Enigma of Capital and the Crisis of Capitalism*, Londres, Profile Books, 2010; e The future of the commons, *Radical History Review* 109, 2011.

de comando difusos e imanentes ao campo social, distribuídos por corpos e mentes, são associados à passagem da subsunção formal do trabalho ao capital à subsunção real do trabalho ao capital, como apontada por Marx. Pode-se, por exemplo, trocar *e-mails* como forma de comunicação com amigos, independentemente do tempo em que se está trabalhando. Nesse caso, o tempo de vida não é necessariamente tempo de trabalho, e o capital não determina nem comanda as relações sociais, logo há uma subsunção formal do trabalho ao capital – a vida social está apenas formalmente subsumida ao capital. Ocorre que, cada vez mais, para mantermos nossas relações sociais (que são também relações de trabalho), precisamos estar nas redes sociais, e o capital tem um papel determinante inclusive com o que fazemos do tempo "livre". Isso configura outro tipo de subsunção: a subsunção real do trabalho, uma direção social direta sobre o trabalho. A amizade no Facebook é subsunção do trabalho afetivo e social a dados de *feedback* e a serviços de *profiling*, vendidos, por exemplo, a empresas de sondagem. Acontece algo do mesmo tipo quando o Uber ou o Airbnb negociam as informações que possuem sobre os hábitos e movimentos de seus usuários.

No capitalismo industrial fordista, o tempo de trabalho era a medida do valor. Mas como medir o trabalho social? Especialmente quando recobre o tempo de vida e investe sobre todos os seus planos? Aqui, o tempo de trabalho não mede mais o valor do trabalho, o que se reflete nesta sensação de que nunca paramos de trabalhar. A lei do valor não é mais capaz de diferenciar o tempo de trabalho incluído nas relações de produção, e de reprodução, da totalidade do tempo de vida. Tem-se, assim, uma subsunção real do trabalho ao capital. A exploração deixa de ser abstrata (como na subsunção formal) e torna-se imensurável, passando a ser dita em termos de *extração*, na terminologia de Hardt e Negri.

Isso não significa que a exploração tenha acabado, ao contrário, ela mudou de natureza, trazendo um problema relativo à medida.

Passamos de uma medida extensiva, que pode medir o tempo de trabalho como jornada, a outro tipo de quantificação, que podemos chamar "intensiva". Podemos ter uma ideia da dificuldade recorrendo à diferença entre uma medida de comprimento e uma medida de temperatura. Se somamos dois segmentos de 30 cm de comprimento, obtemos um segmento de 60 cm; mas se juntamos dois baldes de água a 30 graus cada um, não obtemos um balde com água à temperatura de 60 graus. A medida de comprimento é extensiva e a de temperatura é intensiva – não se mede pela sua subdivisão em partes. Surge um problema de fundo, que tem relação com nossa dificuldade de compreender o funcionamento do capitalismo atual: como medir o trabalho se não pela jornada, ou seja, pelo tempo passado na fábrica? Como medir o trabalho intensivo. A isso chamamos aqui "crise da medida". A extração de valor da vida pelo capital é intensiva e não pode ser medida em horas de trabalho. Podemos avançar, por nossa conta, a hipótese de que ela passa a ser medida pelo grau de adesão das relações sociais colaborativas a relações de produção capitalistas.

Esse problema está implícito na caracterização do comum feita por Hardt e Negri. O comum não é o que o capitalismo destrói, mas de onde ele extrai valor, ou mais-valor. Nossos modos de comunicar, colaborar e cooperar produzem o comum, e essa produção está no coração de todas as formas de produção social hoje em dia. Não se trata mais de conceber o comum a partir de sua destruição, mas a partir de sua produção. Por isso, é fundamental observar que Hardt e Negri falam do comum como modo de produção. A consequência, para as lutas, é que não se trata de defender, mas de promover o comum: criar instituições do comum para além dos modos de produção e dos regimes de acumulação do capitalismo atual.

A acumulação capitalista é um processo contínuo de separação dos indivíduos das condições e dos meios de produção. Por isso, interessa pensar o comum em termos de acumulação de capital, para além da periodização dos diferentes modos de produção. Há processos de atualização permanente dos regimes de acumulação capitalista. Hoje, isso se daria pela separação forçada, em nosso dia a dia, dos meios que desenvolvemos para viver de modo relativamente autônomo em relação ao aparelho capitalista de produção e de consumo. Essa separação concerne diferentes condições de autonomia em relação ao capital: se cuidar, se instruir, se divertir, comunicar e colaborar. Nada disso é despossessão. Tal é a especificidade do comum para Hardt e Negri: os processos de subjetivação, que passam a ser o foco de valorização capitalista, trazem um potencial de autonomia e singularização que implicam uma contradição no seio dos regimes de acumulação e valorização do capital. O trabalho se singulariza e a força de trabalho produz a medida da subjetivação, apresentando-se não mais como capital variável, mas como subjetividade, como potência singular e autônoma. A extração é pré-constituída pela autonomia de organização da cooperação e a subjetividade cognitiva é tomada como potência independente dentro de máquina feroz de exploração. Assim, a força de trabalho cognitiva seria privilegiada com relação às formas de exploração anteriores, pois tem em suas mãos o poder sobre a cooperação e a organização do trabalho e do conhecimento: linguagem, códigos, afetos, comunicação. Há, portanto, um antagonismo no interior da subjetividade, entre o comum sobre o qual se dá a extração capitalista do valor e o comum como expressão da capacidade cognitiva e expressiva da multidão. A afirmação desse comum como potência autônoma da cooperação produtiva pode, então, fragilizar o comando capitalista.

É aqui que se manifesta certo otimismo exagerado, que incomodou muitos críticos à abordagem de Hardt e Negri. A nosso ver, trata-se na verdade de uma aposta excessiva nos processos de subjetivação como possibilidade de emancipação do comando capitalista. Dizer subjetivação é apenas o começo, marca o âmbito no qual os fenômenos precisam ser investigados. A subjetivação capitalista é integrante primordial da reprodução das condições sociais, culturais e políticas da acumulação do capital, e cada vez mais. Mas como se dão esses processos de subjetivação? Por onde passam os fluxos desejantes? Há um potencial de emancipação dedutível desses processos de constituição do "comum como expressão da capacidade cognitiva e expressiva da multidão"? Somos proprietários dos meios de produção de subjetividade?

Os processos de produção de subjetividade são capazes de recusar os regimes de acumulação, mas também podem forjar os corpos e os afetos que irão se conjugar a esses regimes. A subjetivação também se dá por adesão. Deleuze e Guattari não param de lembrar, citando Reich, em textos mais atuais do que nunca, que desejamos frequentemente nossa própria opressão: as massas não foram enganadas, elas desejaram o fascismo.[121] Faz falta, portanto, nas propostas de Hardt e Negri, uma inspeção mais fina dos mecanismos de desejo que ora nos afastam, ora nos fazem aderir à normatização e ao controle capitalista. Daí a importância de se esmiuçar os mecanismos de desejo, como sugerem Deleuze e Guattari, aqueles que põem a funcionar a territorialização, mas também a desterritorialização do capital.

Quanto mais o capital funciona segundo suas leis de acumulação ilimitada, mais ele produz as condições desse funcionamento, incluindo aí os sujeitos de que necessita: lá o trabalhador livre obrigado a vender sua força de trabalho; aqui o empresário de si. Quanto mais adapta as esferas sociais e políticas à norma da concorrência, mais a governança neoliberal coloca em fase a reprodução social e a reprodução do capital. Mais que isso, a reprodução social se torna condição da reprodução do capital. Por isso, muitos autores pensaram a subjetivação em termos de assujeitamento, a partir dos aparelhos ideológicos de Althusser ou da biopolítica de Foucault. Dardot e Laval, por exemplo, inferem que a dimensão global das lutas explica a emergência da categoria de comum, dado que o capital se coloca,

121 Gilles Deleuze e Félix Guattari, *O Anti-Édipo*, São Paulo, Editora 34, 2010, pp. 340-341.

cada vez mais, como condição incontornável da vida em todos os seus aspectos, inseparável do sentimento de que não se pode mais sair desse cosmos – cosmocapital.[122] Esses seriam, ainda, modos pelos quais o capital governa as subjetividades. Mesmo a biopolítica remete a tecnologias de assujeitamento, tanto que Hardt e Negri são levados a investigar a possibilidade – controversa – de uma biopolítica como expressão da potência, contrabalançando o biopoder. Ao incluir o desejo no jogo, Deleuze e Guattari deslocam a discussão para outro campo, pois o capitalismo, em vez de exercer o controle sobre os processos de subjetivação, passa a ser visto como uma forma particular de relacionar processos instáveis de dessubjetivação. De forma breve, isso quer dizer que o desejo molda o sujeito, mas também o desfaz; saber no que vai dar esse processo complexo depende das máquinas sociais que somos capazes de construir.

Temos enormes desafios pela frente: para renovar a prática política, para pensar em novas institucionalidades além da representação. A noção de comum, no singular, abre um campo de possibilidades bastante promissor, pois pode federar modos de resistência diversos à subsunção da sociedade, da subjetividade e da vida ao capital. Resta, contudo, a tarefa de pensar os processos de subjetivação em seus detalhes, nuances e contradições próprias. A crise não é somente dos instrumentos de medida, mas da medida em si mesma. Como se apropriar de uma medida intensiva que produz o que pretende medir? Ainda vai ser preciso calibrar a dose de otimismo necessária para nos mantermos vivos, mobilizados e acreditando que lutar adianta, com a dose de pessimismo que nos conecta aos tempos sombrios que vivemos. Nem paranoia, nem denegação. Qual pode a justa medida de um novo realismo revolucionário?

122 Dardot e Laval, Op cit, p.136.

III.2. BIOPOLÍTICAS DO COMUM NA SAÚDE

Por Ricardo Rodrigues Teixeira[123]

O objetivo deste breve ensaio é explorar o que chamarei de *biopolíticas do comum na saúde*, em sua dupla face de *biopoder* e *biopotência*. Para isso, iniciarei dando destaque, no amplo campo problemático aberto em torno do tema do *comum*, ao chamado problema da *percepção do comum*, isto é, ao problema do seu ocultamento em nosso campo perceptivo, mencionado por Hardt e Negri logo nas primeiras páginas de *Commonwealth* (2009, p. 8 – no Brasil, *Bem-Estar Comum*):

> *Com os antolhos das ideologias dominantes atuais, é difícil ver o comum, mesmo que ele esteja todo à nossa volta. Políticas governamentais neoliberais em todo o mundo têm buscado, nas últimas décadas, privatizar o comum, transformando produtos culturais – por exemplo, informação, ideias e mesmo espécies de animais e plantas – em propriedade privada.*

Inicio, portanto, pelo que tenho chamado de "eclipse do comum em nosso campo perceptivo" (Teixeira, 2015), que se faz acompanhar da banalização e naturalização de todos os processos de *privatização do comum* ou, mais exatamente, de *desapropriação do comum*.

Nem mesmo a *vida*, esse bem flagrantemente comum, escapa a

123 Ricardo Rodrigues Teixeira é médico sanitarista, professor da Faculdade de Medicina da USP. Especialista em Comunicação pela Escola de Comunicação e Artes da USP. Consultor da Política Nacional de Humanização do Ministério da Saúde de 2007 a 2014, tendo sido criador e coordenador da Rede HumanizaSUS durante esse período. Desenvolve pesquisas nas seguintes linhas: Saúde e Inteligência Coletiva e Estudos Biopolíticos.

este processo de desapropriação, e suspeito que em poucos campos da ação humana o comum se encontra tão eclipsado quanto na saúde. Fica bastante evidente o quanto essa desapropriação está banalizada e naturalizada, se considerarmos as duas grandes formas de apropriação privada que podemos identificar nesse campo:

(1) Dos bens e serviços envolvidos no cuidado com a saúde;
(2) Das próprias potências físicas da vida, que são o substrato último da própria saúde como valor e uma das bases de sua produção.

Dar destaque a esse problema da percepção do comum, ao modo como aceitamos, sem nos escandalizar, essa dupla desapropriação, significa reconhecer que há, nesse terreno, desafios políticos que passam pelo plano das *sensibilidades* e que, para enfrentá-los, precisamos compreender o modo pelo qual esse eclipse do comum no campo perceptivo se produz.

No presente ensaio, procurarei, inicialmente, evidenciar o processo pelo qual esse ocultamento se produz na própria construção teórica do problema da saúde, na própria modelagem do saber médico-sanitário, o que redunda num dado modo de formular os problemas colocados para as tecnologias e as práticas de saúde.

Para isso, tomarei como exemplo uma condição de saúde bastante trivial, em função da sua enorme prevalência – em 2008, já se estimava que ela acometeria 1 bilhão de pessoas em todo o mundo ou cerca de 40% das pessoas com mais de 25 anos (WHO, 2013) –, pelo seu caráter de condição crônica, intimamente relacionada ao processo de envelhecimento populacional e ao modo de vida próprio das sociedades industrializadas, por ser a condição responsável pelo maior número de consultas nos sistemas de saúde de todo o mundo, enfim, por tudo que faz dessa condição uma autêntica "doença pop": a *hipertensão arterial*.

Além de todas essas características que atestam sua posição bastante proeminente no campo da saúde, trata-se de um exemplo notável para demonstrar o modo como o comum se oculta na construção dos problemas médico-sanitários. Vejamos como isso se dá.

Se já não for sabido pelo leitor, é bastante fácil se compreender que uma série de variáveis biofísicas (como peso, estatura ou a pressão do sangue nas artérias) e bioquímicas (como os níveis de determinadas substâncias no sangue: colesterol, glicose ou ácido úrico) apresentam uma distribuição *normal* na população, indicando a diversidade dos fenótipos[124] existentes dentro de qualquer população, que se distribuem em torno de uma expressão estatística média, determinada pelas relações extrínsecas de um dado organismo com o seu meio. Não se pode, a rigor, afirmar que nenhuma dessas expressões fenotípicas sejam "anormais", pois estão todas dadas dentro de um espectro de variações possíveis da normalidade.

Essa realidade estatística está representada graficamente na célebre figura conhecida como *curva normal* ou *curva de Gauss*, em que x representa uma característica variável qualquer, $f(x)$, a frequência dessa variável na população, μ, o valor médio da variável na população e σ, uma medida do desvio, para mais ou para menos, em relação a essa média.

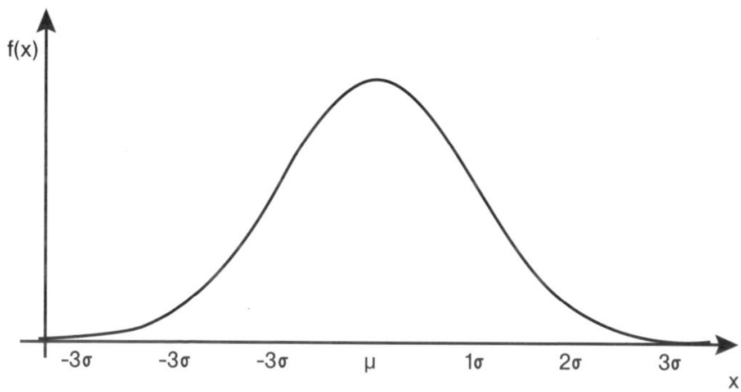

124 Fenótipos são as características observáveis de qualquer organismo ou população, tais como sua forma, seu desenvolvimento, suas propriedades biofísicas e bioquímicas, sua fisiologia ou seu comportamento, resultantes da interação entre seu genótipo (características herdadas) e fatores ambientais.

Não é sem um relativo grau de arbitrariedade que se estabelecem certos limiares nesta variação, que definem, por sua vez, determinadas categorias, como, por exemplo, o que seria sobrepeso, obesidade ou obesidade mórbida.

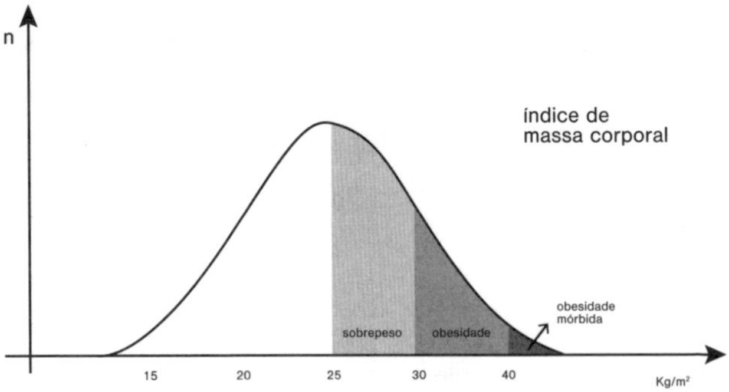

Com a pressão arterial se dá o mesmo! Essa variável biofísica também apresenta uma distribuição normal na população e não há nada que informe, subjetiva ou objetivamente, que se trate de uma "doença". Os limiares que segmentam a curva de Gauss são limiares de risco definidos por "consensos de especialistas" e que, historicamente, mudaram algumas vezes. Abaixo, a representação esquemática da distribuição populacional dos níveis de pressão arterial sistólica (a chamada pressão máxima do sangue nas artérias, registrada no momento em que o coração contrai):

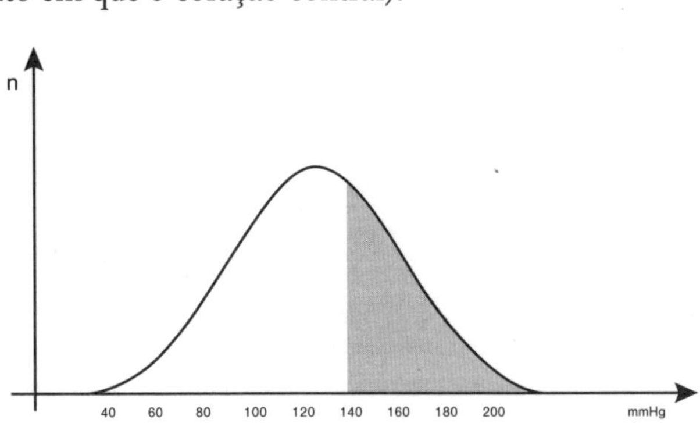

Sabe-se que níveis pressóricos mais elevados correspondem a níveis de risco mais elevados para doenças cardiovasculares, como, por exemplo, o infarto agudo do miocárdio (ataque cardíaco) e/ou acidente vascular cerebral (derrame), numa variação quantitativa contínua, embora a pressão elevada seja tratada como fenômeno categorial dividindo a população em dois grandes subgrupos distinguidos pelo diagnóstico: *hipertensos* e *não-hipertensos*. Em outras palavras, estudos demonstram que a subpopulação de pessoas que apresentam níveis basais de pressão arterial sistólica superiores a 140 mmHg apresenta taxas de incidência de doenças cardiovasculares maiores que a subpopulação de pessoas com níveis basais inferiores.

Constata-se, então, que, num primeiro movimento, são definidas duas subpopulações, colocando-se em evidência a desigualdade entre elas quanto ao risco de manifestar doenças cardiovasculares. Sem esquecer que essa desigualdade está relacionada às diferentes taxas de incidência de doenças cardiovasculares observadas nessas duas subpopulações, opera-se um segundo movimento, em que este risco é "individualizado", fazendo-se atribuir o risco identificado no grupo aos indivíduos que fazem parte deste grupo. Pode-se dizer que, neste caso, o risco observado na subpopulação de hipertensos foi, de certa forma, "privatizado". O que é, na verdade, o atributo de uma população passa, indesejavelmente, a ser atributo de cada indivíduo daquela população. Essa transposição, além de indesejável (por motivos que serão esclarecidos mais adiante), é rigorosamente incorreta, ainda que possa ser útil, de um certo ponto de vista prático, uma vez que, ao instaurar uma "desigualdade" entre os indivíduos, se supõe que isso os estimularia a "concorrer" pela redução do risco.

Vê-se, portanto, que a hipertensão é construída como categoria para o trabalho em saúde num duplo movimento de fatoração em que sua subordinação a uma condição *comum* se eclipsa. Para que um dado jogo "concorrencial" pela redução dos riscos se instaure, é preciso, fundamentalmente, que o risco deixe de ser atributo de um grupo populacional e passe a ser atributo de uma condição assignável a um indivíduo, que vale pelo diagnóstico de uma "doença". No entanto, como já dissemos, não há nada que informe, subjetivamente (não causa sintomas, nem sofrimentos) ou objetivamente (não apresenta uma fisiopatologia específica nas formas ditas primárias ou essenciais), que se trate de uma doença. Mesmo assim, tudo se passa como se se tratasse de uma doença. E, portanto, de uma condição "tratável", visando "excluí-la" da distribuição normal na população, a despeito do claro paralogismo contido nessa pretensão.

Com essa breve exposição, espero ter conseguido deixar claro, de maneira rápida e simplificada, como o saber epidemiológico sobre os riscos para a saúde constrói um dado problema para a clínica praticada junto aos pacientes e que também instrui um dado modo de organizar os sistemas de cuidados ao redor do mundo. Nesse sentido, cabe ainda aduzir mais algumas observações que indicam, liminarmente, algumas das consequências e significados dessa situação teórico-prática. Assim, destacam-se mais os seguintes fatos sobre a hipertensão:

– Responde pelo maior número de consultas nos sistemas de saúde em todo o mundo, chegando a representar de 25 a 40% das consultas nos serviços de atenção primária à saúde (WHO, 2013);

– Leva ao consumo intensivo de medicamentos de uso continuado, sendo um dos principais responsáveis pela "polifarmácia", isto é, o uso combinado de dois ou mais medicamentos, que serão utilizados, ininterruptamente, do momento do diagnóstico até o final da vida;

– Embora a esmagadora maioria dos hipertensos não apresente nenhum sintoma atribuível ao fato de serem hipertensos, praticamente 100% dos que usarem medicação anti-hipertensiva por um longo período apresentarão algum tipo de efeito colateral dos medicamentos;

– A incorporação do papel de "doentes" pelos diagnosticados, levando a uma reinterpretação sintomática das sensações corporais; isto é, embora a hipertensão arterial seja uma condição, como regra, assintomática, uma vez tendo recebido esse diagnóstico, o paciente tende a reinterpretar todo mal-estar como sintoma da hipertensão (Sångren et al., 2009);

– No que tange às medidas de mudança de hábitos prescritas (como a bem conhecida redução do sal da dieta – sendo conveniente advertir que nenhum hipertenso é hipertenso por comer mais sal do que a média ingerida pela população), elas são bastante inadequadas do ponto de vista comportamental, na medida em que se prescreve uma vida "anormal" (afastada da norma alimentar) para alguém que, até então, levava uma vida "normal", o que, de resto, explica o frequente insucesso dessas medidas, com a consequente "culpabilização" dos indivíduos pelo fracasso na adesão aos hábitos prescritos, o que é atribuído geralmente a uma "fraqueza da vontade" (Rose, 2001; Sångren, 2011);

– Por fim, cabe enfatizar que a atribuição de um risco medido na população aos seus indivíduos faz com que muitos deles passem por todas essas situações disruptivas e inconvenientes, quando não arriscadas, desnecessariamente! Estima-se que cerca de 20% apenas dos hipertensos extrairão benefícios (redução efetiva do risco cardiovascular) do esforço de manter a pressão arterial mais baixa ao longo da vida (Rose et al., 2008).

Pintado esse cenário pouco animador, mas justificado por um certo caráter pragmático da estratégia, como espero ter conseguido mostrar, pergunta-se: haveria outro modo de lidar com nossas chances coletivas de desenvolver doenças cardiovasculares precocemente, que não passe pela individualização do risco, a medicalização intensiva da vida, o afastamento individual da norma social ou a culpabilização dos indivíduos que não aderem às prescrições? Sim! Ao invés de afastar os indivíduos da norma social, modificar essa norma, *produzindo um outro comum*.

Se a variação dos níveis de pressão arterial numa população define apenas a diversidade presente em qualquer população, as medidas que definem o intervalo dessa variação (a posição escalar dessa variação normal) são inteiramente dependentes e extremamente sensíveis às diferentes *formas de vida* dessas populações. De um artigo clássico do epidemiologista inglês Geoffrey Rose, extraio a seguinte figura, que compara a distribuição dos níveis de pressão arterial sistólica de duas populações inteiramente distintas em suas formas de vida e cujas diferenças não poderiam ser mais sugestivas, no contexto de uma discussão biopolítica: nômades e funcionários do Estado.

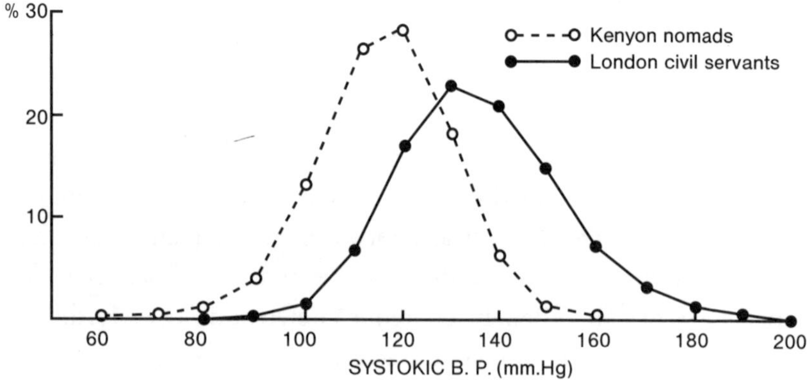

Distributions of systolic blood pressure in middle-aged men in two populations

(Rose, 2001).

As diferenças que aparecem nesse exemplo, como expressão de duas formas de vida inteiramente distintas, separadas no espaço geográfico (nômades do Quênia e funcionários públicos de Londres), também podem resultar de uma mudança operada no tempo dentro de uma mesma população, tal como a que poderia decorrer de uma alteração na ingesta salina média dessa população em função de novas normas legais aplicadas à indústria do alimento.

Nesse ponto, creio que já reunimos subsídios suficientes para poder realizar algumas aproximações e análises biopolíticas, considerando esses fatos médico-sanitários.

Primeiramente, cumpre esclarecer que tomar como "comum" a unidade populacional que integra uma diversidade de expressões em torno de uma média estatística definida pelas relações extrínsecas entre os organismos e seu meio, sob uma dada *forma de vida*, corresponderia apenas àquilo que Negri chama de "comum vulgar"; mas, na medida em que esse "comum" pode ser reconhecido como produto da atividade laboral humana (atividade ontocriativa) que cria *formas de vida*, já nos encontramos diante daquilo que Negri chama de "comum substantivo" (Negri, 2016).

Cumpre também esclarecer que, tanto na estratégia individualizante chamada de "alto risco" (diagnosticar e tratar hipertensos) quanto na estratégia propriamente "populacional" para prevenir o risco de doenças (modificar normas coletivas), estamos sempre diante de duas estratégias do *biopoder*. Duas estratégias do "projeto biomédico de governamentalidade da saúde" (Negri, 2016).

Se a estratégia propriamente "populacional" pode ser considerada menos ofuscadora da natureza comum da saúde, menos ofuscadora da ideia de que a saúde está relacionada a um comum (e um comum que é produzido), ela não deixa, entretanto, de se afigurar como caso exemplar de uma "tecnologia de governo da vida", de "governo da população", enfim, de uma *biopolítica*, exatamente nos termos descritos por Foucault ao tratar de um desbloqueio da "arte de governar" que teria se dado com o liberalismo nos séculos XVIII e XIX (Foucault, 2008a e 2008b). Via de regra, a efetivação de uma estratégia "populacional" é quase sempre dependente da ação do Estado, isto é, das prerrogativas governamentais do Estado fundadas na noção de "interesse público". A estratégia de "alto risco", por outro lado, parece corresponder mais de perto às "tecnologias de governo da vida" de tipo neoliberal, a uma biopolítica neoliberal: não mais dependente apenas das prerrogativas governamentais do Estado, mas de uma progressiva "governamentalização dos indivíduos", que passam a assumir uma crescente responsabilidade pela gestão dos seus modos de vida individuais (Foucault, 2008b).

Se nessas duas estratégias do "projeto biomédico de governamentalidade da saúde" podemos perceber com clareza duas estratégias do biopoder, duas "tecnologias de governo da vida", que se traduzem em práticas biopolíticas distintas e, de certo modo, complementares, isso não esgota a compreensão de todas as formas da relação do poder com a vida. E, é justamente essa ampliação da perspectiva foucaultiana, o que as análises de Negri produzem, ao explorarem as relações do biopoder com a dinâmica da produção no capitalismo. Mais exatamente, ao reconhecerem a importância da produção no processo biopolítico da constituição social, "em função da nova natureza do trabalho produtivo e de sua evolução viva em sociedade" (Hardt e Negri, 2007). É valiosa a forma como Negri triangula *vida*, *comum* e *trabalho*, não apenas por revelar outras formas de relação do poder com a vida (e o comum), outras faces do *biopoder*, mas porque suas análises sobre o trabalho contemporâneo enquanto trabalho eminentemente biopolítico (que produz vida/comum e tem na vida/no comum suas condições de produção) nos revela sua face de *biopotência* (Pelbart, 2007).

Em suas formulações sobre a "nova natureza do trabalho produtivo", entendido como trabalho imaterial, trabalho que produz fundamentalmente bens cognitivos e afetivos, Negri demonstra que o mais importante capital fixo "doravante está no cérebro das pessoas que trabalham: é a máquina-ferramenta que cada um de nós traz em si". É nesse sentido que ele afirma, numa primeira aproximação, que "a vida se tornou produtiva", uma vez que:

> O trabalho se constrói (...) a partir das ferramentas que foram encarnadas, mas essa encarnação compreende a vida. Através da

> apropriação da ferramenta é a própria vida que é posta em produção. E pôr a vida em produção significa essencialmente pôr em produção os elementos de comunicação da vida. Uma vida individual não poderia ser produtiva. A vida individual se torna produtiva – e intensamente produtiva – porque entra em comunicação com outros corpos, com outras ferramentas encarnadas (Negri, 2001; p.28).

Vê-se, nessa colocação, que a vida se tornou produtiva porque a principal ferramenta de trabalho está encarnada e porque essa é a principal ferramenta de *produção de comum* com outros corpos, com outras ferramentas encarnadas. Mas, como foi dito, isso apenas numa primeira aproximação, pois Negri também demonstra que há outras consequências nessa maior proeminência do trabalho cognitivo e comunicativo no conjunto da produção social e, consequentemente, do trabalho vivo sobre o trabalho morto na produção de valor, que conduzem a uma reconfiguração da "'jornada de trabalho', sobrepondo trabalho e vida", tanto quanto a uma crise da "'lei do valor', como lei da exploração baseada na medida temporal dos valores do trabalho" (Negri, 2016):

> Disso decorre que a apropriação capitalista se apresenta em figura totalmente transformada e que a apropriação do mais-trabalho se exerce não mais por meio da exploração direta do trabalho e sua consequente *abstração*, mas sobretudo por meio de um novo mecanismo de apropriação caracterizado pela *extração do comum* como constituição da produção social como um todo. E se este comum cobre todo tempo e espaço sociais de valorização, se não há mais espaço 'fora' da produção capitalista e cada função ativa é submetida à valorização, também esta exploração extrativa é pré-constituída pela organização autônoma da cooperação pelas subjetividades cognitivas – uma potência independente no interior de uma feroz máquina de exploração. Para dizer em outros termos: este 'comum capitalista' é submetido,

> na relação de capital, na sua assimetria, a uma tensão cada vez mais antagonista. Cada vida tornou-se produtiva, a extração de valor se exerce sobre a globalidade biopolítica, ou seja, não mais sobre espaços e tempos explicitamente dedicados ao trabalho.

Retomando, à luz dessas análises negrianas, a apresentação realizada na primeira parte deste ensaio sobre o modo como são construídos determinados problemas de saúde e as tecnologias e práticas que lhe são correlatas, suponho que fique evidente como é a própria vida (as potências físicas da vida, tanto quanto as diferentes formas de vida que manifestam essas potências) que se tornou este "comum" submetido à *extração capitalista de valor*.

Neste sentido, pode ser interessante retomar brevemente as decantadas relações entre medicina/sistemas de saúde e o mundo do trabalho: se ainda se mantém a relação "clássica", em que a medicina, em particular, e os sistemas de saúde, de uma forma geral, vêm responder à necessidade de manutenção e recuperação da saúde da força de trabalho, vê-se, por outro lado, uma nova situação: a expansão de um projeto biomédico que extrai tanto ou mais valor das potências físicas da vida, quanto esse trabalhador se encontra "doente" e/ou "potencialmente doente" (sob risco).

Nessa perspectiva, pode-se dizer que até mesmo os doentes, enquanto doentes, são "postos para trabalhar", ou seja, tornaram-se produtivos e rentáveis, extraindo-se valor do que poderia ser dita a cooperação produtiva com os trabalhadores da saúde (estrito senso), articulados através dos sistemas de cuidados. Situação que, de resto, confere total inteligibilidade à epidemia de "sobrediagnósticos" (*overdiagnosis*), esta preocupante tendência da medicina contemporânea (Heath, 2013).

Compreende-se, assim, como os "doentes" e, sobretudo, os "potencialmente doentes" passam a integrar a "globalidade biopolítica" da qual o capital extrai valor. Mas essa condição de "doentes" ou "potencialmente doentes" não se define fora de um sistema de saúde com seus modos de produção e de organização do trabalho em saúde concretos, nos quais a "exploração extrativa é pré-constituída pela organização autônoma da cooperação pelas subjetividades cognitivas" de médicos e pacientes ou, mais amplamente, de trabalhadores e usuários do sistema. É nessa cooperação autônoma que se constitui um comum, mas que "é submetido, na relação de capital, na sua assimetria, a uma tensão cada vez mais antagonista". Isso porque a cooperação autônoma opera num quadro de "autonomia alienada" pela construção epistêmica do problema de saúde – entre outros fatores que pré-constituem a dimensão pragmática dessa cooperação –, cujo comum produzido é uma vida ofertada à extração capitalista de valor, que se realiza, entre outras maneiras, no consumo de vários bens e serviços, que se colocam para aquela vida como necessários. Sem que haja nenhuma "contradição objetiva" nessa relação de cooperação, ela se torna um caso eloquente de expressão do "antagonismo subjetivo", já que, por mais que o comum tenha sido eclipsado na construção epistêmica do problema da saúde, isso "não diminui em nada suas influências e exigências reais" (Teixeira, 2015; p.18):

> O problema do comum cobra, permanentemente, uma solução real na/da vida, independente de nos darmos conta disso ou não, porque se trata, rigorosamente, de um problema colocado pela vida, tanto mais quanto esse comum (isto é, aquilo que deve ser necessariamente compartilhado) constitui, em boa parte, nossa condição de existência.

No fundo, é nessa "tensão antagonista" que se pode entrever a dupla face de *biopoder* e *biopotência* da *biopolítica do comum na saúde*. Por um lado, temos um modo de produção e de organização do trabalho em saúde que oferece um "comum capitalista" aberto à possibilidade de se extrair valor das potências físicas da vida, na medida em que estas se expressam, por exemplo, como riscos de adoecimento individual, por outro, temos que as possibilidades reais de redução dos riscos de adoecimento pelos indivíduos os convocam a enfrentar uma dimensão comum da vida, independentemente se ela foi eclipsada ou não na construção do problema.

Sim, porque a grande questão para um hipertenso, por exemplo, será sempre a de conseguir mobilizar suas capacidades cognitivas e afetivas para criar um modo possível de ser hipertenso "contra" um mundo que produz continuamente a forma de vida que está na base da sua hipertensão. E é evidente que a única alternativa à derrota é a produção de um outro comum!

Entendo, portanto, que o "antagonismo subjetivo" se expressa como resultado dessa tensão crescente entre a produção de um "comum capitalista" que se presta à extração de valor operada no bojo do "projeto biomédico de governamentalidade da vida" e a produção de um outro comum que resultaria do "trabalho vivo" dos "doentes", que resultaria dos saberes e afetos que estes devem mobilizar *necessariamente* em resposta aos problemas que se colocam para a invenção de outras *formas de vida* possíveis em condições concretas. Entendo também que é neste último caso que a biopolítica do comum revela plenamente sua face de *biopotência*, de trabalho da multidão. Reencontramo-nos, aqui, com as palavras de Negri (2016), numa passagem que, ademais, nos lembra (ideia que não será explorada neste momento, mas não pode ser ignorada) que o capital não cessa de se reorganizar para capturar essa *biopotência*:

> O capital perde aqui a sua dignidade que consistia em organizar a produção, imprimindo um desenvolvimento à sociedade. O capital aqui é obrigado também a reorganizar e a mostrar – de uma forma extrema – a sua natureza antagonista. Isto significa que *a luta de classe se desenvolve em torno do comum*. E, do que dissemos até aqui,

> aparecem claramente *duas figuras do comum*. Uma é a do *comum* submetido à *extração* capitalista de valor, a outra é um *comum como expressão* das capacidades cognitivas e produtivas da multidão. Entre estas duas formas do comum não há somente contradição objetiva, mas antagonismo subjetivo.

É importante também observar como nessa abordagem negriana da produção biopolítica, os pacientes/usuários são tomados, a rigor, como "trabalhadores da saúde". Obviamente, estamos falando de um trabalho que não se confunde com uma dada "forma-trabalho" (trabalho assalariado), mas do trabalho entendido como *atividade humana ontocriativa*. Todos aqueles que devem afrontar problemas imprevisíveis e estão engajados na sua resolução em ato, através da iniciativa e da criação, participam, em última instância, da produção ontocriativa. Mas esta também é a produção principal daqueles trabalhadores que possuem uma inserção formal no mundo do trabalho, entre os quais, muito exemplarmente, os trabalhadores da saúde, que claramente participam da produção imaterial, da produção cognitivo-afetiva, da produção biopolítica.

Revejamos, uma última vez, o exemplo da hipertensão arterial (e de outras doenças crônicas que se definem sob a égide do discurso do risco) em sua operatória básica, micropolítica, na produção de cuidados clínicos dentro de um sistema de cuidados. Temos que o trabalho em saúde se caracteriza, fundamentalmente, como trabalho cognitivo-linguístico (conversacional) e afetivo (que produz afetos) que (re)produz na prática um discurso sobre o risco que não cessa de nos informar onde moram os perigos, de nos fazer desconfiar de tudo que nos cerca, de tudo que fazemos, comemos, bebemos etc. Já falei sobre isso uma vez, num outro artigo, numa chave espinosana, que permite perceber com maior clareza a produção afetiva desse tipo de trabalho clínico:

> A biomedicina, montada no saber epidemiológico sobre o risco, não cessa de nos indicar onde moram os perigos, de nos fazer desconfiar de quase tudo que nos cerca, de quase tudo que fazemos, comemos ou bebemos. O discurso sobre o risco é, antes de tudo, um discurso geral sobre os corpos que não nos convêm (e apenas indiretamente, por contragolpe, um discurso sobre os corpos que podem eventualmente nos convir) e, portanto, um discurso que comunica tristeza, promovendo afetos de diminuição da potência, tanto mais totalitário quanto nos damos conta de que várias destas condições de risco dizem respeito a aspectos de nossa vida "normal" (Teixeira, 2005).

Essas reflexões sobre a biopolítica do comum na saúde não estariam completas sem a consideração dessa operatória micropolítica, dessa microfísica dos encontros promovidos pelo trabalho em saúde, que se realiza sob a égide de um dado saber operante. Trata-se sempre de um trabalho afetivo que, na sua produção de tristeza, viabiliza micropoliticamente o "projeto biomédico de governamentalidade da saúde" e o processo extrativo capitalista.

Não resta a menor dúvida de que a grande questão ético-política que anima o presente ensaio se encontra perfeitamente traduzida na pergunta negriana: como resistir ao *biopoder*, como bloquear o processo extrativo? E é nessa chave espinosana, que sabidamente informa o pensamento e as construções político-filosóficas de Negri, que encontro as pistas mais seguras para traçar as estratégias mais condizentes com os desafios empíricos do campo da saúde: partir da dimensão ontológica da produção do comum. Nessa perspectiva, a *produção de comum* se confunde com a própria *produção de vida*! Na saúde, a vida é posta para trabalhar para produzir vida, potência de vida, o que se efetiva, antes de tudo, através de um trabalho cognitivo-afetivo que produza encontros aumentativos da potência.

Portanto, a resposta primeira e genérica à pergunta acima só pode ser: afirmando a *biopotência* na cooperação produtiva autônoma do trabalho em saúde, o que envolve os diferentes "trabalhadores da saúde", formais e "informais" (o que já implica num primeiro desafio específico no plano das sensibilidades, que é a redefinição da nossa percepção a respeito do que é produzir saúde e de quem efetivamente produz saúde). Mas também afirmando a *biopotência* na reapropriação criativa dos saberes e instrumentos de trabalho pelo trabalho cognitivo em saúde (o que desafia não apenas os trabalhadores que "aplicam" os conhecimentos produzidos, mas os próprios cientistas como trabalhadores cognitivos estratégicos, o que nunca deixou de ser percebido pelo capital).

Temos, em suma, um desafio fundamentalmente micropolítico que se expressa em todas as dimensões e tipos de trabalho em saúde, que passa pelo "desocultamento" do comum na saúde e pela percepção da saúde como um comum produzido.

Discute-se muito, hoje, os riscos de privatização dos "sistemas públicos de saúde" em todo o mundo (incluindo o do nosso SUS). Mas, com frequência, essa discussão se restringe ao problema do tipo de "propriedade" desses "sistemas" (se privada ou estatal) ou do tipo de "financiamento" (se coletivo, pela via fiscal, ou individual, pela compra de serviços no mercado). Mas, se seguimos a proposta de Negri (2016), que "não é considerar o comum como um *terceiro gênero* de propriedade, mas como *modo de produção*", compreendemos que esses sistemas já estão, de certa forma e em grande medida, "privatizados". E mesmo no sentido corriqueiro de privatização que aparece na maior parte dos debates, devemos concluir que os riscos parecem ser tanto maiores quanto ainda não conseguimos produzir práticas de cuidado e, consequentemente, todo um sistema de cuidados que não seja, afinal, "privatizável". Em outras palavras, este risco é tanto maior quanto o modelo de cuidados operante nestes sistemas, neste plano micropolítico, já recorta o problema da saúde e os problemas de saúde de um modo "privatizado", que nos "desapropria" de saída do *comum*.

Penso, de fato, que não avançamos o suficiente nessa dimensão micropolítica e, contudo, Negri nos entusiasma ao demonstrar que essa dimensão permanece aberta na cooperação produtiva autônoma do trabalho em saúde. Mas também avançamos pouco numa dimensão macropolítica, na exata medida em que o caráter "público" do sistema de saúde permanece atrelado de forma acrítica ao seu caráter estatal, importando pouco se esse Estado se mantém fora do alcance de uma prática democrática de apropriação e gestão do *bem comum*.

É neste momento de encerramento deste breve ensaio que cabe, uma vez mais, justificar sua abordagem, sua ênfase nas dimensões micropolíticas, sua assunção de uma primazia da estrutura epistêmica e técnica do trabalho em saúde, no tratamento do problema do comum: por entender, como conclui Negri (2016), que somente "quando o comum é subtraído da acumulação/valorização capitalista, ele se apresenta aberto ao *uso* da multidão. Ele poderá então ser entregue a uma regulação administrativa democrática e participativa".

O que, pensando no caso do nosso SUS, poderia significar avançar de um "sistema único de saúde" na direção da constituição de uma "rede multitudinária de produção de saúde".

Referências

Foucault, M. *Segurança, território, população: curso dado no Collège de France (1977-1978)*. São Paulo: Martins Fontes, 2008a.

Foucault, M. *Nascimento da Biopolítica: curso dado no Collège de France (1978-1979)*. São Paulo: Martins Fontes, 2008b.

Hardt, M. e Negri, A. "La production biopolitique" in Boutang, Y. M. *Politiques de Multitudes – Démocratie, intelligence collective & puissance de la vie à l'heure du capitalisme cognitif*. Paris: Éditions Amsterdam, 2007; p. 65-72.

Hardt, M. e Negri, A. *Commonwealth*. Cambridge: Belknap Press, 2009.

Heath, I. "Overdiagnosis: when good intentions meet vested interests" in: *BMJ*, 347:f6361, 2013.

Negri, A. *Exílio: seguido de valor e afeto*. São Paulo: Iluminuras, 2001.

Negri, A. *O comum como modo de produção*. Palestra proferida na Universidade de São Paulo (trad.: Mario Marino). São Paulo, 27 de outubro de 2016.

Pelbart, P.P. "Pouvoir sur la vie, puissance de la vie" in: Boutang, Y. M. *Politiques de Multitudes – Démocratie, intelligence collective & puissance de la vie à l'heure du capitalisme cognitif*. Paris: Éditions Amsterdam, 2007; p. 401-407.

Rose, G. "Sick individuals and sick populations" in: *International Journal of Epidemiology*, 30:427-432, 2001.

Rose, G.; Khaw, K.; Marmot, M. *Rose's strategy of preventive medicine: the complete original text*. Oxford; New York: Oxford University Press, 2008.

Sångren, H.; Reventlow, S.; Hetlevik, I. "Role of biographical experience and bodily sensations in patients' adaptation to hypertension" in: *Patient Education and Counseling*, 74:236-43, 2009.

Sångren, H. *Patients' Obligation, Embodiment, Motives, and Self in Hypertension – a Qualitative Study from General Practice*. PhD thesis submitted and accepted by the Faculty of Health Science of the University of Copenhagen, 2011.

Teixeira, R.R. "Humanização e atenção primária à saúde" in: *Ciência & Saúde Coletiva*, 10(3); 585-597, 2005.

Teixeira, R.R. "As dimensões da produção do comum e a saúde" in: *Saúde e Sociedade*. São Paulo, v.24, supl.1, p.14-31, 2015.

WHO *A global brief on Hypertension – a silent killer, global public health crisis*. Geneva: WHO Press, World Health Organization, 2013.

III.3. A FORÇA DO ESCRAVO: DE NEGRI A MBEMBE

Por Peter Pál Pelbart[125]

No início dos anos 1980, ainda na prisão, Toni Negri expôs as circunstâncias em que se viu impelido a debruçar-se sobre o livro de Jó, no rastro de uma derrota política cujo sentido ainda não aparecia.[126] E ele se refere precisamente a esse componente crucial em toda a trama de Jó: a incomensurabilidade da dor e sua desmedida. Ora, oriundo de uma tradição marxista calcada na medida, por que começar pela desmedida, pergunta-se ele? Pois justamente vivia-se a crise da medida.

> Foi somente em 1968 que percebi, maravilhado, que uma grande mutação da fortuna do homem e do destino era possível e poderia, assim, abalar qualquer medida do mundo (...) portanto, quando respondo à questão sobre por que nos rebelamos, digo que o que estava em jogo na época era a razão ou a medida (...) A mutação do trabalho, que estava na base da derrota do movimento operário e da degradação de seus partidos, baseava-se na ruína da medida de valor. Sem uma medida de valor, o socialismo tornava-se impossível. Mas o capitalismo também. Era preciso criar algo novo. A ruína das leis da medida era algo que abalava o mundo em profundidade: Jó foi leal a todas as medidas que regulavam o mundo regido por Deus, os operários foram leais a todas as medidas que regulavam o mundo regido pelo capital:

125 Peter Pál Pelbart é um filósofo, ensaísta, professor da PUC-SP e tradutor húngaro, residente no Brasil. É autor, dentre outras obras, de *Vida Capital – ensaios de biopolítica*, Iluminuras, 2003, e *O avesso do niilismo – cartografias do esgotamento*, São Paulo, n-1 edições, 2013.

126 Antonio Negri, *A força do escravo*, Rio de Janeiro, Record, 2007.

> mas agora, a medida explodiu. Jó protestava contra a medida e sofria a dor da incomensurabilidade da vida: mas agora a medida foi pelos ares. O que tudo isso tem a ver com minha ânsia de libertação? Tem a ver com uma pequena, simples, mas profunda razão: valia também para mim, assim como para o movimento operário, a experiência vivida por Jó, ou seja, a dor da incomensurabilidade e a consequente descoberta de que só a paixão da criação poderia responder à derrocada da medida. Lá onde as velhas medidas caíram, era preciso criar novas, e a partir daí a paixão residia inteiramente na capacidade de mover-se com alegria para além da medida.[127]

É um parágrafo esplêndido, que faz inteiramente jus ao livro de Jó em que se inspira, estendendo uma ponte entre a paisagem bíblica e a nossa mais viva atualidade. Pois Jó é o sem medida, o desmedido, o indomável, aquele que contesta as razões do poder, aquele que suspeita do poder da razão, aquele que sente em torno de si que a tragédia não pode ser dominada, já que ela domina todas as perspectivas. Jó é aquele que vive na carne o fato de que a medida voou pelos ares, que a medida que regula nossa vida é desmedida, caduca, mortífera. À dor ontológica, em boa lógica negriana, segue-se a recusa ontológica. É onde começa a aventura épica da liberação. Como o nota Negri:

> A realidade de nossa miséria é aquela de Jó, as perguntas e as respostas que fazemos ao mundo são as mesmas de Jó. Com o mesmo desespero, as mesmas blasfêmias, nós nos exprimimos. Conhecemos a riqueza e a esperança, tentamos Deus com a razão – nos restam agora o pó e a *desrazão*. Poderemos, nós também, guiar a nossa miséria através de uma análise do ser e da dor e, a partir dessa profundidade ontológica, remontar a uma teoria da ação, ou melhor, a uma prática de reconstrução do mundo? Até onde, até quando?

127 Idem, p. 11.

O combate entre Deus e Jó, entre o mestre e o escravo, não é pelo reconhecimento, e desde o início a dissimetria entre o capital e o trabalho é abissal e impreenchível, não pode haver dialética nem *Aufhebung*. A Jó só cabe partir da materialidade da dor para enfrentar a *hybris* divina. Embora Deus tente provar que o Caos é Cosmos, que a injustiça é justiça, que a desmedida é medida, reiterando seu poderio infinito, Jó não pode aceitar a transformação do terror em cosmogonia. Daí todo o processo através do qual ele transfigura a dor, recusa o juiz, denuncia os valores, se recria. Já que não há juiz é preciso inventar uma outra justiça, já que não há mais valores confiáveis é preciso criá-los a partir de um elemento mais terreno. É indispensável, pois, romper, romper com a pretensa racionalidade do mundo, com as medidas que o regulam ou apenas encobrem a desmedida de sua violência. É preciso, em suma, subtrair a potência humana ao poder, seja ele divino ou não, e encontrar um outro fundamento ontológico que se faça acontecimento. Se o valor do trabalho antes era mensurável pelo tempo concebido como medida, tudo muda quando o trabalho se libera da régua do tempo, tornando-se valor sem medida, potência pura, expansão ilimitada, quando ele se reconquista como inteligência, como carne, como corpo. É o único ponto de partida possível para a criação de outros valores. Um nietzschiano, um tardiano ou um deleuziano talvez remetessem a criação de valores a uma instância outra que não o trabalho. O que importa, apesar desse postulado granítico negriano, é que doravante a aventura já não pode ser linear, é um *work in progress*, observa Negri, pragmática e experimental, seguindo os ritmos e a disritmia da criação. Livre do mestre e de sua teodiceia, a criação de valores já não se submete a medidas extrínsecas, mas abre, a partir de sua própria desmedida, um outro tempo. Já não há, a partir daí, Jó resignado, Jó paciente, mas ao contrário, uma nova impaciência, em que a partir de sua dor, uma nova comunidade se anuncia. Pois a dor nunca é individual, ao contrário, ela, arremata o autor[128]

> *é uma chave que abre a porta da comunidade.* Todos os grandes sujeitos coletivos são formados pela dor – pelo menos aqueles que lutam contra a exploração do tempo da vida por parte do poder, aqueles que descobriram o tempo de novo, como potência, como recusa do trabalho explorado e dos ordenamentos que se instauram com base na exploração. *A dor é o fundamento democrático* da sociedade política, na mesma medida em que o medo é seu fundamento ditatorial, autoritário.

MBEMBE

Ora, não consigo lembrar de livro mais pungente a respeito das dores do escravo e da desmedida do poder e das dinâmicas de liberação do que o de Achille Mbembe intitulado *Critique de la Raison Nègre.*[129] Desde o início desse livro extraordinário ele sustenta que a constituição do pensamento europeu como um humanismo ou um discurso sobre a humanidade é indissociável do surgimento da figura do Preto como personagem racial. A partir do século XVIII, segundo ele, essa conjunção denegada entre humanismo e racismo teria sido o subsolo do projeto moderno, figuras gêmeas "do delírio que terá produzido a modernidade". Ora, é onde comparece a citação de Deleuze, que teve que esperar décadas para receber seu sentido histórico radical: "há sempre um Preto, um Judeu, um Chinês, um Grande Mongol, um Ariano no delírio", pois o que um delírio mistura são, entre outros, as raças. Ora, eis como Mbembe revela o avesso dessa frase: o

128 Antonio Negri, op. cit., p 140.

129 Achille Mbembe, *Critique de la Raison Nègre,* Paris, La Découverte, 2013, a sair em edição brasileira pela n-1 edições.

racismo é um delírio. Escravos sempre houve, ao longo da história da humanidade, mas eram fruto em geral da vitória numa guerra, e, portanto, ex-adversários. Nunca se tornariam escravos em virtude da cor da pele. Mas apenas com o trato atlântico de homens e mulheres originários da África, a partir do século XVI, se transformaram em homens-objeto, homens-mercadoria e homens-moeda.

Nem por isso, insiste o autor, deixam de ser sujeitos agentes. Só a partir do século XVIII, articulam uma linguagem própria reivindicando o estatuto de sujeitos integrais no mundo vivente. É todo o período das revoltas de escravos, que vão desde a independência do Haiti, em 1804, o combate pela abolição do trato, até a descolonização africana e as lutas pelos direitos civis nos Estados Unidos, chegando até o fim do apartheid nos últimos anos do século XX. E o terceiro momento, frisa Mbembe, é já no século XXI, frente à planetarização dos mercados, a privatização do mundo sob a égide do neoliberalismo, nessa junção entre economia financeira, complexo militar e tecnologias digitais, quando "já não há trabalhadores enquanto tal", mas "apenas nômades do trabalho", espécie de "animal" pronto para vestir todo tipo de roupagem que o mercado solicita, transformável no que dele for pedido, "sujeito neuro-econômico absorvido pela dupla preocupação exclusiva de sua animalidade (a reprodução biológica de sua vida) e de sua coisidade (o desfrute dos bens desse mundo), este *homem-coisa*, *homem-máquina*, *homem-código* e *homem-fluxo*. Ou seja, tudo aquilo que antes era exclusivo do preto no primeiro capitalismo passou a ser senão a norma, ao menos "o lote de todas as humanidades subalternas". Trata-se de uma universalização tendencial da condição preta, aliada ao surgimento de práticas imperiais inéditas, que utilizam tanto lógicas escravagistas de captura e predação quanto lógicas coloniais de ocupação e extração, para não falar de guerras civis ou *razzias* das épocas anteriores.[130]

130 Achille Mbembe, *Critique de la Raison Nègre*, p. 15.

Donde um segundo eixo do livro: "Pela primeira vez na história humana, o nome preto não remete mais somente à condição imposta às pessoas de origem africana na época do primeiro capitalismo. É essa fungibilidade nova, essa solubilidade, sua institucionalização enquanto nova norma de existência e sua generalização ao conjunto do planeta que nós designamos de *devir-preto do mundo* ."[131]

Ora, num momento em que se alastra um racismo sem raça, reinventando-se discriminações, hierarquias, assimetrias, quando a religião ou a cultura vão tomando o lugar da biologia como fundamento da discriminação, o que fazer com o Preto? Esquecê-lo? Ou ao contrário, preservar sua "potência do falso", seu caráter luminoso, fluido e cristalino, esse "estranho sujeito escorregadio, serial e plástico, constantemente mascarado, firmemente instalado dos dois lados do espelho, ao longo de uma fronteira que ele não cessa de seguir"?[132] E se o Preto devesse sobreviver, e por uma dessas reviravoltas da história, os subalternos da humanidade se tornassem pretos?

Partimos do mais elementar. A Europa se considerava o centro do mundo civilizado, e se contrapunha ao Resto, cujo símbolo maior foi a África e o Preto, figura do ser-outro, poderosamente trabalhado pelo vazio, perigo, destruição – era a noite do mundo, conforme a expressão de Aimé Cesaire. Mas é quando o princípio da raça é submetido ao capital que tudo isso ganha fôlego. Pois o Atlântico se torna o epicentro de uma nova "concatenação dos mundos, o lugar de onde emerge uma nova consciência planetária".[133] Depois de 1492 ele se torna o feixe que reúne a África, as Américas, o Caribe e a Europa, e essa economia que exige capitais colossais, inclui toda uma circulação inédita, um tráfico entre religiões, línguas, tecnologias. A transnacionalização da condição preta é um momento constitutivo

131 Idem, p 17.

132 Idem, p 18.

133 Idem, p. 28

da modernidade. O conceito de raça serve para diagnosticar nessas populações longínquas a degradação, e um déficit ontológico – são "menos" ser. Ou misto de monstros e fósseis. Em suma, produzir o Preto é produzir uma submissão e um *corpo de extração* – lembro como Marilena Chaui fez dessa noção o eixo do pensamento de Negri sobre a contemporaneidade. O preto é também o nome de uma injúria, de uma calúnia, do perigo, do revoltoso a ser domado incessantemente – no contexto da *plantation* isso tudo é como que uma condição da produção, permite uma das formas mais eficazes de acumulação...

Por essa e outras razões, Mbembe retoma a questão de como se opera a passagem do estatuto de escravo em direção a uma nova comunidade, a dos homens livres, sendo que a condição que lhes é comum é a de serem estrangeiros a si mesmos, e o desafio é conjurar a estrutura de assujeitamento que eles carregam. A ideia de que a raça seja um excedente, uma vida que pode ser despendida sem reserva, embora a ciência postule a extraordinária homogeneidade genética dos humanos, continua a produzir efeitos de mutilação em nome da qual se operam cesuras. Mas ao mesmo tempo, a cultura branca se vê assediada pela ameaça de uma "revolta dos escravos" capaz não apenas de liberá-los, mas refundar o sistema da propriedade, do trabalho, os mecanismos de redistribuição, os fundamentos da própria reprodução da vida – com todos os fantasmas que desde o início acompanhavam a construção da condição preta.

Se Mbembe reconhece que não estamos no mesmo mundo que Fanon, as guerras neocoloniais ressurgem, formas de ocupação se metamorfoseiam, com seu lote de torturas, prisões secretas, pilhagens, e o aparecimento de muros, fronteiras militarizadas, restrição à mobilidade segundo categorias raciais ressurgem por toda parte. Nesse contexto, o apelo de Fanon para desenclausuramento do mundo continua valido. Isso significa que "a construção do comum é inseparável da reinvenção da comunidade". Assim como se pode pensar uma vontade de poder, se deve postular uma *vontade de comunidade*, mas uma *comunidade descolonizada*, o que implica necessariamente numa "provincianização da Europa"[134], ou seja, ressituá-la no mapa do mundo como uma província e não como o centro do mundo.

Num outro contexto, Aimé Cesaire escreveu: "Sim, valeria a pena estudar, clinicamente, no detalhe, as trajetórias de Hitler e do hitlerismo e revelar ao burguês do século XX, muito distinto, muito humanista, muito cristão, que ele carrega um Hitler que se ignora, que Hitler *mora nele*, que Hitler é seu *demônio*, que se ele o vitupera é por falta de lógica, e que no fundo, o que ele não perdoa a Hitler não é o *crime* em si, *o crime contra o homem*, não é a *humilhação do homem em si*, é o crime contra o homem branco, e de ter aplicado à Europa procedimentos colonialistas que até agora eram exclusividade dos árabes da Argélia, dos *collies* da Índia e dos negros da África. E é a grande acusação que eu lanço ao pseudo-humanismo: de ter por muito tempo apequenado os direitos do homem, de ter tido, de ainda ter dele uma concepção estreita e parcial, em suma, sordidamente racista."[135] Ou mais explicitamente: "No final do capitalismo, desejoso de sobreviver, há Hitler. No final do humanismo formal e da renúncia filosófica, há Hitler."

Lembremos a frase de Negri e Hardt:

> A escravidão (...) pode servir de símbolo da psicose da república da propriedade, que preserva sua coerência ideológica através da negação por forclusão, seja recusando-se a reconhecer a existência da realidade traumática da escravidão ou tratando de projetá-la para fora. Talvez seja este, ao menos em parte, o motivo pelo qual a Revolução Haitiana tem sido tão negligenciada na história moderna (...) [pois foi] a primeira revolução moderna contra a escravidão, e

134 Achille Mbembe, *Sortir de la Grande Nuit*, Paris, La Découverte, 2010, p. 15-17.

135 Aimé Césaire, *Discours sur le colonialismesuivi de Discours sur la Négritude*, Ed. Présence Africaine, Paris, 1955-2004, p. 18.

> por isto poderia ser considerada a primeira revolução propriamente moderna.[136]

Que isso tenha passado desapercebido aos olhos do filósofo que fez da dialética entre o senhor/escravo um dos eixos de seu pensamento sobre a liberdade só mostra a que ponto um episódio concreto, porém ocorrido em terras longínquas, e de que teve notícia pelo jornal, foi insuficiente para deslocar Hegel de seu atávico eurocentrismo.[137] É o calcanhar de Aquiles da historiografia europeia, haja vista o lugar secundário que ocupa a "revolução preta" na história das revoluções, esta que teve por objetivo destruir o mundo inteiro da "*plantation* escravagista".[138]

Já podemos voltar ao nosso moto inicial. Se para Negri Jó e o escravo foram meios para pensar a condição contemporânea e as forças de reversão nela embutidas, Mbembe faz algo similar a partir do preto fabricado pela escravidão, por um lado, e do devir-preto do mundo, por outro. Enquanto Negri tentava, através do escravo e da dor, pensar as condições do comum, que só bem mais tarde ele elaborou com Michael Hardt, Mbembe, através do escravo e da dor, pensa hoje no "em-comum", contra a utopia racista de uma "comunidade sem estrangeiros".[139] Não resisti à tentação de conectar esses dois projetos. Mais concretamente, e para aterrissar em nosso solo: não há possibilidade de derrubar nossas práticas de casa grande, da qual o golpe recente é uma manifestação, sem um tal reconhecimento e uma tal reviravolta. Seria preciso repensar nosso contexto escravagista à luz dessas perspectivas que se tangenciam. Desmedida,

136 Antonio Negri e Michael Hardt, *Bem-estar comum,* Rio de Janeiro, Record, 2016, p. 91.

137 Susan Buck-Morss, *Hegel et Haïti*, Paris, Lignes, 2006.

138 Éric Alliez e Maurizio Lazzarato, *Guerres et Capital,* Paris, Ed. Amesterdam, 2016, p. 120.

139 Achille Mbembe, *Politiques,* p.14.

dor, extração, revolta, alegria, é preciso que esse circuito se propulsione, e não fique estacionado no meio, permitindo a ressurgência do pior. Creio que há algo disso no último parágrafo de *Bem-Estar Comum*: "A erradicação em nós mesmos de nosso apego à identidade e, de maneira geral, às condições de nossa escravidão será extraordinariamente dolorosa, mas ainda assim, rimos."[140]

140 Antonio Negri e Michael Hardt, *Bem-estar comum*, op. cit., p 418.

III.4. O COMUM COMO MODO DE PRODUÇÃO[141]

Por Antonio Negri

Começaremos discorrendo sobre o *comum* em termos substantivos. Há algum tempo (ainda no âmbito exclusivo da jurisprudência e do direito), falava-se do comum somente em sentido formal, sem qualquer possível definição ontológica, como algo qualificado somente a partir do modo de apropriação – público ou privado. Logo, estamos saindo de uma longa história (teria coincidido com a chegada da Era Moderna?), e o comum agora surge como uma realidade, ou melhor, como uma produção. Retomarei mais adiante a discussão acerca dessa definição. Agora volto ao nosso tema: a apropriação privada do coletivo e do comum.[142]

Na era do neoliberalismo, a apropriação privada do comum apresenta-se de duas formas particularmente evidentes: a primeira forma é a apropriação do público (da propriedade do Estado, dos bens e dos serviços públicos etc.) por parte do privado; e, a segunda forma, a apropriação do que chamamos natureza ou os bens da terra e do ambiente, as potências físicas da vida etc. Que esses bens possam ser transferidos ao privado parece evidente e de fato acontece. São bens materiais e naturais, e o fato de serem apropriados não parece ter

141 *Il comune come modo di produzione.* Conferência proferida no auditório do Departamento de História da FFLCH/USP no dia 27 de outubro de 2016 por ocasião do evento *Diálogos com Antonio Negri.* Tradução de Mario Antunes Marino.

142 Para um exame crítico da economia política do comum, veja: Vercellone et al. (2015), *Managing the commons in the knowledge economy*, Report D3.2, D-CENT (Decentralized Citizens ENgagement Technologies), European Project 2015, maio de 2015, 110 p. Disponível em: <http://dcentproject.eu/wp-content/uploads/2015/07/D3.2-complete-ENG-v2.pdf>.

relação com a sua substância. Exceto que é preciso qualificar mais atentamente essas apropriações. Inicialmente, porque tanto os bens públicos quanto os naturais são inseparáveis das condições históricas que os configuram e das formas de vida pelas quais são configurados. Aqui há determinação "comum", historicamente consistente, que não se poderia abstrair. Entretanto, neste contexto, emerge uma qualificação desse "comum" ao mesmo tempo "formal" (pois é puramente extrínseca) e "vulgar" (pois é absolutamente genérica) e que se adapta a esses atos de apropriação. O discurso torna-se mais pleno em segunda instância. Quero dizer que, mesmo se os bens naturais e públicos se tornaram, na evolução da Era Moderna, mercadorias e se apresentam, nessas condições, imediatamente como produtos do capital (mercadorias, precisamente), essa redução é problemática (e com frequência causa repugnância). De fato, ainda que esses bens, coletivos ou naturais, constituam a própria matéria da produção na era do capitalismo maduro – ou mesmo quando o natural nos parece pertencer a uma esfera que deveríamos manter intacta e livre de apropriação –, o que é público, na sua boa substância, nos parece ser produto histórico de vontades e de lutas coletivas; portanto, é igualmente apropriado ilegitimamente pelo privado.

Assim parece-nos... Entretanto, é preciso ceder à evidência e reconhecer que, acerca desse argumento, o hábito aplacou a indignação, e as vantagens econômicas removeram as reservas morais. Aqueles bens constituem o objeto privilegiado da apropriação capitalista – o objetivo do dispositivo jurídico privado e/ou público que realiza o "direito de propriedade". Uma apropriação juridicamente legítima que não difere – ao contrário, integra – da apropriação capitalista em geral, como "apropriação" do "valor do trabalho", como extração de "valor" e hipóstase jurídica e política da produção coletiva na forma da propriedade privada e/ou pública. É próprio da produção capitalista esse domínio sobre as atividades individuais e/ou coletivas que instituíram bens públicos ou naturais desejáveis e úteis na construção das formas de vida. Esse domínio é acentuado, no capitalismo maduro, pela sobreposição sempre mais plena do modo de produzir e formas de vida.

Para tais bens (públicos ou naturais), fala-se há décadas de um tipo de apropriação (de propriedade) "comum". Muita retórica foi empregada nesse propósito. Pretendeu-se definir um "terceiro gênero" de propriedade, que seria nova forma de apropriação para além das que são praticadas até hoje. Mas essas definições não possuem consistência, pois se apoiam ilusoriamente sobre a concepção expansiva do direito de propriedade na maturidade capitalista. O comum é concebido como extensão funcional da propriedade privada ou como instituição participativa e democrática da capacidade de apropriação pública. A nossa proposta não é considerar o comum como um terceiro gênero de propriedade, mas como modo de produção. Diante da definição "vulgar" que mencionamos, essa acepção nos parece uma definição "própria", "científica" do comum.

Antes de analisarmos o tema "comum como modo de produção", vamos nos aprofundar na definição substantiva do "comum". Ora, parece-nos que o comum constitui um fundo ontológico, o produto da atividade laboral humana no processo histórico. *Soubassement* [embasamento, no original o autor usa o termo em francês – N. do E.], fundação ontológica da realidade social, produzida pelo trabalho: que coisa significa precisamente? Que o comum é sempre uma "produção". É natureza regulada ou transformada ou simplesmente produzida. Logo, o comum é um recurso somente enquanto é um produto – um produto do trabalho humano e, portanto, no regime capitalista, atravessado imediatamente por relações de poder.

Na era do trabalho cognitivo, o comum subsume e evidencia as qualidades do trabalho cognitivo. E, para que equívocos sejam evitados, repetimos que, quando mencionamos "trabalho cognitivo", estamos nos referindo sempre a "trabalho" – um dispêndio de energia física e mental – e, de todo modo, que é constituído na continuidade da relação capitalista e na forma assimétrica de tal relação. Continuidade descontínua, ou seja, continuidade forçada pelo ritmo cíclico dos movimentos e das lutas que, no capitalismo, estão sempre abertas, lutas entre o comando sobre o trabalho e a resistência da força de trabalho. Relação assimétrica, pois a relação capitalista é sempre desigual e irredutível à identidade. Em virtude dessa assimetria, o capital é produtivo – de fato são assimétricas as forças que se batem nessa relação capitalista – e a produtividade é o resultado de um complicado cruzamento (e conflito) entre potência do "trabalho vivo" e acumulação de "trabalho morto". Ora, na era do *General Intellect* (que significa hegemonia do trabalho cognitivo na produção capitalista), a nova organização social do trabalho é condicionada por uma sempre maior eficácia produtiva do trabalho cognitivo; logo, por maior preeminência ontológica do trabalho vivo sobre o trabalho morto na relação capitalista. Ademais, na relação capitalista, a força de trabalho cognitiva exprime, em relação ao que acontecia na era industrial, uma iniciativa organizadora da cooperação e uma gestão autônoma do saber. Isso significa que o trabalho tem se singularizado e que a força de trabalho produz a medida da própria subjetivação. A força de trabalho não se apresenta então, na relação produtiva, simplesmente como "capital variável". Apresenta-se, sim, como subjetividade e potência singular. A relação capitalista não será então atravessada simplesmente por uma contradição material e objetiva, mas (e sobretudo) por um antagonismo subjetivo. Uma ação autônoma – fortemente subjetivada – é, portanto, imanente à relação capitalista e qualifica sua produtividade. Gramsci já o havia intuído quando, ao estudar a crise capitalista dos anos 1920, tomou como motor antagonista da transformação produtiva os movimentos políticos e a resistência material da classe operária. E concluiu que a "revolução passiva" – que acompanhou o nascimento do fordismo – contém implicitamente a construção da "hegemonia" do sujeito operário sobre a produção. É a partir de tais premissas que se poderá avançar para a construção do conceito de comum como "modo de produção". O caráter "comum" da produção é tornado substantivo por um *soubassement* [embasamento] não mais simplesmente histórico, mas ativo, subjetivo, cooperativo, fundado e condicionado pela organização cooperativa e comum do trabalho. Estamos assim no início de um percurso de definição substantiva do comum na era do trabalho cognitivo.

Esse caminho é difícil, como sempre acontece em épocas de transição. De fato, estamos imersos em um processo de transformação da era industrial (fordismo) à era pós-industrial (época do *General Intellect*). Vivemos em uma fase transitória, novamente forçados a uma espécie de "revolução passiva", na qual a força de trabalho cognitiva constrói seu próprio espaço produtivo e põe em evidência a própria capacidade de prefigurar e predispor as modalidades da produção. Podemos reconhecer essa passagem como o momento de uma tendência na qual a produção mostra formas sempre mais qualificáveis como biopolíticas. Ou seja:

> a) Quando se compreende político como uma vida indistinguível da atividade produtiva, na integralidade do tempo e do espaço de uma sociedade determinada. Essa condição metamorfoseia e reconfigura a estrutura da "jornada de trabalho", sobrepondo trabalho e vida;
> b) Quando se compreende *bios* como uma tendência de totalização da produção na superfície da Terra. O mundo da produção torna-se assim ecológico no sentido etimológico: a produção subsume não somente o *bios*, mas também a natureza.

Nessa tendência muitas outras condições específicas definem-se. Disso decorre, por exemplo, a crise da "lei do valor", como lei da exploração baseada na medida temporal dos valores do trabalho e suas abstrações, pois tal lei previa:

a) Medir a temporalidade (dentro de uma "jornada de trabalho" homogênea), com a qual se divide o tempo de "trabalho necessário" e aquele do "mais-trabalho" [*plus-lavoro*];
b) Uma condição espacial fechada, ou melhor, uma concentração do trabalho, uma cooperação massificada, a qual era garantida pela OSL (organização científica do trabalho) na fábrica;
c) Uma compreensão estreita da relação entre trabalho produtivo e trabalho improdutivo. Por exemplo, o trabalho feminino, doméstico ou de cuidado não era normalmente considerado na quantificação do valor, na própria definição da "força de trabalho";
d) Uma condição ecológica ingênua: considerar a natureza como realidade independente, ainda não atravessada pela valorização capitalista nem valorizada pelo trabalho produtivo.

Portanto, é sobre essa base que se construía a temática clássica da abstração do valor, ou melhor, de valores fixados no tempo, espacialmente determinados, qualitativamente discriminantes e ecologicamente limitados. A apropriação capitalista do valor global da produção social – para a qual podemos repetir o epíteto "comum vulgar" – era determinada assim por meio da exploração do trabalho e da abstração, mediação, equiparação dos valores nesta escala. Agora, ao contrário, o "comum" – na era do trabalho cognitivo e cooperativo, do *General Intellect* – assume a figura biopolítica e é estruturado pela produção de subjetividade. É "comum" em sentido "próprio", "científico". A partir disso, a apropriação capitalista apresenta-se totalmente transformada; a apropriação do mais-trabalho se exerce não mais por meio da exploração direta do trabalho e sua consequente abstração, e sim, sobretudo, por meio de novo mecanismo de apropriação caracterizado pela extração do comum como constituição da produção social como um todo. E, se esse comum cobre todo o tempo e o espaço sociais de valorização, se não há mais espaço "fora" da produção capitalista e cada função ativa é submetida à valorização, essa exploração extrativa é também pré-constituída pela organização autônoma da cooperação pelas subjetividades cognitivas – uma potência independente no interior de uma feroz máquina de exploração. Em outros termos: esse "comum capitalista" é submetido, na relação de capital, na sua assimetria, a uma tensão cada vez mais antagonista. Cada vida tornou-se produtiva, a extração de valor é exercida sobre a globalidade biopolítica, ou seja, não mais sobre espaços e tempos explicitamente dedicados ao trabalho.

Esse quadro de conjunto se tornou possível porque a natureza da força de trabalho se modificou. Sem querer reconstruir toda a história do desenvolvimento capitalista do último século, podemos recordar como, na primeira metade do século XX, as lutas operárias nas metrópoles capitalistas colocaram em crise o modo de produção industrial e como, na segunda metade do século, a automação da produção e a socialização da informática, investindo à sociedade, determinaram a progressiva consolidação do *General Intellect*. A massificação fabril do trabalho foi substituída pela singularização das atividades de trabalho O comando na fábrica cedeu lugar à organização cooperativa do trabalho social. O esforço físico do trabalho manual foi trocado pelo empenho intelectual da atividade cognitiva. Para abreviar: a massa deu lugar à multidão. Se o novo modo de produzir nasce no interior dessas condições, se pode considerar (como dissemos em muitas ocasiões) que o "comum" precede o mercado capitalista do trabalho, precede a organização social capitalista do trabalho e a assim chamada divisão social do trabalho. Se o novo modo de produção é – como foram todos os modos de produzir do capital – um terreno de luta, hoje, nesse espaço, a posição da força de trabalho cognitiva é relativamente privilegiada com relação ao passado pelo fato de ter nas próprias mãos poder sobre a cooperação e sobre a organização do trabalho e dos saberes produtivos. Consequentemente o capital deve se adequar ao comum, ao se submeter ao seu modo de produção, transformando as figuras da exploração e passando da abstração dos valores industriais à extração do valor social da produção. Perde, todavia, dentro dessa nova relação, a sua "inteira" capacidade de comando.

Quando estudamos as teorias da valorização por meio da extração, não se pode esconder que não se trata de algo totalmente novo. Em particular, nos capítulos de *O Capital* sobre "a acumulação primitiva", Marx dera uma larga descrição das formas pelas quais as terras comuns e os direitos comuns foram anulados, e terras e direitos apropriados pelo capitalismo nascente. Sem essa apropriação privatista do comum, não pareceu a Marx ser possível uma primeira acumulação de capital que permitisse o início da era manufatureira, que é a base de uma sociedade industrial. É evidente, porém, que não é possível nenhuma analogia entre aquele "comum" pré-capitalista, cuja expropriação foi necessária à construção do capital, e o "comum" tal qual se apresenta hoje à nossa experiência.

Uma segunda formulação da teoria da valorização "por meio da extração" (com frequência refletindo a acumulação originária marxiana) pode ser lida no "marxismo ocidental", da Escola de Frankfurt ao operaísmo e ao pós-colonialismo, quando trabalho e produção são considerados à luz da "subsunção real" no capital. A passagem da subsunção "formal" à subsunção "real" é representada por um ciclo de submissão e progressiva apropriação capitalista dos processos de trabalho e da própria sociedade produtiva na sua integridade. Em uma primeira fase (formal), o capital absorve espaços e temporalidades diversos. Na segunda fase (real), o capital impõe uma regra homogênea de produção, de consumo etc. Pode-se dizer que, nesse caso, passamos do "regime do lucro" ao "regime de renda". Mas, com relação à definição clássica, trata-se de uma renda profundamente modificada. Em que consiste essa modificação? No fato de que essa renda é extraída diretamente de um comum produtivo. A apropriação capitalista do comum (na "subsunção real" da sociedade no capital) pode ser vista como produtora de renda somente quando assumimos (e verificamos) que ela age sobre uma sociedade prefigurada e pré-constituída por uma substancial atividade produtiva do comum. Nenhuma analogia, portanto, nem mesmo nesse caso, com as definições tradicionais da renda absoluta ou relativa.

Como esse novo quadro se determinou? A transformação ocorreu substancialmente em duas figuras:

> a) Quando o modo de produção se tornou inteiramente "biopolítico". O comando da produção capitalista penetrou a vida na sua totalidade. Disso já falamos. Assistimos então à totalização da exploração, estruturada em torno do trabalho cognitivo e da sua capacidade de colocar em ato, autonomamente, a cooperação. É a partir dessa condição antagonista que a rede das formas de vida é capturada pelo capital. Linguagens, códigos, necessidades e consumo; a estrutura do saber e do desejo (na riqueza da sua singularização) são postos à disposição dos processos extrativos do capital;
>
> b) A segunda figura na qual se encarna essa nova forma de exploração é a financeirização. Ela representa a forma sob a qual o capital mede a "extração do comum". Essa medida é expressa na sua função monetária pelo comando, ou seja, pelo dinheiro. Poderíamos dizer que o dinheiro é a figura perversa do comum e a sua total mistificação.

De fato, vivemos "imersos" no "dinheiro": é o mesmo que experimentar viver "sujeitados" no "comum vulgar". Prisioneiros da disposição produtiva que o trabalho cognitivo criou e continua a produzir e que o dinheiro mensura e comanda. Desse ponto de vista, é evidente que os processos financeiros não são parasitários, mas imanentes à organização valorativa. Para concluir, o capital desenvolve o direito de apropriação privada e sua mediação pública na construção de um comando financista para a exploração do comum (deveremos falar disto noutra ocasião).

Uma vez que descrevemos a apropriação capitalista do comum, precisamos retornar à consideração das transformações da força de trabalho e das tecnologias, inclusive àquelas do capital que investe a vida e se faz investir por ela. Como dissemos, a linha de desenvolvimento da exploração capitalista é descontínua e a relação de capital, assimétrica. Quando consideramos o comum como modo de produção, descrevemos o resultado da passagem da fase industrial para a fase cognitiva do trabalho produtivo. Não é preciso acrescentar que essa passagem não é linear nem homogênea. Ela reproduz descontinuidades e assimetrias, sobretudo ao levar até um extremo limite o próprio caminho e ao representá-lo na extração do comum. O capital perde aqui a sua dignidade que consistia em organizar a produção imprimindo um desenvolvimento à sociedade. O capital aqui é obrigado também a reorganizar e a mostrar – de uma forma extrema – a sua natureza antagonista. Isso significa que a luta de classe se desenvolve em torno do comum. E, de acordo com o que foi exposto até aqui, aparecem claramente duas figuras do comum. Uma é a do comum submetido à extração capitalista de valor, a outra é um comum como expressão das capacidades cognitivas e produtivas da multidão. Entre essas duas formas do comum não há somente contradição objetiva, mas antagonismo subjetivo.

Insistimos bastante acerca das passagens que levaram o modo de produção a se transformar, ao longo do século XX, de uma figura industrial para uma figura pós-industrial, da "grande indústria" para "indústria socializada". Insistimos também que essas passagens contêm em si a transformação da força de trabalho, do "operário massa" ao "operário social" até a "força de trabalho cognitiva". Vale a pena agora ressaltar que, quando se diz "força de trabalho cognitiva", não se trata somente da intelectualização do trabalho e do aprofundamento da cooperação alargada na produção, mas também de produção de subjetividade, ou melhor, subjetivação do produzir como expressão de trabalho cognitivo e elevação dos valores de trabalho vivo na relação de produção. Assim aumenta a valorização, seja por unidade de valor, seja na totalidade da produção. A relação entre capital constante (comando, trabalho morto) e capital variável (trabalho vivo) transforma-se radicalmente. Realmente a força de trabalho cognitiva afirmou-se como mais produtiva e subjetivamente mais forte que qualquer força de trabalho industrial.

A força de trabalho cognitiva impõe assim uma transformação radical no próprio capital, não apenas na passagem da abstração à extração, mas também, como vimos, na sua estrutura técnica. Dentre mil exemplos, tomemos as tecnologias e a composição técnica do biocapital. Nestas, há o saquear da natureza e dos corpos; no entanto, há a rica circulação do saber médico, a concentração monopolista da pesquisa e a subordinação a ela da organização da saúde pública. Mas há, do outro lado, o aumento contínuo da "esperança de vida" (e mil outras composições antagonistas do biopoder). Esses elementos constituem uma máquina predisposta para o desenvolvimento de um "projeto biomédico de governamentalidade da saúde". É, ao mesmo tempo, despotismo capitalista sobre a natureza e os bens naturais, apropriação de bens culturais e públicos, mas também produção de dispositivos subjetivos de um construir do comum biopolítico.[143] O mesmo se pode dizer das tecnologias do capital da informática. Nele, cada algoritmo extrai valor do trabalho cognitivo, que é então monopolizado por grandes estruturas midiáticas, mas, ao mesmo tempo, deve se confrontar com a irredutível potência do saber dos operadores, que são os verdadeiros montadores e construtores dos algoritmos.[144] É nesse nível que o problema político se coloca. Como contestar, resistir, bloquear o processo extrativo? Devemos nos lembrar sempre de que as categorias jurídicas da propriedade (pública

143 Veja Sandro Chignola, "Vita lavoro linguaggi: Biopolitica e biocapitalismo", *EuroNomade*, 12 de outubro de 2015.

144 Veja *Accélérations*. Laurent de Suster (dir.) Paris, PUF, 2016.

e privada) são figuras de legitimação da apropriação capitalista do comum. E, todavia, não podemos ignorar que os processos de privatização do comum são extremamente frágeis, pois eles mudaram as relações de força no "modo de produção" do comum. Perante um capital forçado a uma relação produtiva descontínua e antagonista, pois a potência do trabalho cognitivo e cooperativo produz alternativas continuamente.

A primeira fragilidade do comando capitalista é posta pelo afirmar-se da potência autônoma da cooperação produtiva, ou seja, da hegemonia "virtual" do trabalho coletivo com relação ao comando. Notem que o trabalho cooperativo e cognitivo constitui, atualmente, uma massa verdadeiramente singular diante da qual o comando capitalista vacila: massa constituída por uma multidão de singularidades. Se o comando capitalista sobre a massa havia se consolidado no processo industrial de produção, o domínio sobre a multidão e o acompanhamento das singularidades que a constituem representam um horizonte indefinido e possível problema insolúvel para o capital. O paradoxo consiste no fato de que a produção, no capitalismo cognitivo, exige uma multidão de singularidades (pois é nela que se baseia a produtividade). Singularização, subjetivação e produtividade constituem o "dentro/contra" que, hoje, a classe trabalhadora (não só como "capital variável", mas como multidão, como conjunto de singularidades, rede linguística e cooperativa) fixa contra o "capital constante", contra o patrão. A partir disso, o contínuo fragmentar-se do processo, o que resulta nas radicais dificuldades de comando, e institui-se a crise das instituições da democracia representativa, nascidas dentro de uma constituição material ainda determinada pelos mecanismos da abstração dos valores e controle na sociedade industrial.

A segunda fragilidade consiste no fato de que o trabalho vivo cognitivo se reapropria continuamente do "capital fixo", dos instrumentos de trabalho e do saber produtivo. A composição técnica do trabalho vivo cognitivo enriquece-se continuamente desse modo e, cada vez mais, desequilibra para o seu lado o embate com o capital. Acerca desse tema – apropriação do capital fixo pelo trabalho vivo –, permitam-me remeter à nossa publicação para breve: *Assembly*.[145]

É dentro dessas fragilidades que se surgem novas resistências à apropriação capitalista do comum. Não podemos obviamente nos deter em todos os aspectos delas, mas elencamos alguns dispositivos de ação que começaram a se desenvolver:

> a) Antes de tudo, as práticas democráticas de apropriação e gestão dos "bens comuns";
>
> b) A insistência na negociação sindical, fiscal e política a partir do reconhecimento do comum como base da reprodução social do trabalho e a insistência nas capacidades empreendedoras das singularidades postas a trabalhar. As lutas pelo bem-estar vão nessa direção, e os comportamentos de resistência assumem, neste caso, qualidades empreendedoras e alternativas;
>
> c) Novas iniciativas do comum enfim começam a ser propostas na busca de "novas moedas" cujo valor é definido não em referência ao comando do capital, mas como medida das necessidades sociais. A demanda de uma "renda garantida" e o desenvolvimento de moedas alternativas são frequentemente postos sob essa perspectiva.

Para concluir: quando o comum é subtraído da acumulação/valorização capitalista, ele se apresenta aberto ao uso da multidão. Ele poderá então ser entregue a uma regulação administrativa democrática e participativa. O importante é reconhecer o comum como modo de produção na nossa sociedade e como produto fundamental do trabalho de todos. A apropriação privada do comum não é, no meu ver, desejada pela cidade dos cidadãos-trabalhadores.

145 N. do T.: Hardt & Negri, *Assembly*, New York, Oxford University Press, 2017.

ANEXOS

ANEXO 1

EM TORNO DE FOUCAULT... E DE MARX, HOJE[146]

Por Antonio Negri

1. Sou militante político e também estudioso de filosofia. Por que tão cedo, já nos anos 1970, comecei a ocupar-me de Foucault? Por que pensei encontrar no seu pensamento elementos imediatamente operativos em termos políticos para mim?

Naquela época, logo após o maio de 68, eu e meus companheiros lutávamos no movimento operário – político e sindical – e contra a sua direção. Pensávamos que o socialismo, ao fazer alianças e tornar-se compatível com o capitalismo, estava transformando-se de arma em prisão para as lutas de transformação que a classe operária conduzia, assim como para todo aquele trabalho vivo que o 68 engendrara.

Em nossa opinião, a situação mudara, pois, o capitalismo organizava a sociedade de modo diverso da compreensão do socialismo. A exploração capitalista saía das fábricas e organizava a sociedade; extraía valor do social depois de exaurir sua capacidade de exploração nas fábricas. Entrávamos em uma época nova de mudança de paradigma do social.

Eis do que Foucault nos advertia, e porque o líamos. Era um período de grande leitura, quando saíam seus grandes livros nos anos seguintes ao 68. Dávamos uma atenção especial a Foucault. Éramos

146 "Attorno a Foucault… E a Marx, oggi". Conferência proferida no Centro de Pesquisa e Formação do Sesc de São Paulo, no dia 22 de outubro de 2016, por ocasião do evento "Diálogos com Antonio Negri". Tradução de Mario Antunes Marino.

amigos de Deleuze e de Guattari, com os quais discutíamos política e filosofia, e demolíamos definitivamente a dialética hegeliana que nos dominara em sua dupla figura: glorificação do progresso capitalista e definição de uma teologia socialista. Com eles aprendíamos a concatenar e a construir novos conceitos. Aprendíamos a primazia do corpo, a recuperar paixões e afetos na lógica e no fazer política. Mas faltava-lhes a história da qual necessitávamos, a história que tínhamos e teríamos vivido.

Entretanto, havia uma "mutação de paradigma".

2. A teoria coloca o problema dessa mutação por volta e após o 68. Aqui, gostaria de propor um jogo de leituras histórico-filosóficas para descrevê-la, uma espécie de comédia na qual personagens atuais desempenham uma função em outra época, atribuída a outros personagens, como no Renascimento se encenava a atualidade com as máscaras de Plauto e Terêncio. Um jogo filosófico que nos libera do fardo das mil coleções de história da filosofia (universais, logo eurocêntricas) que a idade de prata da universidade alemã nos legou ao longo de todo o século XIX. Um jogo que, justamente por ser um jogo, nos libera de todo o peso da repetição.

Por exemplo: Deleuze/Derrida/Foucault, representados como repetição de Hume/Kant/Hegel. Trata-se de um jogo, vale a pena lembrar. É somente jogando que anularemos as ressonâncias reacionárias que se opõem a uma nova percepção da história.

Deleuze, então, *in primis*: a desarticulação de qualquer hipótese de categorias e soluções dialéticas, assim como Hume foi o destruidor de toda possibilidade de categorias e de soluções causais. Ou ainda: Deleuze como destruidor de qualquer máquina de individuação, de qualquer consistência cartesiana do Eu, assim como Hume o foi de toda forma de Substância. E ambos como inventores de uma crítica empírica e constitutiva da imaginação. Esse radical aplastar do ser, esse reencontrar da ontologia destrói toda pretensão neokantiana de diferença entre intelecto e experiência, desenraiza qualquer genealogia subjetiva do ser e se abre para o problema da reconstrução de um novo terreno ontológico.

Eis que Derrida emerge nessa junção. Ele se debruça sem timidez sobre a superfície do ser, oferece-a como uma compacta constituição materialista, assume a relação percepção-intenção-linguagem do pensamento fenomenológico e a concentra em torno do conceito de realidade. Para Derrida, o transcendental é levado para a imanência, o fenomênico ao númeno, a coisa em si desmascara-se e apresenta-se como mundo. Derrida tem êxito na tarefa prescrita e parcialmente levada a cabo por Kant, prisioneiro de um projeto fenomênico e de crítica transcendental. Ora, nesse ponto, aquele mundo compacto pode ser desconstruído. Novamente se apresenta à cena o Kant crítico, mas agora construtivo. Uma cena em que os conceitos assumem figura lampejante, uma subjetividade imersa na suspeita da existência, um ser com dificuldade para se formar. E assim a cena histórica é ocupada por espectros. Derrida não os detém, mas os conduz ao proscênio, lá onde (forte reminiscência marxiana) eles aterrorizam os lógicos e fenomenólogos obstinados em fixar o ser – os príncipes e reis a dobrar o espírito e as paixões sob seu domínio.

Por fim, Foucault. Nessa comédia, ele pode ser representado como o autor de uma operação hegeliana, tanto simples e radicalmente inovadora quanto havia sido a do filósofo de Stuttgart: assume a história como terreno material e a desloca para o terreno da ontologia produtiva vivida como práxis constitutiva. Novamente, portanto, *Weltgeschichte als Weltgericht*[147], a história do mundo com juízo e justiça do mundo? Certamente não. Aqui a comédia se dissolve em pura *fiction*, pois a práxis que constitui e atravessa a ontologia da atualidade não é de forma alguma superficial, nem numênica nem transcendental. É, precisamente, constitutiva. Em Foucault, ela é

147 N. do T.: A história do mundo como tribunal do mundo.

articulada entre dois polos. De um lado, o polo histórico, encarnação de uma "historicidade" da qual se remove qualquer origem teológica e sentido teleológico. De outro, o polo da subjetivação, liberado do quiasma imposto por um qualquer procedimento ou *Aufhebung*, dialéticos e opressivos, mesmo quando a dialética se quer negativa, kojeveana. Estamos finalmente depois de 68. O que apresentamos como comédia revela-se, se não como tragédia, como realidade.

3. Com Foucault, sentíamos a necessidade de uma nova geração de discurso político para transformar o mundo. Era urgente a mutação radical de paradigma epistêmico que correspondesse às novas determinações da ontologia do presente. Um terreno difícil que nos afastava do marxismo como teoria do materialismo histórico, como positivismo de um futuro necessário – entretanto nos punha ao lado de Marx quando, organizando as lutas, nos movíamos dentro e contra um capitalismo em vias de transformação.

Não era então inútil alargar o quadro e deslocar a relação Marx-Foucault – a qual intuíamos ser consistente em algum lugar dentro do desenvolvimento da história europeia –, detendo-nos antes de tudo no *momento-Marx*, considerando-o como construção (nos anos fatais seguintes à insurreição da Comuna de Paris e à fundação do *Reich* alemão) de uma filosofia da revolução contra a qual o fogo do poder se descarregava por inteiro (e também o da filosofia universitária). Lembremos, não é um episódio único e bizarro, mas a norma prescrita pela luta de classes levada pela classe dominante. É uma reação que se repete sempre e é quando as lutas das classes subordinadas fazem tremer o poder. Dou somente um exemplo, o do que ocorre após a Reforma Protestante. De um lado, a ação repressiva da Contrarreforma; de outro, a dissolução da própria Reforma do seu interior. Quando os camponeses se rebelam sob a inspiração de Lutero são massacrados com a sua bênção. Podemos continuar contando até o infinito essa história – ela se repete até hoje, quando as primaveras da liberdade se abrem e em seguida são fechadas por termidores ferozes, reprimidas e justiçadas em nome da Ordem. Marx e sua teoria, portanto, colocando-se do interior da experiência vivida da luta de classes proletária, serão inevitavelmente combatidos e reprimidos pelo poder, e difamados pelos censores universitários.

O *momento-Foucault*, por seu turno, desenvolve-se após 68 com os que consideram necessária a reforma do sistema político e ideológico desde o pós-guerra, e sobretudo contra os que procuraram tolher da política democrática – e da luta de classes – toda pulsão subversiva, toda dimensão crítica e decisão teórica de revolução. Em resumo, toda subjetivação. Nesse quadro, ele nos diz: é preciso mudar a si mesmo, é preciso lutar pelas necessidades, lutar na esfera micro, construir em torno dos desejos uma política da vida contra o poder que sempre mais se reproduz dentro da vida e, ao mesmo tempo, contra ela. A reforma muda nosso destino. A subjetivação da luta reabre a história.

4. Ora, a história, sobretudo a da filosofia, é, afortunadamente, um "campo de batalha" onde se confrontam ideologias – ou melhor, formas de vida – abstraídas do saber filosófico e transformadas, tornadas novamente concretas enquanto experiências de um pensamento singular e de corpos ativos. Assim, a história da filosofia, a exemplo da história em geral, apresenta-se como uma descontinuidade, excedente-ações-reações [*eccedenza-azioni-reazioni*], abandona seus cadáveres no terreno e exalta seus heróis, como em todas as batalhas. Se agora voltarmos atrás e nos colocarmos no interior do debate filosófico alemão que dominou a Europa entre os séculos XIX e XX, é certo não se tratar somente das presenças reacionárias – as que previram o destino e o declínio perversos do Ocidente para exaltar a aventura fascista de uma redenção heroica! Sobretudo com relação ao pensamento sobre a história, há autores e forças (de

Dilthey a Max Weber, para não falar de Nietzsche) que acertam as contas com a reação estatal e universitária contra a luta de classes e com a redução da história a destino. Autores não necessariamente progressistas que procuram compreender a natureza expansiva do processo histórico e cunham o conceito de *Geschichlichkeit* para exprimi-la, arrancando-o da teologia e do transcendentalismo. Afirmação de uma historicidade concreta na qual se colhe não tanto a *história rerum gestarem* quanto as *res gestae*. Eles querem colocar-se no campo de uma ontologia da atualidade e lá viver uma dialética de oposições não resolvidas e progressivas. Assim querem assinalar o alçar voo da liberdade; aceitando o risco, todos os riscos de uma obra de liberação.

Nessa experiência, a fase da filosofia alemã a que a academia se contrapõe criativamente (atentemos, por exemplo, para a obra de Dilthey), dominam alguns estilemas, reelaborados em continuidade e com tonalidades positivas. O primeiro é o sentimento da crise e da anarquia dos valores que o afirmar do capitalismo determina. "O capitalismo pode fazer e desfazer a seu bel-prazer, assemelha-se a uma besta de mil olhos e garras sem consciência que pode ir aonde quiser" (Dilthey). Um segundo motivo do confronto com tudo o que ocorre de reacionário consiste em uma forte reivindicação das Luzes. Não do Kant das *Críticas*, mas do Kant arauto da revolução, que propõe as Luzes como terreno e percurso progressivo e indefinido do conhecimento. *Sapere aude*! Em terceiro lugar advém – é inevitável – uma experiência de ruptura, um excedente expressivo que pode ir além do *Erlebnis*, da experiência vivida, que sabe se estruturar na compreensão temporal da vida e projetar-se na sua reprodução, em um dispositivo reconstrutivo do mundo da vida.

Assim, a crítica da razão histórica torna-se a base de uma genealogia constitutiva. O quarto elemento consiste na qualificação do excedente, uma qualificação que se quer intensiva e produz subjetivação, que se quer igualmente extensiva e reafirma o humanismo, não tanto como universal, mas como comum. Humanismo que se impõe no mesmo momento no qual se declarou a "morte de Deus" ("morte do homem"), como sujeito hipostático da metafísica ocidental ressaltando a imagem de um "outro" homem que constitui sem certezas – mas com que energia! – a própria obra na história. Por fim, afirma-se a relação história-sociedade. A história não é contemplada, mas movida. A sociedade é estruturada pela ação. A historicidade como horizonte e o tecido do agir são sempre atravessados por uma presença coletiva.

Tal experiência teórica da "historicidade" é traduzida na França no final da Segunda Guerra Mundial: é o chamado "marxismo ocidental" que porta a ontologia da historicidade para o pensamento francês. Merleau-Ponty, retomando o Lukács de *História e consciência de classe*, incorpora a subjetividade à história sem fazer dela um epifenômeno nem hipostasiar o sujeito: "Nós pomos a história em forma segundo as nossas categorias, mas as nossas categorias em contato com a história se liberam da sua parcialidade. O velho problema da relação entre sujeito e objeto é transformado e o relativismo superado quando o colocamos em termos de história, pois aqui o objeto são os vestígios deixados por outros sujeitos, e o tema, a compreensão histórica presa no tecido da história, é por si mesmo capaz de autocrítica... Dominada por uma ideia de verdade sem condição." "É o marxismo incorporando a subjetividade à história, sem fazer um epifenômeno, é o núcleo filosófico do marxismo, o seu valor como cultura e o seu significado revolucionário. É o apoio mútuo desses elementos." As relações consciência/"produzida" e consciência/"produtividade" se mantêm unidas. Assim se conjugam na experiência francesa do pós-guerra as experiências que combateram a neutralização e o exorcismo das forças resistentes na história mais recente do capitalismo, as quais haviam permitido liberar a vitalidade do saber revolucionário.

5. Devo admitir, não poderia definir esse percurso filosófico – nem o tornar meu – se não tivesse tido a possibilidade de mover-me entre a Itália e a França nos anos 1970, quando houve uma estranha complementaridade entre os dois países: o que advinha das lutas na Itália era traduzido em filosofia na França. Na Itália tínhamos vivido uma história, ou melhor, uma ontologia produtiva de lutas e uma práxis constituinte de um mundo novo. Com a imersão naquela experiência reencontrávamos a continuidade do pensamento marxista e a sua intersecção com as determinações que a nova filosofia francesa produzia. A compreensão tinha aqui o efeito de uma passagem. Não somente uma passagem de país a país, mas uma passagem histórica por uma derrota – das lutas na Itália e colapso do socialismo revolucionário na Europa. Ao mesmo tempo, o renascer de um discurso filosófico pondo um sujeito constituinte, ou seja, a plena subjetivação da nova composição de classes no centro das lutas e dos processos de transformação naquela época.

6. Voltemos a Foucault, a 1977, ao momento no qual o li e apropriei-me dele, à leitura de suas grandes obras e à proximidade de seus assistentes e amigos. Naquela época, eu frequentava a ENS[148] e o *Collège*[149]; percebi o alcance das *Lições* que dava naquele período. Foucault estava reinventando a história do capitalismo, descrevendo suas mutações e com elas as figuras da soberania. Mas a coisa fundamental estava menos nessa descrição do que no método que desenvolvera, que rompia com as amarras estruturalistas e adentrava em um pensar por meio dos dispositivos, ou seja, uma análise pela base da existência antagonista para compreender o por-vir [*a-venire*] dos

148 N. do T.: Negri ministrou, a convite de Althusser, um curso na ENS de Paris entre 1977 e 1978, intitulado *Marx oltre Marx*, publicado em 1979. Cf. *Marx além de Marx*. Trad. Bruno Cava. São Paulo: Autonomia Literária, 2016.

149 N. do T.: Negri refere-se ao *Collège de France*, onde Foucault ministrou cursos entre 1970 e 1984.

mecanismos da soberania ou, invertendo o ponto de vista, em uma análise a partir do alto para compreender os mecanismos da resistência. Não havia comando sem resistência e vice-versa. E ainda: esse entrecruzar de dispositivos revelava sempre o excedente de liberdade, de subjetivação. A vida era assumida no poder, mas estudava-se tal relação visando à possibilidade da sua ruptura, o desencadeamento, a liberação de um excedente de subjetividade.

Aqui, me encontrava novamente seguindo Foucault como militante, reconhecendo em Foucault o desenvolvimento de algumas intuições marxianas fundamentais, a sua livre reelaboração. Trata-se do conceito foucaultiano do "biopolítico", que vale como aquele marxiano da "subsunção real" da sociedade no capital. Em seguida trata-se da passagem foucaultiana dos sistemas disciplinares aos sistemas de controle, que esclarece de maneira definitiva a transição do modo de produção fordista ao pós-fordismo. E ainda muitas outras coisas, entre as quais se exalta a concepção do biopolítico como tecido de reprodução da sociedade e da circulação das mercadorias (não somente materiais, mas, sobretudo, imateriais: conhecimento, saberes, afetos etc.) como horizonte aberto de produção de formas de vida. Todas e cada uma dessas categorias (e muitas outras, sempre inspiradas em Foucault) foram usadas por Michael Hardt e por mim em *Império*, *Multidão* e *Bem-Estar Comum* para descrever as peripécias da soberania e para construir a narrativa da passagem do Estado-nação (e do concerto entre Estados-nação) ao modelo global (imperial), e dos conceitos antropológicos e políticos do individualismo à definição da multidão como conjunto múltiplo de singularidades.

Além disso tudo, um marxista (mesmo um estranho e heterodoxo como eu) se obriga a Foucault para se abrir à solução de dois problemas fundamentais: o da definição de *poder* e o da experimentação, das genealogias e dos movimentos da *subjetivação*. Sabemos como Foucault define o poder: uma ação sobre a ação dos outros. Aqui estamos no seio daquela dialética do capital que, se permitiu a

Marx construir o seu modelo compreensivo do capitalismo, permite a nós – seguidores de Foucault – ver como capital e poder se unificam também conceitualmente e constituem um quiasma entre duas ações contraditórias, forçadas a se unirem sendo, todavia, intransitivas: capital constante e trabalho vivo – relação de força na qual a duplicidade das funções não é jamais equilibrada nem equiparada, pois é somente o trabalho vivo que produz valor. O mesmo vale para o poder: comando e resistência constituem um par no qual não se sobrepõem. Não há contrato que possa conciliar ambas as realidades e não há transcendência que possa unificá-las, compreendendo-as. É o movimento da resistência no seu embate com o poder produtor – *res gestae* – da história, que a seu turno dá o sinal de um eventual progresso comum da humanidade.

O tema da subjetivação é bem complexo em certos aspectos. Em minha leitura de Marx, sobretudo em *Marx além de Marx*, desenvolvo o tema da subjetivação como consciência – conhecimento da tendência, tomada de consciência, ciência. Abordagem insuficiente, mesmo se – em um período de hegemonia cultural do marxismo como foram os anos 1970 – facilmente compreensível e eficaz. Foucault repropõe o tema – com certeza mais corretamente e de modo totalmente materialista – como um problema do corpo. Conhecimento, vontade, cuidado, tecnologias – o corpo está no centro da pesquisa, do diagnóstico e do dispositivo de ação (marxianamente: da investigação, da ciência e da tendência, da consciência política e da luta). Logo, subjetivação como ação que incide e transforma (coletivamente) o ser?

7. Nesse terreno afloram novamente críticas que não são de pouca monta. De ambos os lados. Sem levarmos em conta as infinitas variações entre um e outro, temos uma primeira crítica atacando a biopolítica foucaultiana como uma teoria tardia do ser mutante e/ou ativamente constituído-transformado: lá onde, *a contrario*, o ser e essa modalidade de transformação teriam "sempre" sido produzidas pela natureza, na vida. De onde se conclui que o "sempre" reduz toda modificação, toda transformação a uma partícula insignificante: a história não deve sobrevalorizar aquilo que pode realizar, ela permanece uma variação da natureza. Tal é a linha que percorre, por exemplo, a crítica de Bruno Latour na tentativa de mostrar o quanto a antropologia da vida ultrapassa (supera ou "revoga" no sentido hegeliano) a historicidade do mundo. Uma "cosmo-política" substitui então a biopolítica. Glorificação da impotência do agir? De todo modo sim, trata-se de toda forma da afirmação de um "processo sem sujeito", tanto mais negação de qualquer subjetivação, uma forma de estruturalismo reestruturado em um horizonte naturalista.

Além dessa projeção sobre um fundo natural infinito e indeterminado, no Ponto do outro extremo, o biopolítico é confrontado à consistência do indivíduo, à individuação de seus componentes ao invés da subjetivação da sua potência. E na história/transformação do biopolítico são postos no centro os indivíduos, ou melhor, o indivíduo. É a leitura liberal do biopolítico. Há vários autores que começaram, com maior arrogância, a medir forças nesse terreno duplo. São muito diferentes e tão semelhantes entre si. Diferentes, opostos, na definição da vida: espinosanamente falando, uns são fascinados pela substância, outros pelos modos. Semelhantes no fato de negar o sentido central da ontologia constitutiva foucaultiana, a *produção*, a história como produto do poder e da resistência ao poder, a historicidade como tecido de diferenças. Na realidade, em ambas as posições, na liberal individualista e na antropológica de Latour, há algo de idêntico: o conceito abstrato e profundo de natureza vigente na antropologia e o de uma natureza individualizada e isolada vivendo nos autores da revisão liberal de Foucault. Mas não é justamente essa ideia de natureza e de uma identidade profunda, absoluta em todas as suas variações, o fetiche fundamental da ideologia ocidental?

Para nós, o biopolítico vive e é definido como oposto ao biopoder, ou seja – e penso nos termos do materialismo espinosano – a potência oposta ao poder. É essa linha que avizinha Foucault não somente de Marx, não apenas do marxismo ocidental no qual crescemos, mas da linha do materialismo produtivo que incorpora em um bloco uma ontologia realista e uma política transformativa.

8. É a partir dos cursos de 1977 e 1978 que Foucault move-se decididamente nesse terreno. Proponho determos nossa atenção nos cursos que duram até 1984[150], ano da morte do filósofo. Foucault aprofunda a articulação entre política e ética, debruçado sobre uma "relação a si" que ele desenvolve contra toda redução individualizante e toda recuperação do sujeito cartesiano. Define um sujeito coletivo imerso no processo histórico. É uma nova sequência que se determina, aquela que vai do "eu" ao "nós" – um "eu" que não se reconhece senão por meio do "nós", que escapa a qualquer universalização para determinar-se como singularidade, que foge a toda abstração para revelar-se como concreto. O "nós" alarga-se, digamos, em uma multidão de singularidades e é somente nesse circuito de afirmações singularizadas que o processo de subjetivação pode se dar. No jogo que se abre diante da tentativa do capitalismo de construir o sujeito, lembremo-nos que o capital é sempre uma relação, e, portanto, a constituição capitalista do sujeito não é reconduzível a uma fixação indivisa do próprio sujeito, o poder que intenta plasmar o produtor encontra-se diante de um sujeito produtivo, de modo que resta inconclusa e intransitiva a relação que aqui se propõe. Foucault insiste na destruição do "eu cartesiano" no desenvolvimento dessa luta pela subjetivação constituída na ontologia do presente. Insiste no fato de o "si grego" não ser o "eu cartesiano", e na ética expressa por tal singularidade não ser, em nenhum

150 N. do T.: Nos anos letivos de 1977-1978, Foucault ministrou o curso *Segurança, território, população*, que versa sobre a biopolítica e os dispositivos de segurança e inaugura a chave analítica do governo, governo político, governo de si e governo dos outros. Em 1982 e 1984 ministrou dois cursos intitulados *O governo de si e dos outros* e *A coragem da verdade*. Desta vez as análises recuaram até a Antiguidade grega e romana.

caso, fechada na relação de poder, pois sempre a rompe, excedendo-a.

Foucault traz o conceito de singularidade construído por Deleuze, que o retirou da história – o remete novamente à história e o redefine dentro daquelas séries opositivas que não se fecham, mas abrem a relação entre ética e fazer até o descentramento do processo de subjetivação em um terreno francamente político. As parábolas "cínicas" que Foucault retoma como exemplo desse processo de subjetivação convergem todas à colusão do "dizer o verdadeiro" com o "fazer o verdadeiro"[151], com uma afirmação de liberdade que é um fazer a si mesmo na liberdade. Aqui novamente a relação entre poder e resistência revela-se irredutível e intransitiva porque a liberdade é irredutível e intransitiva. Assim, a ontologia crítica foucaultiana confronta-se com o presente e nos reconduz a Marx, para quem a relação entre capital e trabalho vivo é igualmente irredutível e intransitiva.

9. Muito já se falou do "retorno a Marx" no início do século XXI na pesquisa sociológica, nos estudos literários não só *da* como, também, *sobre* a pós-modernidade, sobretudo nos estudos históricos e políticos pós-coloniais. Também, mais ainda, na política. Não tanto na ciência política quanto na política razoada e vivida nas lutas em que – contra o neoliberalismo – redescobriu-se a luta de classes e – contra a globalização financeira – se descobriu as razões do comum. Donde a crítica da soberania, do governo, do direito e da administração como conceitos-príncipes da modernidade – observando como em cada um desses planos de experiência alinhavam-se formas rígidas de organização da exploração. Todavia, voltar a Marx é possível somente se afastando do Marx tornado dogmático no *Diamat*. Foucault nos ajuda muito nesse ponto. Logo, transplantar a *economia política* marxista na *crítica* foucaultiana permite uma forte inversão histórica e um

151 N. do T.: Sobre esses dois elementos (nos termos de Foucault, *parresía* ética e *parresía* política), cf. *O governo de si e dos outros* e sobretudo *A coragem da verdade*.

livre juízo político, e então proceder a um só tempo na construção da ontologia da atualidade e da subjetivação de classe como base de toda nova *doxa* marxiana. Aqui a dialética da exploração poderá ser descrita com referência às atuais condições históricas de exploração do trabalho e da extração financeira do lucro, de socialização e globalização do capital, nas quais os processos de emancipação fazem, por seu lado, se destacarem novas figuras subjetivas e novas formas de luta. Aquele trabalho vivo que construiu o mundo também o reconstruiu – e aqui se configura, de modo original, como *tecido biopolítico*, tendo conquistado nova potência. O trabalho vivo tornou-se trabalho intelectual, cognitivo, afetivo, cooperativo. A abstração do trabalho determinou um novo par antagonista: dinheiro e *General Intellect*. Mas agora, a partir dessa nova subjetivação histórica do proletariado, podemos nos confrontar com o novo sofrimento e a nova escravidão do trabalho, e começamos a opor-lhes a nova produtividade proletária. O romance do trabalho vivo deverá então ser reescrito, no *General Intellect*, assim como Marx havia feito em seu tempo, dando-nos no *Capital* o sumário do desenvolvimento capitalista. Graças a Foucault foi possível nos relançar no trabalho sobre Marx.

10. Precisamos de uma nova geração de discurso político revolucionário. É urgente a mudança radical de paradigma epistêmico correspondente às novas características da ontologia do presente. É o terreno sobre o qual doravante deveremos aprofundar o discurso e é esse o terreno sobre o qual – entre Marx e Foucault – procuramos desenhar uma linha significante permitindo incrementar a reflexão filosófica e política. Um terreno difícil porque é um terreno *post*, ou seja, para defini-lo não basta olhar o passado e ao mesmo tempo observar – mesmo com argúcia – o presente. É preciso, ao fazê-lo, visar o futuro, aceitar mover-se (com todos os riscos implícitos) utilizando um dispositivo projetado sobre o advento.

ANEXO 2

AUTONOMIA E ORGANIZAÇÃO - ASSEMBLEIA NA CASA DO POVO COM TONI NEGRI

Agradecemos muito a Silvia Herval por ter gravado esta intervenção de Toni Negri no dia 29 de outubro de 2016, que foi, depois, transcrita por Philippe Scerb e Jean Tible e traduzida por Fábio Zuker. Texto também publicado no Jornal Nossa Voz n. 1018 (Casa do Povo).

O projeto político do neoliberalismo, a partir dos anos 1970, é um projeto fundamentalmente relacionado a uma reorganização do trabalho e da força de trabalho ao redor do mundo. [Esse projeto] consiste em fazer trabalhar a sociedade como um todo, e não apenas as fábricas, que, através da automatização e da robotização, são cada vez mais esvaziadas. Como se faz para lutar contra o fato de que o capital hoje retira, extrai sua valorização de toda a sociedade, das relações sociais, da vida, da educação, da saúde, de qualquer lugar onde exista trabalho social (inclusive o trabalho das fábricas), enquanto integrante da sociedade? Como se faz para lutar contra isso? Eu já sou velho, e venho de uma experiência que foi aquela da autonomia nas fábricas; foi uma autonomia contra os patrões e contra os sindicatos para determinar uma ruptura frente ao sistema salarial que dominava a nossa vida, a vida dos trabalhadores.[152] Hoje, o problema

152 N. do T.: Operaísmo, ou autonomismo operário, é um movimento político nascido no final de 1950 na Itália, e que se exprime nos anos 1960 através das revistas *Quaderni Rossi* (Cadernos Vermelhos, em português) e *Classe Operaia* (Classe Operária). O movimento vive uma fase de expansão nos anos 1970, e hoje ocupa um lugar central nos

consiste em como fazer para ganhar essa batalha contra a exploração social. É por isso que movimentos como os de São Paulo sobre o transporte público [Movimento Passe Livre – MPL] são tão importantes. São lutas que sinalizam um lugar estratégico, que promovem uma ferida na acumulação capitalista.

As experiências de lutas sociais são muitas e muito vivas. Pensem, por exemplo, naquilo que ocorreu a partir da primeira onda a colocar esses problemas, que começou em Seattle, em 1999, e terminou em Gênova, com um enfrentamento dos novos proletários contra os patrões do mundo – ou seja, o G8.[153] A segunda onda é a que começou em 2011. Diante dessas situações temos uma série de respostas capitalistas cada vez mais fortes, cada vez mais duras. Por quê? Estamos no limite da capacidade capitalista de se reproduzir nas formas neoliberais. É verdade. É verdade que eles perderam... Eles, os patrões, eles, os capitalistas. Perderam a relação com a sociedade. A questão de um mecanismo de acumulação social se revelou muitíssimo mais difícil que aquilo que eles podiam pensar. Eles fecharam as fábricas porque elas foram tomadas por lutas cada vez mais intensas. Lutas

debates políticos e filosóficos internacionais, que decorre da interpretação dos escritos feitos pelos presos políticos italianos durante o período em que estiveram encarcerados, nos anos 1980, pela participação em diversas formas de resistência à implantação do neoliberalismo nascente. Com suas origens na necessidade de se repensar o papel central dos operários na política após a Segunda Guerra Mundial, e afastar-se da predominância dos partidos e sindicatos, o Operaísmo passa, ao longo dos anos, por uma série de transformações e atualizações, acompanhando (e por sua vez influindo sobre) as próprias mudanças nas formas das lutas e das formas de dominação políticas.

153 Toni Negri refere-se aqui ao surgimento de novos movimentos sociais e novas formas de protesto no final dos anos 1990 (ainda na ressaca do chamado fim do socialismo real) que marcam o movimento antiglobalização em oposição à implantação de uma série de reformas neoliberais. Os protestos aos quais Negri se refere são, especificamente, os atos ocorridos durante o encontro da Organização Mundial do Comércio em Seattle (Estados Unidos) em 1999, e em Gênova (Itália), durante o encontro do G8 em 2001. A proliferação de diversos Fóruns Sociais Mundiais nas últimas décadas e os recentes protestos em Hamburgo durante o encontro dos G-20 (julho de 2017), podem ser compreendidos em uma linha de continuidade.

marcadas pelas continuidades socialistas – ou melhor, na direção do comunismo. E a partir deste momento eles tentaram reconquistar o controle do sistema por meio da dominação financeira do mundo. Hoje em dia, aqueles que comandam as indústrias não são os industriais, nem os técnicos que sabem como fazer funcionar as fábricas. São os chefes da moeda, os patrões do dinheiro, os patrões financeiros. E aqueles que comandam as cidades são as mesmas pessoas, são simplesmente os especialistas na lógica de acumulação, ou seja, de extração do lucro da cidade imobiliária, fundiária. Eis quem são os que dominam.

É evidente que o socialismo em todo o mundo terminou. Terminou suas funções de representação das classes trabalhadoras, das classes subordinadas. Não existe mais para o socialismo a possibilidade de ser a representação do que hoje é a classe trabalhadora: a classe dos trabalhadores materiais, operários, e classe dos trabalhadores intelectuais, cognitivos. O fato de que cada vez mais pessoas vão à escola é uma coisa boa, mas deve-se ter claro que eles estão se tornando cada vez mais a força de trabalho fundamental. É ótimo que existam essas lutas nas escolas[154], mas é necessário relacionar esta luta à perspectiva de suas vidas futuras, em que estes estudantes serão operários. Se a vida se tornou um trabalho, deve-se compreender como se pode lutar contra o trabalho na vida.

Porque este é um problema enorme não podemos partir da autonomia. A autonomia ainda não é uma posição política. Se a social-democracia acabou, deve-se encontrar um método para reinventar a esquerda. Eu sou contra aqueles que dizem que já não existe esquerda nem direita. Sempre haverá uma esquerda e uma direita. Uma direita fascista, no limite, e uma esquerda libertadora.

154 N. do T.:Movimento secundarista que se organizou em 2015 para conter as propostas de reorganização escolar do governo de Geraldo Alckmin (PSDB-SP) e contra os desvios de verba para merendas em 2016, ocupando escolas, realizando atos nas ruas e colocando em pauta os modelos de organização educacional.

Enquanto houver relações de força, existirão relações de luta. Hoje devemos dizer que a esquerda socialista acabou. Mas devemos reconstruir a esquerda, temos que erguê-la, e temos que fazê-lo juntos, determinar uma força, uma força material. Mas como fazer isso? A coisa é bem simples: trata-se de fazer *autonomia*. E o que significa fazer autonomia? Significa trabalhar com as pessoas, próximo da população. Não se pode falar disso sem estar próximo da população, sem fazer pesquisa. Quando eu era jovem, dizia-se "que quem não fez pesquisa [trabalho de campo], não tem direito de falar". Ou seja, ter contato direto com a classe trabalhadora, e a classe trabalhadora não é apenas aquela das fábricas, é a que está na fábrica, mas também nos transportes, nos hospitais, na escola, nos escritórios, etc. Então é necessário fazer pesquisa, ter contato.

A cada dia podemos nos perguntar "quem são meus vizinhos?", "o que fazem meus vizinhos?". Esse discurso sobre os vizinhos é formidável, porque significa organizar, participar. Mas organizar não é algo que vem de cima, e sim algo que vem de baixo. É a capacidade de dizer coisas junto, de construir momentos em comunidade. E isso é algo fundamental, isso é "fazer autonomia". E depois, devemos estudar quais são os momentos difíceis que encontraremos diante de nós. Construir um com o outro, nos informar, ter a capacidade de comunicar. Disseram [durante a assembleia] que existem escolas em luta, mas se as pessoas não sabem que estas escolas estão em luta, deve-se comunicar e superar a evidente falta de informação que o mundo capitalista determina.

É necessário também refletir sobre o uso da força. A força foi fundamental em toda organização da autonomia. Não existe a possibilidade de lutar contra os patrões, de lutar contra o capital se não temos a força suficiente para fazê-lo. Organizar a força significa fazer greves, organizar lutas, organizar manifestações. Ser capaz de responder às provocações deles, às provocações dos patrões e do Estado. Devemos ser capazes de juntar a todo momento o nosso conhecimento acerca do inimigo e a reflexão sobre os elementos que constituem a nossa força. Porque nós somos a força: a autonomia é isso, nós somos a força.

O movimento operário é essa coisa gloriosa que nos precede há anos e anos... Há 150 anos. Como ele se formou? Ele se formou através das comunidades, das cooperativas, das associações, através das greves, através da greve geral, através do exercício da força. Depois, através da organização dos partidos. Nós ainda estamos nesta fase da autonomia. Devemos ser realistas: estamos no interregno, em um período de passagem entre a civilização tal qual a conhecemos e uma civilização por vir. Entre o capitalismo e aquilo que vem depois. Estamos em um período de crise, em que devemos inventar nosso futuro, nosso porvir. Mas trata-se de um período longo, e estamos aqui para construir essa coisa nova. Não devemos delegar o nosso poder aos outros, mas intervir de uma maneira direta.

Em tudo isso existe o porvir, não apenas o presente. Mas para isso devemos fazê-lo do interior. A autonomia não é uma palavra; é fazer, fazer, fazer sempre. Construir sempre, é essa a coisa. Um trabalhador que foi demitido da fábrica, é necessário ajudá-lo a voltar, se possível. Senão, ajudá-lo a ir para outro lugar, organizar com ele outras formas de cooperação. Fazer isso em todos os níveis. Somos inteligentes, somos trabalhadores cognitivos. Podemos criar, por exemplo, plataformas informáticas que nos ajudem a reunir pessoas em colaboração. Por que os patrões criam o Uber e nós não somos capazes de organizar coisas assim? Esta é a passagem à organização. Devemos ser capazes de utilizar todos os instrumentos que existem. A luta, a autonomia, não é somente lutar e destruir, é construir uma nova imaginação, uma nova narrativa. E, sobretudo, novos meios de produção, novas formas de produção.

Um programa é algo que se desprende das lutas, pois ele não é concebido previamente; é algo que emerge das lutas. Mas o que são, então, essas coisas que começam a surgir das lutas? Eu acredito que existem muitas coisas absolutamente fundamentais e que já emergiram, não apenas aqui, mas por todos os lugares onde existem essas novas construções de organizações revolucionárias. Isso não significa que fazemos a revolução com um fuzil. O fuzil é o momento em que eles usam a força. A revolução consiste em construir a força que não pode ser absorvida no capital. Então a primeira coisa é uma palavra de ordem: o *comum*. O comum vem antes de tudo, antes do mercado, e antes de todo o resto. Antes de tudo o comum é contra o privado. O comum é a forma na qual nós vivemos. Não existe possibilidade de apropriação capitalista e privada daquilo que nos congrega: as escolas, o sistema sanitário, tudo aquilo em que vivemos e em que nos construímos. Hoje, o capital quer, absolutamente, explorar e extrair o valor do comum que nós somos. Mas o comum vem antes da capacidade capitalista de se organizar. Uma cidade como São Paulo: quem a fez? Ela é horrível, não? Mas quem a constrói senão os encontros, o fato que as pessoas se juntaram? As pessoas, elas que construíram esta cidade, esta fábrica da qual são os [próprios] patrões. Compreender que o comum vem antes da organização capitalista da sociedade é um elemento fundamental, irredutível. E isso não é apenas algo que nos consola, que nos sustenta, mas que devemos desenvolver nas proposições das lutas, nos programas, na nossa imaginação do porvir.

Quando falamos do comum, devemos começar por recuperar os elementos que surgiram das discussões e das experiências dos movimentos. Entre estes está a questão da renda universal para todos. Nesta sociedade totalmente unificada pelo capital e pela exploração do capital – pois quando dizemos capital, dizemos exploração – a vida deve ser defendida, e a forma pela qual se pode, de maneira realista, defender a vida é simplesmente monetizando-a com um valor salarial. É brutal o que eu estou dizendo, não é uma bela concepção da vida. A vida é o tempo comprado pelo capital. Na vida, todos temos que ter um salário. Dizem que temos que ter um salário apenas se somos pobres. Não! Todo mundo deve ter um salário como um direito originário, como uma possibilidade de ser livre. Por outro lado, se conquistarmos essa renda universal, teremos muitos menos ricos, pois para criar os meios de pagar o salário universal tem que se retirar dos ricos. Podemos criar uma atividade social imediata: um salário incondicional é algo que corresponde ao sistema de trabalho. Não podemos trabalhar sem sermos pagos, isso se chama escravidão. Na Europa e nos Estados Unidos, por exemplo, essa reivindicação é um dos conteúdos fundamentais das lutas autônomas. Algo que aconteceu na Zuccotti Square, com as pessoas do Occupy [Wall Street], que aconteceu também na Espanha, com o movimento do 15M etc. Está por todos os lados. Devemos lutar por esta proposta, inclusive com todas as ambiguidades ao redor dela, para estarmos aí, mas com a força e a capacidade de contraposição.

Em segundo lugar, a escola. Vejam bem, em todos os países nos quais o neoliberalismo comanda, a escola tornou-se um elemento crucial. Em outras épocas eles não estavam nem aí para as escolas, faziam algumas para os operários e não passava disso. Hoje a escola é fundamental: deve-se fazer entrar na cabeça dos bebês que eles são construtores, empresários, pessoas que devem ter mérito para seguir em frente, que devem obedecer, e tudo isso. A escola tornou-se central; reformas estão sendo feitas por todos os lados. Eu não sei se as lutas que têm como lugar a escola no Brasil são lutas que já respondem a esse contexto mais geral. É evidente que existem diferentes posições e situações e que é perigoso unificar e homogeneizar as coisas, mas é claro que esta luta, ao redor da escola, é uma das presentes, imediatas e fundamentais de hoje.

Outro elemento central consiste em relacionar a luta da escola com a daqueles que realizam trabalho cognitivo. Eles são muitos, e hoje em dia trabalham todos em computadores, realizam pesquisas no contexto empresarial, nas universidades, nas cooperativas, em qualquer lugar. Estes trabalhadores devem unir-se e mostrar que, enquanto os patrões pouco se importam com o conhecimento, eles têm a possibilidade de se apropriar dele. Apropriar-se do conhecimento, não da ideologia do mérito do empresariado. É necessário desmistificá-la a fundo, e é possível fazer isso, porque hoje, a grande maioria das pessoas que realizam trabalhos deste tipo (ao menos na Europa e nos Estados Unidos) estão reduzidas à precariedade. E não podemos nos deixar iludir pela ideia de que saber é comandar, que saber é conquistar uma posição social que dê a possibilidade de ser poderoso contra os outros. Isso é algo que está completa e definitivamente terminado. Saber é poder, mas a coisa fundamental é que o saber pode se tornar um elemento revolucionário. Pois é sobre o saber, sobre a capacidade de imaginação, sobre a capacidade de juntar as pessoas, de formar comunidades, e então de fazer autonomia que tudo isso pode ganhar sentido.

Depois dos debates que tivemos aqui, poderíamos falar durante horas e horas, pois surgiu uma série de assuntos de extrema importância. Mas as duas coisas que me parecem absolutamente centrais agora são, de um lado, a saída das mulheres de sua condição patriarcal, e fundamental, sobretudo, a questão negra. Eu pude observar na França, com o fim do fordismo, depois da grande crise do trabalho industrial, os operários árabes ou negros que foram "guetificados" nas periferias da cidade, foram enclausurados sem trabalho nestas periferias, os chamados *banlieues*. E a esquerda faltou em absoluto quanto a esse fenômeno. Ela respondeu às necessidades da acumulação metropolitana em geral e os colocou para fora da cidade. Apartheid. Trata-se de um problema fundamental: na França é impossível reconstruir uma esquerda sem essas pessoas, que representam 10%, 12%, 15% da população.

Do Brasil eu conheço coisas muito bonitas, mas também coisas cruéis e muito duras, mas é evidente que é intolerável, sobre todos os pontos de vista (para mim é mesmo impossível dizer, é algo indizível), ver outra forma de colonialismo e de racismo escravocrata.

Para mim é algo impossível. E isso existe ainda no Brasil. E eu não tenho ideia de como se poderia sair desta situação. O significado de ser autônomo aqui deve ter, como ponto de partida a questão negra, o problema dos pobres e dos trabalhadores. Eles não são pobres indecentes, mas cidadãos e trabalhadores. Eu termino por aqui por que, eu juro, a cada vez que eu venho ao Brasil, esse país magnífico, não é mesmo? A cada vez que eu venho falar com camaradas absolutamente formidáveis, percebo neles uma certa reticência quando falamos destas coisas. Sim, muitas vezes. Eu lhes falo de minha experiência, vocês podem dizer que eu sou um imbecil que não compreende em profundidade a história do Brasil, mas é isso.

ANEXO 3

PARA ONDE VAI O PT?[155]

Após visita ao Brasil, o filósofo italiano marxista Antonio Negri analisa a crise constitucional, faz críticas ao partido e aponta a mobilização a partir de movimentos autônomos como caminho para a esquerda.

Como pensador, Toni Negri tem apresentado novas interpretações sobre as atuais configurações de poder e estrutura das sociedades. Aos 83 anos, tornou-se referência pāra análises de fenômenos bastante atuais, que vão da ascensão de um novo tipo de direita, mais agressiva e sofisticada, às mobilizações catárticas de resistência, tais como o movimento Occupy, nos Estados Unidos, os levantes da Primavera Árabe ou mesmo as mobilizações de junho de 2013 no Brasil. Entre as ideias que defende está a de que as formas tradicionais de organização política, como partidos e sindicatos, perderam importância em um cenário complexo marcado por alterações estruturais na produção e divisão de trabalho nas metrópoles. É nas ruas que surge a resistência mais ativa às novas ofensivas capitalistas de privatização de bens comuns, corpos, afetividades. Entender como se dá o fenômeno e saber lidar com a diversidade das multidões e suas demandas é fundamental para enfrentar a onda conservadora que assola o planeta e reorganizar a resistência em favor de uma sociedade mais democrática e justa. É a partir desse prisma que Negri faz sua leitura sobre a crise institucional que se abateu sobre o Brasil. Ele esteve em São Paulo em outubro

155 A tradução e publicação deste texto foram organizadas pela Fundação Rosa Luxemburgo. Trata-se da edição número 10 do *Ponto de Debate*. Tradução: Daniel Santini e Francesca Cricelli. Disponível em: http://rosaluxspba.org/a-multidao-de-negri-o-bem-viver-de-acosta-e-um-arabe-no-centro &: http://www.euronomade.info/?p=8460

de 2016, a convite da editora Autonomia Literária e da Faculdade de Filosofia Letras e Ciências Humanas da Universidade de São Paulo, e teve oportunidade de conhecer e conversar com integrantes de diferentes correntes do PT e de movimentos sociais, além de acadêmicos, estudantes e ativistas. Neste artigo, compartilha suas dúvidas e conclusões após a visita.

NOTAS SOBRE O BRASIL. PARA ONDE VAI O PT? PARA ONDE VÃO AS LUTAS?

Por Antonio Negri

Em viagem a trabalho para o Brasil, encontrei políticos e intelectuais brasileiros, apresentei a eles alguns questionamentos e recebi respostas distintas e às vezes contraditórias sobre a crise constitucional em curso e sobre a derrota do PT (em âmbito parlamentar e, por último, nas eleições municipais). A partir das respostas a essas questões, gostaria de tirar algumas conclusões provisórias. Meus interlocutores eram pessoas de esquerda, de uma esquerda brasileira hoje muito fragmentada. Primeira pergunta: por que o PT reprimiu as lutas que seguiam o modelo Occupy de 2013-2014, a ponto de desvirtuar o seu significado e permitir que a direita tivesse hegemonia sobre elas? A resposta que recebi dos expoentes do PT foi unívoca e terrivelmente decepcionante. Por parte de todos – este é um ponto realmente grave, por parte de todos sem nenhuma hesitação, sem qualquer arrependimento (ainda que muitas vezes com o embaraço da mentira) – obtive uma só resposta: esses movimentos ameaçavam desde o início a manutenção da nossa governabilidade. Não vou nem considerar comentários sem sentido, como quando alguém disse que as lutas de 2013 haviam sido inspiradas pela CIA, e isso não somente no Brasil, mas também no mesmo ciclo de Istambul e do Cairo. É claro que, a partir dessa declaração, evidentemente insensata, dá para concluir que o PT já tinha uma relação ruim com as populações metropolitanas, que, já envolvidas na crise econômica do país e tocadas pela inflexão neoliberal das políticas de Dilma, pediam desde 2013 ao governo e ao município uma mudança de linha.

A segunda pergunta foi: por que tantos jovens negros continuam morrendo? Não me foram dadas respostas sobre esta questão. Como sempre, desde que visito o Brasil, a questão segue completamente silenciada. A incompreensão dessa situação, a falta de vontade de assumi-la como problema fundamental, foi determinante na impotência do PT, não digo para resolver, mas simplesmente enfrentar o problema das favelas (fora da dinâmica do capital imobiliário), e agora precipitou um vazio de relações que não só permitiu, mas facilitou a entrada da direita religiosa (e não religiosa) em meio ao proletariado negro.

A função das igrejas evangélicas é subvalorizada em sua capacidade de organizar os novos estratos da classe média dentro e fora das favelas e isso permitiu a penetração ideológica da direita e de uma propaganda de "valores" totalmente subjugada a propostas reacionárias e/ou de restauração da moralidade etc. Provavelmente aqui está o nó de um dos pontos centrais da crise do PT, sua perda de contato (ou de alguma forma da capacidade de endereçar-se) com o proletariado negro do sistema industrial em crise (se não em dissolução) nas periferias das grandes metrópoles (nos Estados de São Paulo e Minas Gerais, particularmente). É dentro da ex-classe operária (dividida agora entre nova classe média e multidões desempregadas e precarizadas) que se revela a crise mais pesada para a esquerda – lá onde ela era hegemônica. A perda de hegemonia nesses estratos do proletariado metropolitano é sentida por quadros do PT como uma traição. Olha-se com espanto a emergência e afirmação de novos "quadros" negros da direita. Em suma, parece que há uma completa ignorância em relação às modificações estruturais na produção e na divisão do trabalho metropolitano – ao qual se agrega o abandono, como veremos, dos estratos proletários mais pobres.

A OFENSIVA DA DIREITA

Terceira pergunta: por que o PT não conseguiu responder ao ataque da direita (desde 2013) fazendo com que as organizações de massa ligadas ao partido também reagissem? Aqui as respostas mostram que também com as organizações tradicionais (a central sindical CUT, o movimento camponês MST etc.) a relação já havia se tornado irrelevante, ou talvez subsistisse apenas para fins de propaganda. Os sindicatos tornaram-se corporativizados, com os mesmos problemas que existem na Europa diante da ofensiva "empreendedora" do empresariado financeiro; o MST tornou-se frustrado pela recusa ou pela maneira lenta e contraditória das expropriações fundiárias (e, consequentemente, radicalizou-se em um surdo ressentimento em relação a um governo que não podia, contudo, abandonar para não ficar sujeito ao contra-ataque das forças do latifúndio agrário). Sindicatos industriais e rurais tornaram-se mecanismos de controle político e, possivelmente, até de repressão. Como pedir a estes uma reação organizada frente à prevalência da direita? Quanto aos movimentos sociais ou ao povo, estes também haviam sido duramente reprimidos.

Aqui provavelmente dá para compreender a conquista da hegemonia nos protestos metropolitanos por parte de uma nova direita que, pela primeira vez desde 2014, consegue levar às ruas centenas de milhares de pessoas em meio à ausência de qualquer resposta antagônica. O elemento que incendeia e permite à direita o predomínio nas ruas está ligado à campanha contra a corrupção que, de maneira conjunta, poder judiciário e grande imprensa desencadearam contra o PT, colhendo com perfeição ("a tempestade perfeita") o momento de crise no relacionamento do partido com a massa. O modelo utilizado para o ataque contra o PT por parte do poder judiciário e da grande imprensa é exatamente o mesmo que o da operação Mãos Limpas (o juiz Moro, que representa o centro da iniciativa judiciária, havia escrito e teorizado a respeito).

Duas breves reflexões sobre isto: a corrupção de boa parte das elites do PT nasce da necessidade de equilibrar a "maioria" no parlamento brasileiro, onde o PT nunca obteve maioria; complica-se, então, pelo apetite constituído no hábito da corrupção política de enriquecimento pessoal de muitos expoentes do partido. Trata-se, contudo, de corrupção generalizada do sistema político brasileiro: a força e a astúcia da direita (e do sistema jurídico/midiático) foi lançar a denúncia sobre o governo do PT. Parece que agora, para além do desastre do PT, a magistratura está endereçando-se contra setores da direita – sem, todavia, exercitar a mesma eficácia terrorista que se produziu em relação ao PT.

Seguem duas perguntas. Uma primeira: por que, com três presidências, o PT não lançou mão de uma reforma constitucional que garantisse a governabilidade sem a necessidade de se corromper? E em segundo lugar: por que, naquele mesmo período, não construiu um sistema de comunicação/mídia etc. que lhe permitisse pelo menos alguma defesa contra os dinossauros midiáticos (Globo, Folha etc.) deste país? À primeira pergunta, obtive respostas ambíguas e confusas. Para alguns, não seria possível mexer na Constituição de um país que acabara de sair de um longo parêntese ditatorial. Consequentemente, a ideia de governar por meio da corrupção, ou seja, retomando o hábito da direita, não parece ter perturbado o projeto do PT desde o princípio. Um sistema constitucional em que o presidente é eleito com 60% dos votos – tais os números do sucesso de Lula –, numa república federal semipresidencialista em que o Congresso e o Senado não alcançam – num sistema eleitoral quase proporcional – nunca a maioria (presidencial) necessária para o funcionamento legislativo e executivo, é um monstro constitucional, condenado à instabilidade e a negociatas contínuas – deixo que imaginem os métodos.

Quanto à questão midiática, muitos dos meus interlocutores foram menos reticentes. Parecia-me entender que houve, desde o início dos governos do PT, um acordo tácito de *fair play* com os conglomerados midiáticos: nenhum ataque a eles por parte do governo e recíproca lealdade por parte da mídia. Esse acordo se rompeu assim que a direita conquistou as ruas e a capacidade de expressar uma oposição orgânica. Naturalmente, não estou imputando à ingenuidade do PT a responsabilidade pela queda do seu governo, da sua força e, sobretudo, da perda de hegemonia. O problema está, evidentemente, em outro lugar, na incapacidade política de resistir à ofensiva neoliberal, de abrir uma resposta multitudinária (como aquela acenada em 2013 por parte dos movimentos metropolitanos), mas sem dúvida essas ingenuidades, que se tornaram estruturais, também não ajudaram.

CRISE ECONÔMICA E CLASSE MÉDIA

Uma nova questão: por que a crise econômica mundial foi percebida com tal violência no Brasil a ponto de se tornar incontrolável, ou seja, controlável somente com instrumentos neoliberais? Aqui a resposta foi mais precisa. Temos aqui os documentos, por parte do PT, que ilustram a situação. Dizem: ganhamos as eleições presidenciais de 2014 com uma campanha à esquerda (eu acrescento: tentando retomar o contato com os movimentos reprimidos em 2013), mas Dilma, apenas reeleita, inverte a sua política, intimidada pelas forças da crise e da recessão. Adota as medidas macroeconômicas clássicas, mas de uma tal maneira que, incidindo sobre as políticas energéticas, expõe os nervos das forças financeiras globais e delas provém uma dura reação.

Vou poupá-los aqui da narração do que seguiu, pois não é nada além dos acontecimentos, ou seja, a formação de um bloco de oposição que vê o partido tradicionalmente aliado ao PT (o PMDB) converter de súbito sua linha em termos neoliberais; uma tentativa de Dilma de corrigir a linha... Imediatamente rompida. É como dizer que a omelete neoliberal, timidamente provada, não caiu bem para o PT, mas, em vez disso, acabou imposta goela abaixo pela direita na forma de um "golpe de Estado" – uma direita agora capaz, eis a sua "novidade", de identificar políticas financeiras no cenário global e privilegiar medidas que simplesmente favoreçam os ricos, como fazia tradicionalmente. Mas como é triste ouvir homens que foram militantes, marxistas, companheiros de movimento interpretar tudo em termos de equilíbrio governamental e parlamentar quando perderam a oportunidade de relançar uma ação à esquerda e renovar o mesmo partido, pois reprimiram as lutas de 2013! Nota-se, além do mais, que em 2008 alguns deles haviam considerado que, diante da crise, tinham construído barreiras de defesa suficientes. Tratava-se, evidentemente, de uma ilusão. Mas estavam sinceramente convencidos de que haviam criado um ciclo independente do comando financeiro do Norte – um ciclo financiado pelo petróleo e defendido pelas alianças políticas dos Brics.

Outra questão: o que é esta bendita "classe média" que as políticas do PT no governo criaram e que – incompreendidas – teriam cometido o parricídio? Aqui as respostas que obtive levam todas ao ano de 2013. Para alguns do PT, 2013 foi um delito que o povo cometeu contra si mesmo, contra o poder popular – em suma, é como se uma besta imunda houvesse então se revelado... E se revoltado. É estranho como a incompreensão política das necessidades de "contrapoderes" ativos na sociedade pode se revelar letal para as forças da velha esquerda que se tornaram social-democratas! Há uma total incompreensão sobre a ação de minorias nas multidões ativas. Falando com ex-funcionários da prefeitura de São Paulo – já passada para a direita nas eleições recentes – que provocaram acidentalmente os processos de luta de 2013 ao se recusarem a reduzir o preço dos transportes, a minha percepção da incapacidade de compreensão dos mecanismos elementares do poder por parte desses burocratas foi confirmada.

Eles têm em mente uma dupla ilusão: que a legitimidade das lutas não pode ir além da fábrica e que as lutas sociais são antidemocráticas. Todo tecnocrata entende perfeitamente que a metrópole é, a esta altura, o mecanismo central da acumulação capitalista, que a partir dela ocorrem os processos de extração de mais-valia, mas não querem entender que a força de trabalho metropolitana deve ser, por esse motivo, de alguma forma reconhecida e eventualmente recompensada – que aquele "comum" metropolitano explorado deve ser, de alguma forma, "remunerado" (por exemplo, por meio da gratuidade do transporte numa metrópole de 38 milhões de habitantes, com uma extensão e com um caos que tornam a mobilidade cotidiana uma tarefa árdua).

Contudo, não há uma resposta precisa ao que seja essa fantasmagórica nova classe média. Sociologicamente, isso é o que já havíamos notado, trata-se de uma classe operária que evoluiu em novas formas de composição cognitiva e metropolitana, agora atacada pela crise e pelas políticas neoliberais, ela defende conquistas que acreditava ter adquirido e se rebela contra uma situação miserável que considera inaceitável. Politicamente, essa multidão metropolitana é a classe produtiva que quer ser reconhecida como tal. Os movimentos representaram uma espécie de introdução à política e esboçaram – numa aproximação ao poder – uma tentativa de exercício de contrapoder. Em consequência, o fracasso dos atos dos movimentos, decorrente da repressão, tolhe qualquer possibilidade de recuperação e mediação no governo da cidade: abre caminho para ações de reivindicação baseadas em poderes de mediação e de decisão não mais expressos pela vontade democrática nem sujeitos a um controle democrático. Seus instrumentos foram desconsiderados e/ou destruídos. Agregue-se que tudo isso acontece sobre um território de ruínas. Em São Paulo, simplesmente andando pela cidade ou em algumas periferias de classe média, a miséria transborda: miséria do tipo "indiana", pobres deitados pelas ruas – não se sabe se dormindo ou morrendo –, pedintes por todos os lados, violência noturna etc. Espetáculos intoleráveis.

A NOVA DIREITA

Nova pergunta: qual é o peso e qual é o jogo dos vários componentes da direita brasileira (a fascista antiga, a moderna neoliberal, a nova direita militante, o fundamentalismo evangélico, a direita católica etc.)? Se o elemento determinante da sublevação reacionária foi a classe média em crise, por que o foi e como? Vou poupá-los dos testemunhos de algumas pessoas, integrantes do PT, que encontrei: perseguidas e submetidas a uma espécie de linchamento público, por parte de transeuntes, de conhecidos, de lojistas – um deles me relatou ter sido chamado de "comunista" e "ladrão" na classe executiva de um avião. Ameaças e manifestações sob as janelas dos "petistas", denunciados como coveiros da nação, a crise econômica foi imputada a eles, sem esquecer (e certamente não deve ser esquecido) que se aguarda o encarceramento de Lula.

Voltando a nós: uma novidade, por exemplo, é o fato de que uma direita agressiva, bélica, se manifeste hoje pelas ruas. É desde os tempos da queda da ditadura que algo assim não acontecia. A derrocada do poder municipal do PT foi maciça nas eleições no começo de novembro de 2016; nenhuma cidade foi reconquistada nos locais em que o PT tinha quase monopólio. Então, o que é a nova direita? Em muitos aspectos, é algo indefinível; no momento, é uma força indistinta, ferozmente anti-PT, muitas vezes antissindicatos; os elementos ideológicos clássicos do neoliberalismo atravessam-na. Aceita as pesadíssimas operações que o novo governo decidiu de imediato: rigor orçamentário, flexibilização do mercado de trabalho e, sobretudo, a decisão de limitar – constitucionalmente – por vinte anos a progressão das despesas do Estado no ritmo da inflação (idêntica à operação feita por Macri na Argentina). O déficit do sistema previdenciário justificaria, além do mais, o fato de se fixar em 65 anos o limite de aposentadoria, até então fixo nos 35 anos de contribuição de serviço. Estado mínimo, privatizações etc. constituem uma perspectiva próxima.

Poderá esta direita manter-se por muito tempo ou ela também está destinada a se dissolver? A respeito disso as opiniões são distintas, a questão permanece em aberto, mas é claro que uma nova fase teve início. O Brasil é um país potencialmente riquíssimo, mas sua estrutura social é talvez mais injusta (quase absurda) que a de outros países com potencial análogo. Uma direita que mantenha intactas as atuais condições sociais é impensável: a passagem do PT ao poder, neste sentido, marcou uma virada decisiva. Para a direita, manter-se no poder poderá significar então desorganizar as estruturas democráticas do Estado. Há algo de patético nos meus interlocutores do PT, quando os repreendi pelo comportamento durante os movimentos de 2013-2014: "mas nós defendemos o Estado de Direito!". Mas já não era mais defensável, isto eles não entenderam – então melhor apostar nos contrapoderes dos pobres do que ser esmagado pela contrarrevolução, pela desorganização autoritária do Estado de Direito –, que a direita não pode não fazer. O que é então a direita? É uma nova máquina de poder que não poderá fazer outra coisa além de consolidar, em formas autoritárias, o controle financeiro sobre o desenvolvimento do país. Além do mais, a este tronco enxerta-se uma direita racista, escravagista, branca e oligárquica que, desde sempre, mesmo quando não dominou, impôs no Brasil sua vontade. Tendo presente este dado, é impensável no Brasil qualquer *slogan* do tipo *indignados* que equipare direita e esquerda. No Brasil, antecipou-se Trump.

O FUTURO DO PT

Eis que surge uma última pergunta: o que permanece do partido (PT)? Por que não se produziu uma mudança de quadros, um rejuvenescimento do partido? Por que se revelou um corpo mole contra o qual a estocada do inimigo foi fácil e profunda? Minha opinião é que o PT não conseguirá mais se apresentar como uma força hegemônica. Por melhor que seja, virará um dos pequenos partidos de esquerda que pululam no cenário brasileiro.

Distinto é o parecer de alguns dos dirigentes do PT, coisa não irrelevante dada a inteligência estratégica que continuam a expressar. Eles sustentam que o partido deve renascer e é interessante a forma em que imaginam este renascimento. Deve voltar ao passado, ou seja, renascer como um movimento. Um movimento horizontal que se apresente em todas as faixas da sociedade onde se trabalha e se é explorado. A situação mudou completamente desde que o partido nasceu, e os processos de exploração estenderam-se sobre toda a sociedade: é a partir daí, então, que se deve agir. E, no entanto, junto à mobilização da sociedade, a verticalidade de uma organização é necessária. O Brasil é um continente; uma ação reformadora não pode avançar senão por meio de um governo, uma verticalidade mediadora que saiba colocar-se à altura daquilo que exige o país e da terrível complexidade das questões e desafios que aparecerem. E aqui eles reivindicam novamente o fato de terem conduzido uma política qualificada, para além da revolução interna no Brasil, por terem compreendido a necessidade de uma unidade continental da América Latina e por terem iniciado uma aliança política intercontinental – a dos Brics.

Representação horizontal, unidade continental, conexão com os países do hemisfério sul contra o capitalismo financeiro: para eles, este ainda parece ser o quadro no qual renascerá o partido. O que dizer, então, sobre este ponto? O fato de que esses dirigentes não queiram discutir os eventos de 2013 e que o atribuam à CIA é algo bastante cômico – como eu já disse. É necessário, todavia, admitir que em quinze anos esses homens mudaram o Brasil e tiraram da pobreza 50 milhões de pessoas. Enfim, é necessário admitir que o PT sucumbiu ao seu próprio sucesso. Na verdade, o que é diferente, na experiência brasileira em relação à de outros países, é o fato de que a direção partidária do PT foi derrotada pela classe média que havia se emancipado de uma condição de subalternidade e que havia sido criada a partir das cinzas de uma classe operária já envelhecida. Mais do que uma derrota política, o que está acontecendo no Brasil parece ser para a velha direção uma nêmese antropológica – e talvez o seja. É incontestável também o fato de que aquelas novas gerações, que poderiam representar mais um avanço na revolução brasileira, tornaram-se, em vez disso, presas da ofensiva da direita neoliberal. Não sei, portanto, o que acontecerá com o PT. Em todo caso, descarto que possa se tornar de novo aquilo que foi em seu momento mais feliz, uma força capaz de hegemonia. De todas as formas, não dá para jogar tudo fora, como insistem alguns: há ainda muita vida ao redor desse partido e qualquer movimento que queira assumir a tarefa de reconstruir uma hegemonia deve manter isso presente.

Aqui se deve agregar uma defesa explícita do Lula "revolucionário" e também uma leitura não irrisória do seu papel como "estadista". Se de fato é inaceitável que ele tenha considerado as manifestações de 2013-2014 como promovidas pela CIA, sem dúvida a iniciativa de Lula no terreno latino-americano e internacional para garantir os fundos internos e o desenvolvimento externo do projeto petista danificou, se não rasgou, a teia de comando financeiro global e talvez tenha indicado um modo de contornar o controle: construir unidades continentais homogêneas a partir das quais se pode exercitar resistência e redefinir o poder sobre o território global. Quem não tem presentes esses pressupostos não compreende o quanto o processo de inserção do Brasil e da América Latina no sistema global (a condição *GlobAL*[156]) é avançado. Lula intuiu uma passagem para ruptura: unidade continental latino-americana, abertura – com tonalidade não apenas tática – aos Brics, com particular interesse nos

156 N. do E.: Sobre o tema, confira o livro de Toni Negri *Glob(AL): biopoder e luta em uma América Latina globalizada*, publicado no Brasil em 2005 pela editora Record.

mais "sujos" – África do Sul, Índia e, sobretudo, Irã. Esta intuição de Lula (permitam que eu expresse respeito pela sua inteligência revolucionária) é leninista.

Essa é mais uma razão para insistir sobre o fato de que uma alternativa ao PT, além de se desenvolver no terreno da classe e de se abrir para a compreensão da questão racial nos processos organizativos, precisa recolher do PT aquela intuição política global (para além das palhaçadas populistas do bolivarianismo e em ruptura com o refluxo nacionalista do progressismo andino).

A RECONSTRUÇÃO DA ESQUERDA

Movimentos de reconstrução? Não sei se existem, e também não sei se novas experiências organizativas que tenham futuro estão em curso. É certo, porém, que existe a sensação generalizada no Brasil de que há algo de novo no ar – contrário e irredutível à direita neoliberal e racista. É algo novo que vai além da expectativa de uma crise interna da classe neoliberal do governo, supondo que a atividade judiciária possa agora criar danos nessa direção. De todas as formas, não acredito muito que algo novo possa surgir assim tão rápido. Também no Brasil o ciclo neoliberal está distante de sua conclusão, mas é evidente que o "golpe de Estado", além de atingir o PT, atingiu o sistema e a Constituição de 1988, enfraqueceu-o, talvez tenha bloqueado as articulações e a capacidade de mediação do poder. É aqui, portanto, que me parece possível ter em conta os encontros com os companheiros dos movimentos, atentos à atual fase da crise. Foram eles que me indicaram linhas de recomposição e de programa para reconstruir uma força antagonista.

Eis aqui os pontos mais importantes que eu obtive:

1. A denúncia da violência da polícia, do Estado. Uma violência que não se dirige somente contra a população negra, mas contra qualquer iniciativa social – violência institucional, numa situação em que a "exceção" é norma. É tocante à normalidade de uma violência escravagista e colonialista, mantida e desenvolvida nas e pelas instituições do Estado. Neste ponto, a atenção unânime concentra-se no desenvolvimento de estratégias de resistência que permitam evitar as condições de excepcionalidade sofridas. Emerge aqui uma característica do debate autônomo brasileiro no qual, dentro das qualificações de formas de luta e de programa, a demanda pela construção de uma "política do desejo" se torna central. Entendem-se assim ações políticas em que prevalecem componentes do desejo, formas de agregação nas quais os pontos motores são os aspectos criativos do fazer política. Pacifismo contra a polícia? Certamente não, mas criações alegres de formas de resistência contra a violência e a brutalidade cega do poder. Compreende-se aqui por que Félix Guattari seja ainda tão citado no Brasil.

2. Há lutas em curso (além de lutas contra as políticas do governo sobre assistência hospitalar), sobretudo nas escolas secundárias. Lutas que envolveram grande parte dessas instituições em São Paulo e que também passaram para o Estado do Paraná. São lutas pelo financiamento público da escola e pela autonomia no ensino. Lutas longas, ocupações que duram meses, conduzidas pelos garotos e garotas e apoiadas pelas famílias. A essas lutas pelas escolas unem-se, com bastante frequência, lutas de estilo argentino, parte dos movimentos feministas, juntos contra a violência sexual e contra a violência sobre a reprodução (reivindicações: garantia de renda, trabalho doméstico remunerado etc.). Em toda a América Latina, seguem, após a derrota dos governos progressistas, sobretudo lutas nas escolas e lutas conduzidas pelas mulheres. Trata-se de novas frentes sociais – centrais à luta de classe. O conhecimento e a reprodução constituem, de fato, nós essenciais que o capital deve dominar – formas diretas da emergência de um tecido biopolítico sobre o qual se dá o confronto de classe. É ali que se abrem novos espaços sociais de luta anticapitalista.

3. E depois a luta das populações negras, antes de tudo contra a chacina dos inocentes, ou seja, a carnificina contínua dos jovens às bordas das favelas. Mas a questão racial não emerge somente em relação ao genocídio da juventude negra – a questão racial se dá em todas as partes da sociedade brasileira, constitui "a exceção" sobre a qual se funda a "constituição material" do país. Também a questão da pobreza é completamente ligada à dimensão racial-escravagista da sociedade brasileira. Não dá para cogitar que o Brasil entre plenamente na democracia sem que a questão racial seja resolvida. As lutas dos negros e negras constituem, portanto, a verdadeira sublevação da sociedade brasileira. Discuti com jovens companheiros e velhos ativistas negros esta sua conclusão: sem a direção de uma força militante negra, será impossível construir qualquer forma de organização autônoma no Brasil, assim como qualquer tipo de reviravolta política de libertação.

4. As principais forças que hoje se movem no terreno social em São Paulo, particularmente o movimento contra a tarifa dos transportes urbanos e o "movimento dos sem-teto", conduzem a discussão sobre um terreno instantaneamente político. Esses movimentos, protagonistas das lutas de 2013-2014, o primeiro por ter iniciado, o segundo por ter somado a força de dezenas de milhares de famílias "sem-teto", são também os que têm uma consistência numérica (quadros de organização) e um respaldo importante da massa. São forças que produzem programa político na metrópole e que, de uma nova forma, constituem contrapoderes sociais no âmbito metropolitano. Na discussão com esses companheiros, o tema do "comum" é central, tornando-se imediatamente evidente – assim como é – pelas lutas contra as tarifas do transporte e também pela moradia. O "comum" pode ser traduzido – dizem esses companheiros – em objetivos imediatamente viáveis. Além disso, o debate destacou a importância da "greve social" como forma de luta que pode unificar as forças que se agitam no contexto metropolitano. Resta o fato de que as grandes manifestações de massa (e pacíficas) são ainda consideradas uma arma fundamental.

5. O que fazer? A conclusão de muitos desses companheiros de movimento está baseada no fato de que o PT se tornou uma "esquerda branca", pálida em relação à questão racial e mole ao confrontar políticas neoliberais. O partido perdeu a relação com a sociedade e não poderá mais ser uma locomotiva para o desenvolvimento político. Há, então, que se encontrar forças políticas e construir uma nova organização social e política partindo dos movimentos. A autonomia dos movimentos é agora fundamental para começar uma nova temporada política.

E como? O ponto central – como foi visto – será conjugar o (projeto do) comum como tema unificador das lutas. A "renda universal incondicionada biopolítica" é, neste quadro, a trama sobre a qual podem se desenvolver o discurso político e a mobilização de defesa da "Bolsa Família" e até da gratuidade dos transportes metropolitanos. E, sempre neste quadro, devem ser destacados outros três campos de luta: 1) intervenção sobre escola e conhecimento; 2) sobre o trabalho de reprodução (particularmente o feminino); 3) sobre a questão racial e a pobreza. A primeira intervenção sobre escola e conhecimento é central na atual fase de acumulação capitalista no território cognitivo. Não por acaso a escola se tornou um dos pontos centrais de construção das novas legitimidades neoliberais. Por isso, as lutas em curso no território da escola são estratégicas e nelas podem se construir novas vanguardas. Mas o discurso pode se alargar e provavelmente é deste ponto de vista – este da crítica e da intervenção sobre o conhecimento – que o tema da nova classe média poderá ser enfrentado – porque é aqui, dentro desta composição social e produtiva, que o conhecimento é, sobretudo, explorado. A classe do trabalho intelectual e de serviços já constitui – também no Brasil – a média social e é sobretudo daqui que se extrai a mais-valia. Quanto às lutas sobre a reprodução, a iniciativa argentina me parece ressoar também no Brasil como perspectiva para o movimento. No que tange à questão racial e aos temas da pobreza, já nos pronunciamos. Partindo de São Paulo, talvez se pudesse impor um movimento que combine essas diversas, porém convergentes, linhas de ação. Isso foi o que aparentemente pude compreender ao interrogar os movimentos autônomos de São Paulo.

ANEXO 4

TONI LIVRE EM SÃO PAULO: OS DIÁLOGOS COM TONI NEGRI

Por Fábio Zuker[157]

I

Em *O Fundo do Ar é Vermelho*, Chris Marker dedica uma sequência talvez não tão longa, embora impactante, à análise da performatividade do discurso de líderes revolucionários. A partir da montagem de cenas de Fidel Castro discursando em diversas ocasiões, o cineasta traça uma reflexão acerca do gênio dos grandes atores, que residiria precisamente em sua capacidade de transformar o acidental em algo legendário.

Infatigável, eloquente e sedutor, Antonio (Toni) Negri, aos 83 anos, lotou auditórios e anfiteatros nas quatro conferências que realizou em São Paulo no final do mês de outubro de 2016 – e também na assembleia acalorada da qual participou, na Casa do Povo, no sábado seguinte aos encontros. Algo legendário nos sentidos os mais diversos: por um lado, a inquietude pela compreensão das contradições políticas atuais através de um arcabouço teórico-prático oriundo de lutas sociais precisas; por outro, e inextrincável ao primeiro, uma potência em transformar, através de sua fala unindo reflexão e entusiasmo, fatos cotidianos em elementos para a

157 Fábio Zuker é antropólogo e ensaísta. Mestre em Ciências Sociais pela Ecole des Hautes Etudes en Sciences Sociales (EHESS-Paris), atualmente inicia sua pesquisa de doutorado acerca das formas de resistência indígena na Amazônia brasileira.

compreensão de uma crise político-econômica sem precedentes, que marca a construção do porvir.

De todos os modos, o que torna a presença de Negri legendária não está *apenas* em suas ideias, mas nas relações criadas *nos* encontros. Uma certa aura ronda a sua pessoa – sobretudo para aqueles que conhecem a sua história de militância e de pesquisa, mas também da perseguição pelo Estado italiano que o levou à prisão em duas ocasiões (1979-1983 e 1997-2004, este segundo período quando decide voluntariamente deixar o seu exílio na França e retornar à Itália para cumprir o resto da pena). Para aqueles que não a conhecem, mas que dela começam a inteirar-se, a figura de Negri é, sem sombra de dúvidas, intrigante: um tipo enérgico, apesar da sua idade avançada, alto e com traços marcantes, como o nariz acentuado e o cabelo sempre penteado, vestido elegantemente com terno e colete, pese os dias de calor. Sua capacidade de organização do pensamento, alinhada ao entusiasmo e clareza analítica, mexem com aqueles que o escutam. Por fim, a teatralidade de seus gestos, as ênfases em palavras específicas a cada frase, as suspensões e pausas dramáticas com olhares interrogativos terminam por compor a sua personagem.

Talvez um dos últimos grandes filósofos políticos nos moldes que o século XX soube produzir: filósofos-militantes, como Lênin, Trotsky e Rosa Luxemburgo, para os quais a crítica do mundo e o desejo pela sua transformação por meio de uma prática revolucionária não são senão partes de um mesmo movimento.

O fio que costura o relato que aqui apresento destes dias com Negri é uma tentativa de elaborar um breve comentário acerca das diferentes possibilidades de herdar aquilo que Negri melhor tem a ensinar: a compreensão do presente se fazendo, em processo, e as suas possibilidades de transformação.

II

Tal apontamento acerca do pensamento de Negri como uma tentativa vertiginosa de compreender o presente em processo de formação não é meu, devo dizer. Foi com tais palavras que Marilena Chaui, professora do Departamento de Filosofia da USP, abriu a primeira das conferências realizadas por Toni Negri na USP, aquela dedicada à sua obra talvez mais conhecida, *Império* (em coautoria com Michael Hardt). Em tom jocoso, quase como entre amigos – e deixando de lado discordâncias históricas –, Marilena propôs uma síntese daquilo que ela chama de a *obra política* de Negri; referindo-se através deste termo tanto aos seus escritos políticos quanto às suas atividades de militância.

O núcleo comum às suas três obras mais conhecidas (*Império*, *Multidão* e *Comum*), é, segundo Marilena, o esforço de compreender as transformações sociais, econômicas e políticas do capitalismo em sua forma atual (o chamado capitalismo cognitivo). A forma atual do capitalismo, na visão de Negri, seria marcada por uma série de inflexões e transmutações (e talvez afastamentos) com relação às formas de exercício do poder político-econômico tal como se configurava na segunda metade do século XIX e início do século XX. De um modo um tanto quanto esquemático, a professora sublinhou o nó central destas três inflexões, destes três afastamentos, que estruturam cada uma de suas obras mais importantes: do imperialismo ao *Império* (o sistema capitalista tornando-se global, sem nenhum fora a ser dominado), da exploração das massas à extração da *Multidão* (a extração do valor não tem mais como *locus* privilegiado a fábrica, dissolvera-se na vida), resultando numa luta de classes marcada pelas disputas ao redor do *Comum*.

Assim, como as novas maneiras pelas quais a multidão se exprime, e o comum se realiza, podem nos inspirar na luta contra o capitalismo? Se todas as lutas políticas nos revelam algo acerca do sistema opressor, como regular o foco de nosso olhar, diante de lutas que apontam para outras formas de questionamento?

III

A apresentação de Marilena termina de modo entusiasmador. Para ela, a compreensão de Negri do nosso presente em processo, incessantemente sendo refeito e repensado, seria uma análise cheia de esperança: "não é o fim da história, mas talvez o começo dela" – gerando aplausos, assovios e risadas; que volta e meia davam o tom dos debates e encontros. Negri não ficou para trás, tirando tantas outras gargalhadas do público, ao agradecer a Marilena dizendo que adoraria tê-la tido como professora. Havia um clima festivo e alegre com a presença de Negri, em que as reflexões que traçava sobre amor e luta política apenas catalisavam essa sensação generalizada.

Não pretendo descrever minuciosamente todos os encontros que acompanhei, nem tampouco fazer uma espécie de resumo da obra política de Toni Negri. Os livros estão publicados em português, os textos das conferências estão *on-line* e traduzidos, as palestras e debates foram todos transmitidos via *streaming* e gravados, e este livro os abarca como um todo, além de um sem-número de comentários mais do que relevantes sobre a obra de Negri, suas repercussões e possibilidades de pensar outros possíveis.

Seguindo a ideia deste relato como um comentário a essa série de encontros com Toni Negri em São Paulo, tento esboçar uma reflexão a partir de um ponto específico, que coloca em contato as lutas pelo comum com uma reflexão política acerca das atuais transformações do capital. Se bem entendi as inquietações que movem Negri, caberia então perguntar: que lutas políticas vêm impondo resistências ao exercício sistemático e simultaneamente capilar do poder financeiro do capitalismo sob a forma império? No que elas diferem das lutas que marcaram a resistência ao capitalismo durante a modernidade em sua forma imperialismo? De que modos as atuais lutas pelo comum podem abrir outros possíveis para as transformações do porvir?

Não se trata de responder a estas questões, evidentemente, mas de pensar *a partir* do que essas (novas) lutas políticas projetam nesse momento de transição e de crise tornada regra, não exceção. Michael Löwy, em sua apresentação e síntese biográfica de Negri, arrancou igualmente risos da plateia ao defini-lo como alguém que luta pelo comum, um comunista. Um comum que, importante notar, na época em que vivemos, marcada pela naturalização da cosmovisão neoliberal, é apropriado sob duas formas: a chamada apropriação do público (da propriedade do Estado, dos bens e dos serviços públicos etc.) por parte do privado; e, segunda forma, a apropriação do que chamamos natureza, ou os bens da terra e do ambiente, as potências físicas da vida etc.

Para Negri, e aqui adentramos na radicalidade singular de seu pensamento, as duas categorias jurídicas da propriedade (pública e privada) são ambas figuras de legitimação da apropriação capitalista do comum. Assim, uma análise política do presente por se fazer implica conceber que a luta de classe se desenvolve ao redor do comum, ou melhor, tem como objeto o comum.

IV

Às lutas, pois:

> *Se o comum é o modo de produção na nossa sociedade, e produto fundamental do trabalho de todas as pessoas em toda e qualquer atividade de reprodução da vida, onde estariam as lutas contra esta apropriação privado-financeira ou pública dos comuns?*

Não era exatamente essa questão que a assembleia organizada na Casa do Povo no sábado à tarde pretendia debater, nem tampouco era esse o mote do encontro realizado na Biblioteca Mário de

Andrade na quarta-feira anterior, na qual Negri dividira a mesa com Alberto Acosta. Mas essa questão, acredito, possa ser um ponto de entrada para abordar essas novas lutas que tanto interessam a Negri na compreensão do presente.

Como dissera Alana Moraes na introdução da mesa de quinta-feira, a abertura ao outro e às lutas tem lugar central no pensamento do autor. "Negri nos ensina a dignidade de se pensar *com* o outro e a intransigente recusa do papel de vanguarda", para logo depois prosseguir, "ocupar o espaço político da feitura de nós mesmos – a multidão é um constante fazer-se – nos contaminar desse mundo, organizar nossa multiplicidade em práticas insistentes do comum".

Resta-me tentar esboçar, neste momento, e já se encaminhando para o desfecho deste relato-comentário, a montagem do mosaico formado não pela totalidade das lutas políticas atuais, o que seria demasiado pretensioso, mas por aquelas debatidas ao longo dos encontros, para ser mais comedido e preciso.

Duas tendências se faziam presentes na assembleia da Casa do Povo, polarizando, de certa forma, o debate, e apontando para um certo *racha* histórico existente no campo daqueles que se identificam com propostas anticapitalistas. De um lado, uma reflexão acerca da necessidade de se ocupar espaços institucionais de poder pela esquerda; do outro, movimentos autônomos, justamente questionando esses espaços de poder. Foi desta fricção, deste tensionamento, que se desdobraram as falas da assembleia e as principais questões ali levantadas. Se é certeira a reflexão de que à esquerda cabe mais colocar respostas do que propor soluções, apresentar problemas ao exercício do poder do que resolvê-lo, elenco abaixo os principais questionamentos que emergiram das discussões:

UMA ESQUERDA BRANCA: Em diversas falas da assembleia foi questionada a predominância de brancos na esquerda, em um país de maioria negra. Qual é a relação da esquerda majoritariamente branca com o país como um todo? Em que medida a realidade debatida pela esquerda branca dialoga com aquela vivenciada por uma população majoritariamente negra? Qual é o lugar daqueles que não têm voz, no processo político? Questionara Salloma Salomão.

A LINGUAGEM DA POLÍTICA: Ou como colocara um membro do movimento metalúrgico do ABC, em que medida as questões levantadas pelos movimentos sociais e partidos políticos conseguem dialogar com as vidas de milhões de pessoas cujas preocupações giram ao redor de manter um emprego e ter uma renda digna para a família? Como levar as reflexões acerca dos mais diversos e refinados processos de espoliação do capital às famílias nas periferias da cidade, e trabalhadores/as exaustos/as por suas rotinas massacrantes?

POLÍTICA FEMINISTA: Se os debates da esquerda branca estão afastados da vida diária da maior parte da população, o mesmo vale também para o lugar das questões de gênero no fazer político, predominantemente masculino. O que muda na política se pensada e feita *por* mulheres?

MOVIMENTO PASSE LIVRE: A breve fala de dois militantes acerca das revoltas de 2013 levantou pontos para pensar o que foi a experiência da esquerda e de movimentos autônomos durante a permanência do PT no poder. Como a esquerda frente ao poder lida com a diversidade? O que muda na luta de movimentos sociais durante um governo progressista de centro-esquerda, com todas as contradições que implicam o exercício do poder?

O BEM VIVER: Este último tema não foi exatamente debatido na assembleia da Casa do Povo, e sim no encontro de quarta-feira entre Negri e o economista e político equatoriano Alberto Acosta, marcado talvez mais por dissensos que aproximações. O que muda na reflexão acerca do comum se a tensionarmos a partir das diferentes reivindicações (bio)políticas de populações ameríndias sobre o *bem viver*?

V

Negri tratou de fazer um comentário a estes pontos, ao comparar o que vira na assembleia com os debates e contradições que ele mesmo vem acompanhando junto a movimentos autônomos desde a crise de 2008 e a resposta neoliberal a ela dada. De novo, a questão prático-teórica que guia sua obra política retorna: como construir lutas políticas – e vencê-las – contra um capital que extrai o seu valor da sociedade, de todas as formas de vida?

Neste sentido (e em outros), Negri considera fundamental que homens e mulheres negras, sempre marginalizadas do fazer da política, tenham o seu lugar no pensamento e na prática pela busca da autonomia. A esquerda muitas vezes parece se construir como um grupo elitista e homogêneo de homens. Negri contrasta os pontos levantados na assembleia com o que ocorreu após a crise do fordismo na França, a desindustrialização e a subsequente criação de bairros periféricos de negros e árabes desempregados, que nem sequer existiam para os movimentos e pensamentos da esquerda. Apontou também para a radicalidade do pensamento feminista e as torções que impôs à política.

Visivelmente entusiasta do Movimento Passe Livre (MPL), Negri fez um elogio às formas de luta empreendidas pelo movimento. Se a produção de valor mudou – já que não mais acontece *apenas* na fábrica – como identificar os novos pontos focais de luta, uma vez que a acumulação se encontra dispersa? Parece ser na resistência ao processo de financeirização da cidade, na lógica de lucros, de apropriação de valor sobre a circulação de pessoas, que o Movimento Passe Livre focou sua ação. Para Negri, comentando as reflexões acerca do isolamento das reflexões da esquerda diante do vivido pela maioria da população, é inconcebível a proposta de realizar lutas políticas sem deparar-se com outras realidades, *sem ir a campo*.

Negri terminara o encontro com uma fala de beleza singular a respeito do momento de transição em que vivemos, e da necessidade de imaginação crítica e política que este momento demanda. Mas antes de adentrarmos nesta fala final, voltemos a um ponto que vale a pena nos determos um instante, sobre o qual versou o debate com Alberto Acosta: em que medida a luta pelo comum, tal como preconizada nestes encontros, pode se abrir para outros modos de se pensar e viver a política, a atores que tenham uma visão de política radicalmente distante da nossa, como a das populações indígenas das Américas?

VI

Na quarta-feira em que dividiu a mesa com Acosta, Negri não pareceu estar muito entusiasmado em dialogar com os modos indígenas de pensar-fazer política e questionar o Estado e o capital, preferindo restringir-se ao debate acerca de tornar comuns os bens naturais. Seu possível ceticismo pessoal não deve, entretanto, ser visto como um impeditivo para que possamos herdar a sua proposta de compreensão dos novos atores de lutas políticas, já que um dos traços marcantes dos conflitos das Américas e contra os projetos extrativo-capitalistas é empreendido por populações indígenas.

Por outro lado, a incorporação de conceitos indígenas como *el buen vivir* para a esfera política institucional do Estado não deixa de gerar problemas, como aponta Acosta. Principalmente ao referir-se a demagogia em se utilizar tais conceitos para implementar qualquer tipo de política, como negócios petroleiros em nome do Bem Viver (como tive a oportunidade de entender ao entrevistar indígenas equatorianos ameaçados por petroleiras), além da criação de uma lógica de perpetuação no poder.

Uma luta pelo comum que dialogue com as lutas indígenas, um

comunismo selvagem, antropofagizado, para seguir a linha de raciocínio traçada por Jean Tible, não se pode caricaturizar como a tentativa de analisar as lutas indígenas através de um ortodoxo arsenal marxista do século retrasado. Trata-se, sobretudo, de entender como outras formas de pensar-fazer política reagem a um processo de expropriação que, embora diverso, expande-se segundo uma lógica análoga pelos quatro cantos do mundo: a privatização e financeirização dos comuns tendo no Estado, no público e no mercado os seus alicerces.

Outras lutas, e outras formas de resistência, que abrem caminhos para outras formas de invenção do porvir.

VII

Afinal, e aqui voltamos à fala de encerramento do próprio Negri, estamos vivendo em um longo intervalo, um momento de passagem da crise do capitalismo e da construção do que está chegando. Parece-lhe evidente que o capitalismo está acabando – negá-lo é incorrer em uma espécie de solipsismo histórico, como provavelmente viveram os romanos, céticos de que seu Império um dia deixaria de existir. Mas o que vem depois? Segundo Negri, autonomia não é uma palavra definida, mas uma construção; é fazer, fazer, fazer... Sempre e em cada momento. Torna-se imprescindível, assim, lutar, inventar novas plataformas, novas cooperativas, novas formas de lutar, uma força capaz de construir uma nova imaginação.

ANEXO 5

A CIDADE SUBSTITUI A FÁBRICA[158]

São Paulo, 24 de outubro de 2016

JOSÉ GUILHERME PEREIRA LEITE[159]: Obrigado por ter vindo. Eu preparei algumas perguntas iniciais. Gostaríamos de ficar toda a semana com você debatendo ideias. É realmente um privilégio estar aqui com você. Gostaria, sobretudo, de agradecer o amigo Jean [Tible], por ter feito possível este encontro, e também o agradeço em nome da Escola [da Cidade]. Muito obrigado! Para desenhar os limites desta conversa pensei em um par de coisas, em termos gerais, ou seja, o Estado, o poder, a prisão, a política, a cidade, o império e a multidão... Sem dúvida é muita coisa. De todo modo, estamos em uma escola de arquitetura e urbanismo. Eu pensei em começar a discussão lembrando que você é um historiador e, mais que um historiador, uma pessoa que se ocupou da filosofia de Hegel, um filósofo do tempo e do historicismo alemão. O que podemos dizer aos estudantes de arquitetura neste momento? Eu me lembrei de um livro seu e queria ler um pedacinho deste livro, de que gosto muito, talvez um pouco desconhecido no Brasil. Nele você diz:

158 A entrevista foi feita por José Guilherme Pereira Leite, professor da Escola da Cidade, com a participação de Joana Barossi, também professora da Escola, e a presença de Jean Tible. Tradução de Massimo Failutti, com revisão de José Guilherme Pereira Leite.

159 José Guilherme Pereira Leite é sociólogo, professor universitário, crítico e ensaísta. Desde 2015 é o coordenador do Seminário de Cultura e Realidade Contemporânea da Escola da Cidade.

No nada do tempo do Estado, a ideia da organização jurídica tende sempre a mostrar-se como organização da espacialidade. É uma operação de mistificação, uma tentativa de recuperar uma imagem material para dar credibilidade ao formalismo imperante. Equilíbrio e balança espacial das forças e dos poderes, ritualidade absolutista de figuras e de funções. Corporações e partidos que repetem em um truque de esconder objetos dentro de copos as mesmas funções de nulificação em seu interior. Sempre é uma imagem espacial de uma materialidade evanescente, aquela que antecede a imutável essência da constituição.

Parece uma afirmação muito interessante para nós, em relação aos debates que sempre temos nas escolas de arquitetura e urbanismo, ou seja, as formas das cidades como formas de poder. Eu diria isso inicialmente para poder ouvi-lo, e assim vamos seguindo.

TONI NEGRI: Com referência ao texto, que é um texto duplo, em inglês foi publicado junto com outro que era mais precisamente sobre a temporalidade. Este texto pressupõe o outro, pressupõe esta análise da temporalidade como temporalidade capitalista e temporalidade da liberação. Uma temporalidade capitalista que é inclusiva, quantitativa, que reduz as formas a um sistema, que esvazia o tempo da ação, da capacidade de agir, que o enche de nada, que subtrai à ação o seu sentido continuamente construtivo, constitutivo. De outro lado, é um tempo que procura sistematicamente libertar-se, e ao mesmo tempo que procura libertar-se, constrói. E é no interior desta dialética quebrada que temos que nos colocar. O poder é, existe e procura esvaziar continuamente a atividade humana constitutiva, que eu chamo em geral de trabalho vivo, o trabalho que produze é dentro desta luta contínua entre a necessidade capitalista do poder de bloquear e de formar a sua imagem, de plasmar a sua imagem que é força viva, resistente, uma força que excede sempre a capacidade do poder de bloqueá-la. A batalha é aí, entre o vazio do poder e o cheio da potência do trabalho, da potência produtiva. É dentro desse tipo de luta que se determinam e configuram os horizontes nos quais vivemos. Devo dizer que este texto é do final dos anos 1990, o outro sobre o tempo era do final dos 1980, ultimamente tenho me interessado muito sobre o aspecto físico da cidade, como aparece, como surge deste tipo de realidade. E é este tema sobre o qual, não só eu, mas também muitos colegas... Penso em uma pessoa com a qual colaboro muito, Sandro Mezzadra, que é um especialista em logística e no pós-colonial. Do pós-colonial aos fluxos das populações, dos fluxos das populações até as novas estruturas produtivas nas quais estas populações são presas e que são fundamentalmente grandes nexos logísticos internacionais e também localizados. Acho que hoje um dos problemas fundamentais e centrais em relação à constituição da cidade é visto desde baixo. São estes fluxos nos quais o trabalho vivo se desenvolve e é sistematicamente bloqueado, "enfabricado", fechado dentro da fábrica. Existe este trabalho vivo que é forte na sua fuga, na sua procura contínua da sua liberdade, na procura de uma produção livre, que vem sistematicamente fechado dentro do que são hoje sistemas logísticos de organização, de formalização, e não mais fixos, mas em movimento.

JOSÉ GUILHERME PEREIRA LEITE: Podemos incluir os movimentos sociais dentro desta figura do trabalho vivo?

TONI NEGRI: Em grande medida sim, não sempre obviamente. Para definir um processo social, evidentemente é preciso entender a sua consistência, que não é simples. Um movimento social sempre compreende uma tentativa de expressão massificada, multitudinária, e leva em si formas de contato, de relação, de rede. Os movimentos sociais passam, no entanto, através de uma série de qualificações, também, não são apenas movimentos vitais, quando se fala de trabalho vivo, se fala de algo que é biopolítico, que se refere à vida, e a vida é qualificada. Pode ser qualificada no sentido do comum, e nesse sentido se trata de movimentos bons. Pode ser qualificado, no sentido da destruição do ser que somos, e neste caso se torna um movimento ruim. O problema de qualificar esse "bom" ou esse "ruim" é por mim extremamente ligado ao reconhecimento do comum como conteúdo real da ação constitutiva. Como conteúdo real da existência produtiva. Deste ponto de vista, o trabalho dos movimentos pode ser qualificado como trabalho vivo na medida em que são movimentos do comum.

JOSÉ GUILHERME PEREIRA LEITE: Uma pergunta me veio à mente, uma vez que nas escolas temos sempre, na prática arquitetônica, um grande e antigo debate sobre as possibilidades ou as formas de fazer arquitetura, de criar alguma coisa, isto é, de mudar a cidade por vias que não sejam as vias do Estado, que são vias quase sempre bloqueadas ou formalistas demais. Isto exige que a prática arquitetônica seja feita de um jeito mais livre e com atenção a essas dinâmicas sociais que saem dos movimentos sociais, para que se possa fazer uma arquitetura que seja mais livre, mais resistente e que ponha um pouco em questão essas estruturas de poder, a cidade etc. É algo que se debate nas escolas de arquitetura não só no Brasil mas em todo o mundo, e que até hoje, não digo que não exista uma resposta, mas sim que existem diversas respostas. Existem arquitetos que acreditam em um determinado caminho e outros que acreditam em outro.

TONI NEGRI: Eu sou um homem do século passado e devo dizer que fui enormemente fascinado com o racionalismo arquitetônico. Fui fascinado por aquela que era a efetiva modernização relativa às condições de miséria, de má vida, nas quais um patrimônio, mesmo em situações historicamente ricas, digamos assim, do ponto de vista arquitetônico, como era a Itália ou, em geral, as grandes áreas europeias... Portanto, refutávamos o que era verdadeiramente o degradar-se das formas antigas ou mesmo o fato de que nas formas arquitetônicas estivessem marcadas a riqueza e a miséria, materiais ricos e os materiais pobres. O racionalismo evidentemente tentou se mover no interior dessa situação. Para mim, o horizonte racionalista... Me refiro à figura de amigos que tive, [Manfredo] Tafuri, por exemplo, que era um militante da escola de arquitetura de Veneza, um militante ligado ao nosso trabalho político, o qual conseguiu por um certo período criticar o racionalismo procurando duas dimensões, fundamentalmente. Uma, rompê-lo desde o interior, sem esquecê-lo: e a segunda, a de reconhecer a necessidade de dar a ele dimensões mais humanas, tirar dele o peso do projeto. O projeto se tornava outra coisa, algo que, mantendo características racionais, devia adequar-se às formas de vida específicas e determinadas. E, portanto, alguns arquitetos italianos daquele período, [Aldo] Rossi etc., também eles militantes, Rossi do *Potere Operaio*, Tafuri da *Lotta Continua*... Mas o problema era esse. Para mim é muito difícil, evidentemente, entrar no discurso sobre as figuras arquitetônicas e as formas arquitetônicas. Sei que hoje esse problema é muito maior porque a estrutura das cidades é agora a estrutura produtiva por excelência. A metrópole substituiu a fábrica. É como a extração do valor, a extração social do valor substituiu a exploração específica industrial. Portanto, estudar a metrópole hoje significa estudar a produção, se trata de reescrever *O capital* não a partir da fábrica, mas a partir da metrópole. E este é um debate extremamente aberto para muitos grupos de militantes com os quais colaboro e que vejo. E aí voltamos ao tema de antes, o tema da logística, do estudo dos fluxos etc., porque a cidade é isso. Não? O que deve fazer a arquitetura frente a este sistema de fluxos produtivos determinados pelo trabalho vivo, que cada vez mais são enjaulados, controlados, evidentemente com contradições enormes que se desenvolvem no seu interior? O que deve fazer o arquiteto? Eu não sei. Numa resposta seca, eu diria, deve determinar a luta, isto é, deve pôr as contradições em evidência para permitir que as forças políticas gerais operem. Para o prefeito desta cidade, não creio que seja a mesma resposta.[160]

JOSÉ GUILHERME PEREIRA LEITE: O prefeito desta cidade é um tema para dois dias. É muito interessante o que você falou. De fato, o prefeito tentou fazer um pouco disso, tentou reforçar os fluxos, mas no final o projeto não foi bem aceito...

TONI NEGRI: Desculpe, aqui faço uma pergunta para você, porque com a minha cabeça não consigo... O que significa seguir os fluxos não do ponto de vista de regular o trânsito, mas do ponto de vista da produção de formas? Qual é a narrativa de forma que pode corresponder a este problema fundamental que é regular os fluxos produtivos, não de trânsito, mas produtivos?

JOSÉ GUILHERME PEREIRA LEITE: Quando você diz "produtivo" não diz necessariamente "capitalista"?

TONI NEGRI: Eu digo "produtivo" na sua contradição, produção como poder é uma contradição aberta. Há o poder e há aquele que obedece, depois há aquele que desobedece e o poder que oprime, ou o poder que cai. É um jogo de marionetes, marionetes que se batem seriamente, que se destroem se necessário, mas é sempre um jogo. O poder não é um leviatã, esta é a fábula burguesa do poder, a fábula capitalista. O poder é uma duplicidade desde quando é capitalista, o poder se tornou duplo. Há quem domine, quem explore e quem trabalhe, e estes dois termos não são transitivos, não podem se identificar, são intransitivos. O trabalho vivo é o que gera a produção, o outro é o que comanda. E quanto mais nos tornamos uma realidade

160 À época desta entrevista, o prefeito de São Paulo era Fernando Haddad, cujo mandato foi de 2013 a 2017.

intelectual e o trabalho se torna cognitivo, tanto mais temos a capacidade de tirar do patrão a dignidade que ele tinha, a de nos organizar. Não somos mais como o meu avô, que vivia no campo e que respondia a um alarme, "olha, quando tocar, você puxa a alavanca". Agora sou eu que escolho quando puxar a alavanca, ou melhor, sou eu que organizo o fluxo. Tem uma potencialidade enorme dentro desta contradição, isso é o que eu não consigo entender... Já falei com muitos arquitetos, sou muito amigo particularmente de [Rem] Koolhaas, há muito tempo, desde o tempo de *Delirious New York,* aquele tipo de contradição, de animação da cidade, que era toda assimilada, Nova York era a cidade do *blackout* de 1976, em suma, eu não sei...

JOSÉ GUILHERME PEREIRA LEITE: Gostei muito que tenha falado de Tafuri e Rossi. Nós, no Brasil, conhecemos bem e lemos muito o [Massimo] Cacciari, que foi seu aluno. Cacciari escreveu coisas importantes sobre o controle, sobre o Direito, sobre o Estado que parece regular os fenômenos locais em nome de um universal impositivo que às vezes destrói esses movimentos que são de resistência local. Quando ele fez essa análise sobre as diferenças entre o modelo da *Pólis* e o modelo da *Civitas*, o modelo grego e o romano, ali ele disse coisas importantes... Há um sotaque um pouco seu nas afirmações de Cacciari. O que você acha?

TONI NEGRI: Cacciari é uma pessoa que cresceu e se formou dentro do nosso trabalho político, depois, em certo momento, houve uma ruptura. Cacciari preferiu ser um homem de governo a ser um homem da luta, digamos, nesses termos. E com o tempo caminhou muito em direção ao poder, à teologia, mais do que permanecer no campo das lutas e do materialismo bruto, como alguns companheiros e eu mesmo. Estava relendo esses dias uma tradução em italiano do livro de [Pier Vittorio] Aureli. Aureli é um arquiteto ligado a Tafuri, ligado ao primeiro *operaismo italiano*, ligado a Cacciari, e que ensina na Columbia University. O livro se chama *Project of Autonomy: politics and architecture within and against capitalism*. A primeira edição desse livro, que é de alguns anos atrás, é muito ligada ao pensamento de Cacciari, do primeiro Tafuri – o Tafuri *operaista* – e de [Mario] Tronti. Na segunda edição, publicada agora na Itália, nota-se uma abertura à nova dimensão social da arquitetura no sentido em que Cacciari, assim como Tronti, como Tafuri em parte, eram ligados a uma definição da sociedade na qual a hegemonia da classe operária industrial permanecia absolutamente central. O problema, portanto, da construção da cidade era ligado por assim dizer ao modelo da jornada de trabalho, feita em "3 x 8", como se diz: oito horas de trabalho, oito horas de transporte e vida e oito horas de sono.

JOSÉ GUILHERME PEREIRA LEITE: Uma divisão corbusiana do tempo?

TONI NEGRI: Exatamente. Esses autores foram ligados a esse tipo de modelo de jornada de trabalho. Hoje a jornada de trabalho não é mais essa, a antecipação da transformação radical da jornada de trabalho vem dos anos 1970, quando os trabalhadores se rebelam contra a estrutura de fábrica e praticamente reinventam novas formas de vida às quais correspondem dialeticamente, de maneira antagônica, novas formas de organização capitalista. O que é isso? É quando o trabalho não se torna mais trabalho de fábrica, porque não é mais trabalho manual, seriado, taylorizado... Quando o salário não é mais um salário fordista que lhe permite sobreviver e comprar um carro... Quando a macroeconomia não é mais keynesiana, não é uma macroeconomia em que a oferta e a demanda são continuamente retomadas... A essa altura, o nosso horizonte vital é completamente alterado, de forma radicalíssima. Somos uma força de trabalho móvel, flexível, na qual a mobilidade espacial e a flexibilidade temporal se tornam elemento central. O que significa construir uma casa para uma pessoa que acorda quando quer, ou melhor, quando deve, mas de um modo diferente, porque o trabalho é precário? Que deve encontrar uma mulher, se quiser ter uma família, mas de modo a que ela também tenha uma estrutura de vida completamente diferente? O que significa ter filhos e, portanto, construir uma casa para uma família nesse caso? Os filhos onde estão? Estão em casa ou estão fora? Quais são as formas de comunidade que se conectam a uma flexibilidade cada vez mais alta, a uma mobilidade do trabalho que se torna cada vez mais alta? Essa é a jornada de trabalho hoje, caracterizada por uma flexibilidade no limite infinita, e a uma recuperação do capital fixo. Há uma apropriação do capital fixo por parte do trabalhador. Do ponto de vista técnico, o capital fixo era fornecido pelo patrão, o capital fixo, ou seja, as máquinas, essencialmente, os modelos de produção, a estrutura e a organização do trabalho eram fornecidas pelo capital. Hoje isso torna-se cada vez menos importante, é cada vez mais o operário, o operador, que assume ele mesmo a direção do trabalho, que se põe em comunicação, se põe em rede, predispõe dos dispositivos que só depois são recuperados por um eventual algoritmo patronal. Mas esse mesmo algoritmo é construído em função das formas de vida, das formas de prestação do trabalhador. A relação de forças aumentou, de um certo lado, para o trabalhador, porque ele se apodera, o patrão não fornece mais o capital. O capital fixo é produzido pelo cérebro. O que é uma cidade onde o capital fixo, o cérebro, foi tirado do patrão? Ou melhor, isso é relativo, se trata sempre de uma relação, como eu insistia antes. Este é o problema que acho que deveria ser considerado.

JOSÉ GUILHERME PEREIRA LEITE: Para nós existe um grande problema, talvez mais brasileiro que europeu, que é o problema do espaço público da cidade, isto é, possibilidade de erupção política no espaço da cidade. Nós vivemos, certamente, dentro de uma sociedade que tem a tradição terrível de controle do espaço público, que não permite que as coisas se manifestem neste espaço público. Este é um problema.

TONI NEGRI: Eu sou muito polêmico com relação o público, ou seja, não gosto lá muito do público. Devo dizer, aliás, acho que o direito público é uma prolongação do direito privado. O direito público não é outra coisa senão a sanção das relações de propriedade, das relações de apropriação privada, e isto desde um ponto de vista histórico, desde o direito romano até hoje. Estou bem de acordo com as teses de alguns juristas do primeiro período soviético que foram, para mim, muito importantes. Particularmente, algo de [Evgeni] Pachukanis, que sustenta de modo preciso que não existirá jamais um direito público socialista para a União Soviética, na revolução. Poderá haver simplesmente uma destruição do direito e a construção de espaços comuns. O comum não é uma forma diferente de direito, do direito particular ou do direito público. É uma substituição do direito. O que isso quer dizer? Os espaços públicos não podem jamais ser concedidos, os espaços públicos só podem ser transformados em espaços comuns pela iniciativa do trabalho vivo, dos movimentos, das populações, das multidões. O que significa construir um espaço comum? Hoje estava discutindo com Jean [Tible]. Em Nápoles, por exemplo, recentemente tivemos a conquista comunista, anteriormente se diria, digamos, "comunarda", digamos "comunal", a conquista desses espaços, velhos conventos. Há um que visitei recentemente, com 17 mil metros quadrados, uma coisa enorme, implantada no meio da cidade, nos bairros espanhóis de Nápoles, que descem fortemente em direção ao centro, com descidas, escadas. São 17 mil metros, com um grande claustro interno. Esses são espaços comuns, espaços conquistados e colocados à disposição da população para exercer contrapoder, para exercer governo autônomo. Existem espaços que podem ser conquistados e reconstruídos. Ou até mesmo construídos, se houver espaço livre, mas não se encontra facilmente espaço livre, porque as mãos do privado estão sempre sobre ele. Eu sempre considerei os arquitetos como políticos, fundamentalmente. Devem pôr à disposição de um projeto político – seja deles ou do patrão, do capital – uma ação política. Como fazem para libertar essa ação política? Devem construir uma força para fazê-lo, uma força que pode ser cultural, mas quase sempre deriva da capacidade de mobilizar a opinião pública a partir de certos modelos, funções, necessidades.

JOSÉ GUILHERME PEREIRA LEITE: Também de valorização de algo que é contratendente em termos culturais, como foi no debate italiano daquele período, na passagem dos anos 1960 aos 1970. Você nos lembrou isso com Rossi, Tafuri etc.

TONI NEGRI: Sim, o debate italiano foi importantíssimo. Propôs, no entanto, horizontes que, enquanto não forem praticados, permanecerão utópicos. É preciso prestar atenção nisto. A utopia, a cultura, a hegemonia cultural são divertidas, mas não mais que divertidas. Podem tornar-se trágicas, quando não se tornam uma prática, quando não estão ligadas a uma ontologia do presente. Para qualquer coisa que queremos fazer é preciso ter pés ontológicos.

JOSÉ GUILHERME PEREIRA LEITE: Modelo de organização para fazer política.

TONI NEGRI: Eu acho precisamente que a arquitetura, não sou o primeiro a dizer isso, certamente, é o desenho da cidade, isto é, a capacidade de mostrar como as pessoas se movem, seguir os passos. A cidade ocidental é isto.

JOSÉ GUILHERME PEREIRA LEITE: Diagramas...

TONI NEGRI: E isto é algo que dá uma enorme dignidade ao trabalho do arquiteto, saber juntar precisamente a ontologia do presente a uma capacidade de movimento contínuo, encher aquele vazio que o poder sempre determina.

JOSÉ GUILHERME PEREIRA LEITE: Para concluir, como foi o seu convívio com Tafuri, do que se falava?

TONI NEGRI: No período em que tive contato com ele, fiz seminários com ele, se falava essencialmente do reformismo, de Keynes, das formas pelas quais a luta de classe operária, que naquele tempo foi fortíssima e vitoriosa, poderia ter superado as condições do modernismo. O grande problema que se colocava para os arquitetos era "como se vai além do modernismo racionalista?". Essa era a pergunta essencial. Perguntas desse gênero em uma cidade como Veneza são sempre tão abstratas. Veneza, na realidade, foi uma cidade construída sobre a sua função, de maneira total. É uma função, não é nem mesmo uma cidade, não? Imagine o que é Veneza. Agora está acabando. Existem estas funções eternas, que são modelos ideais, como Veneza. A discussão com Tafuri era fundamentalmente esta, pouco depois ele se voltou para a história de arte, mas fazendo esta passagem interessante. Ele foi talvez o arquiteto, junto com os arquitetos da escola nova-iorquina daquele período, Peter Eisenman, que conseguiu colocar de maneira direta o problema da superação do modernismo, trabalhando uma questão social de um lado, de superação social, e de outro trabalhando uma questão de integração das formas de vida novas em relação ao procedimento racional construtivo.

JOSÉ GUILHERME PEREIRA LEITE: Temos aqui uma especialista [Joana Barossi] no interesse de Ítalo Calvino pela arquitetura...

TONI NEGRI: Sim, claro, ele enxergava as coisas de baixo, do alto, voando, via imagens vegetais. O primeiro Calvino enxergava também desde o ponto de vista da cidade, de como se conquista uma cidade com as armas, foi sempre um *partigiano* e tem uns contos muito, muito bonitos sobre isso.

JOSÉ GUILHERME PEREIRA LEITE: Tudo isso para dizer que esses foram momentos muito interessantes do debate, esses que você evocou aqui. Então, esses diálogos contemporâneos com Koolhaas, como começaram? Do que se fala?

TONI NEGRI: Koolhaas é um homem da prática que tem uma concepção de cidade como cidade que se transforma continuamente. Na realidade, o seu ideal, ele me disse muitas vezes, é construir uma cidade sobre os milhões de árvores cortadas que há na foz do rio Níger, que formam novos espaços, espaços livres. Existem estes rios na África onde são jogadas árvores, florestas cortadas. Essas florestas cortadas, essas árvores chegam à foz do rio, param ali por um tempo, bastaria fixá-las e construir sobre elas uma cidade. Esse é o ideal poético que Koolhaas tem em mente. Acho que se poderia fazer a mesma comparação, o mesmo discurso, em relação à foz de algum rio brasileiro. Essa massa de materiais novos que se oferecem como massas construtivas novas. Podemos, portanto, colocar a inteira modernidade capitalista dentro de novos esquemas que podem ir de estações, de ilhas, deste grande bloco, até um tipo de construção fragmentada no território, amplamente. As formas jogam sempre de maneira subordinada à função.

JOANA BAROSSI: Você fala da diferença entre as noções de império e imperialismo. No primeiro, o poder, por ser centralizado, é mais fácil de identificar. No segundo, por ser mais difuso, se torna uma espécie de parasita que se nutre da criatividade e da inteligência dos indivíduos. Qual seria, na sua opinião, uma maneira de identificar esse poder capitalista difuso, para que se possa responder ou reagir a ele? O que podem fazer os estudantes?

TONI NEGRI: A globalização capitalista é algo que é clara para todos. Hoje as mercadorias circulam no mundo como querem. Na realidade, não encontram barreiras que não sejam as predeterminadas para garantir o fluxo. Vou poupá-los da discussão sobre as funções específicas dos Estados-nação, mas, na realidade, os Estados-nação, em relação a uma globalização em curso, funcionam no máximo como filtros, como acomodações parciais do grande fluxo das mercadorias, que é o grande fluxo financeiro. O poder hoje se chama finança, se chama unificação financeira do globo, se chama Wall Street, e se estende por toda parte. E condiciona de maneira fundamental todas as formas de produção, todos os espaços produtivos. Hoje os patrões não são mais os capitalistas industriais. Todas as grandes empresas são dirigidas por homens das finanças que sabem cada vez menos o que se produz em suas fábricas ou em suas cidades. O poder financeiro é hoje totalmente coberto e tomou o lugar do comando industrial. A diferença entre império e imperialismo? O imperialismo era ainda uma forma de expansão dos Estados-nação que concentravam em si mesmos os fluxos de produção e de exploração. O império, ao contrário, é essa forma na qual o poder se identifica, e se identifica principalmente nos poderes financeiros, não mais nos poderes industriais, e sim no monopólio financeiro. Este monopólio é feito de forma específica, ou seja, é feito de fluxos, não de acumulações estáticas. Tudo isso sobre a base de outra enorme diferença relativa ao mundo moderno, que é a extração do valor. O valor que é extraído da circulação do valor e não mais simplesmente da produção. Não estamos mais no primeiro livro de *O capital* de Marx, estamos no terceiro livro, modificado, a análise da compenetração total da circulação das mercadorias na produção. Onde está o poder? Eu não devo atacar o poder, eu devo atacar, sempre, a forma como o poder se exerce sobre mim. Se um estudante pergunta o que é o poder, podemos dizer que o poder é aquela mescla de ensinamentos que devemos dar a ele, e que ele não tem a capacidade de replicar. O poder começa aí. E quando ele vai trabalhar, não acha trabalho. E depois existem essas abstrações que fazemos, mas fazemos sempre de forma diversa. O grande problema político é unificar este tipo de abstração. Como eu sofro o poder? Como eu sou implicado no poder? Como eu quero o poder? Porque deve haver um outro e um eu, um você, um ele, juntos.

JOSÉ GUILHERME PEREIRA LEITE: Uma nota. Uma vez você utilizou uma imagem para descrever esta situação global financeira etc., dizendo que ainda naquele momento, meados dos anos 2000, estávamos em um sistema politeísta, ou seja, o deus Dólar convivia com outros deuses, o Euro, o Yuan, o Yen, existia uma espécie de disputa territorial, global, entre todos esses deuses que se enfrentavam pelo controle dessa unificação. Você ainda pensa assim?

TONI NEGRI: Acho que o sistema politeísta porém era um sistema centralizado. Havia Zeus e os outros deuses. Nesse sentido, estamos de acordo. Mas Zeus também está dentro do jogo. Não é que Zeus comande. Também Wall Street depende do resto do desenvolvimento. Se se fecha um mercado na China, evidentemente será o Yuan que receberá imediatamente o tumor que se determinou, o bloco que se determinou, mas imediatamente também o Dólar. Existe uma fraternidade, se você me permite a palavra doce, uma unificação financeira que permanece fundamentalmente una. Deste ponto de vista, há todo o jogo de pluralidades, que é preciso ver, são problemas que discutiremos, creio, nestes dias, nas conferências que faremos, seremos várias pessoas. Quando escrevemos *Império,* estávamos em 1997, o livro foi escrito contemporaneamente ao livro de [Giovanni] Arrighi, *Adam Smith em Pequim*, que era outro livro importante que se movia com uma dimensão diversa, mas com a mesma percepção da personagem imperial. Hoje a situação mudou profundamente, porque estávamos então imediatamente depois da queda da União Soviética e da reunificação material do globo sob um comando que os americanos procuravam conquistar. Digamos que depois de 2001, ou em 2001, tudo isso termina, os americanos começam a registrar uma perda do seu poder. As guerras que se seguem ao 11 de setembro são guerras desastrosas para a potência americana. De outro lado, o crescimento da China e o crescimento em geral dos Brics, por quanto impliquem desenvolvimento, criam alguns contrafortes que são extremamente importantes. A unificação acontece igualmente, não mais a partir de Wall Street, mas a partir do mercado financeiro global, que está sempre em movimento. O império, para mim, é sempre algo incompleto, porque é a ordem global. Qual é a ordem? Não existe um parlamento, um presidente ou um governo deste fluxo. Existia o Império Inglês, a exploração da Índia. Hoje a coisa é completamente diferente, continua a exploração da Índia, mas é também uma exploração da Inglaterra. As coisas são intercambiáveis, ainda que, obviamente, existam ordens muito fortes, porém mais de caráter interno que global.

JOSÉ GUILHERME PEREIRA LEITE: Não quero cansá-lo demais. Vocês foram proféticos no livro, em 1998, falaram muito da retórica da *bellum justum* (guerra justa) global. Eu vi alguns debates na época, depois de 2001, encontrávamos pessoas que achavam que a ideia de império estava errada. Eu acho que 2001 reforça essa perspectiva do livro. Para você, quais foram as reações contra a utilização da ideia de império, porque me parece que as críticas foram formalistas demais. Vocês utilizaram a noção de império, e algumas pessoas acharam que era uma noção que não valia mais no presente, porque se refere a uma estrutura da Roma imperial que não tem nada a ver com a experiência contemporânea. Mas isso não é verdade e vocês falaram disso antes de 2001.

TONI NEGRI: O nome não importa tanto. Escrevi esse livro faz vinte anos, não voltei a lê-lo. Não me interessa muito, fui adiante, estudei outras coisas. O nome não me interessa, o que me interessa é o fenômeno, a realidade que está aí dentro. É deste ponto de vista que a globalização se afirmou, que falta ainda um governo da globalização e que este governo seja por assim dizer constrangido pelas formas financeiras, que são obviamente insuficientes para determinar governo.

São insuficientes porque são fluxos, que determinam crises contínuas. Não é certo que exista um mercado global, que esse mercado procure uma ordem, procure construí-la sistematicamente. Eu espero que não haja uma guerra que intervenha para requalificar os poderes no interior desta realidade. Fico aterrorizado por ver imagens da Europa em guerras, na fronteira com a Rússia e em toda a costa mediterrânea. Guerras que não são mais locais, são guerras que tocam de modo pesado a vida dos cidadãos europeus. Guerras que determinam movimentos de população absolutamente incríveis. Guerras que determinam conflitos de imigrantes em todas as partes da Europa. Isto é algo que pode interessar aos arquitetos: essa cidade que foi construída em Calais, era uma cidade que estava se formando, era uma favela nova, mas extremamente cheia de encontros, cheia de capacidade de existir e resistir, de trocar trabalho, produção, e que hoje foi destruída, onde moravam cerca de 20 mil imigrantes que estavam à espera de chegar à Inglaterra. Falei com muitos amigos que ali trabalham, voluntários que ajudam imigrantes neste grande espaço, e todos dizem que ali se criou uma cidade. Isso é muito bonito, gente que chega e cria uma cidade, sempre à espera de cruzar o Canal da Mancha.

JOSÉ GUILHERME PEREIRA LEITE: Nós temos grandes desafios com relação à questão da imigração no Brasil. Uma última pergunta... Algumas palavras sobre o Brasil. Você seguramente está informado sobre a situação importante, interessante, para não dizer dramática ou mesmo trágica, na qual estamos agora. O que você pensa sobre o Brasil em relação a esta ordem internacional?

TONI NEGRI: Veja, na verdade, eu não tenho um juízo conclusivo. Esta manhã falei com a minha companheira, que é argentina e vem falando com amigos... O que é impressionante é a semelhança entre as operações que estão acontecendo aqui e lá. Limitações pesadíssimas do *welfare*, do gasto público etc., as mesmas coisas que faz Macri na Argentina, idênticas. São coisas de agorinha. Há um ataque absolutamente forte, essa espada foi inserida em uma carne mole, não houve resistência. Vocês devem, devemos explicar isso. É um ataque feroz que se configura em nível mundial. A mesma coisa acontece na Europa, em toda parte, é um refluxo geral, é verdadeiramente uma tentativa de construir, sob a pós-modernidade, uma nova ordem estável. Tivemos esse interregno dos anos 1970 até hoje, foi um interregno em que se desenvolveu uma luta que, creio, o socialismo perdeu. Trata-se de entender agora como se faz para organizar algo positivo, uma utopia positiva. E talvez vocês, arquitetos, sejam aqueles que podem representá-la melhor que todos.

JOSÉ GUILHERME PEREIRA LEITE: Eu sou sociólogo.

TONI NEGRI: A *Pólis*. A construção da pólis, desde Platão, sempre deu-se a partir do concreto. Obrigado.

ANEXO 6

"VEJO A REVOLUÇÃO EM CURSO": ENTREVISTA COM TONI NEGRI

Por Jean Tible[161]

Tínhamos combinado de fazer uma entrevista durante seus dias em São Paulo em outubro de 2016, mas as atividades intensas acabaram nos impedindo. Esta acabou se realizando numa manhã de janeiro de 2017 na casa de Toni Negri em Paris.

JEAN TIBLE: Você acredita na revolução? Esta está no horizonte (não sei se é uma boa imagem)? Como você lê a famosa frase (numa entrevista contigo em 1990) de Deleuze sobre o futuro da revolução e o devir revolucionário das pessoas?

TONI NEGRI: Eu não sei, ultimamente, por exemplo, trabalhei novamente o conceito de poder constituinte, que é profundamente ligado à ideia que sempre tive de revolução. Por que revoluções tivemos muitas, não? Mas devemos compreender de qual revolução estamos falando. Se falamos de uma revolução comunista, uma revolução que quer realizar a igualdade e sobretudo transformar a organização do trabalho e a organização da distribuição social da riqueza e dos papéis sociais, sobretudo se falamos disso, o problema constituinte é total e profundamente ligado à ideia mesma

161 Transcrição: Jean Tible, Alana Moraes e Philippe Scerb. Tradução: Jean Tible e Philippe Scerb.

de revolução. Ele constitui por assim dizer a revolução.

Trabalhei esse conceito tentando retirar de todo resíduo jurídico no qual o conceito de poder constituinte estava englobado e mantido. Isto significa tirá-lo do pensamento da exceção. O poder constituinte não é um poder de exceção, um poder que exclui antes de constituir. Nem a revolução é algo que seja simplesmente exclusivo ou destitutivo. A revolução é um processo que é destitutivo da velha ordem, mas que é, ao mesmo tempo, algo constitutivo de uma outra ordem. Desse ponto de vista, o conceito de poder constituinte, logo também o conceito de revolução, mais do que conceitos de exceção, são de excedência de um processo que constrói formas institucionais, elementos novos nas relações entre as pessoas, que destrói o conceito de soberania e leva de volta o poder às pessoas, à multidão etc.

Mas o que é tudo isso, trata-se de um reformismo? Não. Penso que a palavra reformismo deve ser profundamente retrabalhada, porque esta pode e deve ser uma palavra revolucionária. A partir de Bernstein e da social-democracia alemã, entre os séculos XIX e XX, a palavra reforma foi destruída em sua substância das Luzes; foi reduzida a um mecanismo constitucional interno à sociedade burguesa, interno à sua constituição, à constituição do capital. E isso deixou realmente pobre a ideia de revolução e de poder constituinte.

Por outro lado, teve a excitação – por assim dizer – soviética, que foi um ato heroico excepcional em condições completamente extraordinárias, a guerra. Uma guerra que havia chegado a um ponto de destruição de riquezas e da capacidade mesma de expressão das classes sociais e na qual a aventura bolchevique foi uma aventura no escuro. E o ato revolucionário que ainda era (como sempre) um ato de excedência foi, na verdade, caricaturado como uma bomba, uma explosão. Na realidade, a União Soviética pôde se transformar no tempo e se transformar numa grande potência via uma reflexão interna sobre a história mesma da sociedade e intelectualidade russas que lhe permitiu recuperar o processo revolucionário enquanto tal.

É então entre esses dois extremos, entre o reformismo bernsteiniano, que é algo completamente interno à civilização burguesa e que interpreta na realidade simplesmente certos setores da intelectualidade e o conservadorismo da classe operária estabilizada (no sentido dos sindicatos) e, por outro lado, esse extremo leninista que é ligado a condições totalmente específicas e sem repetição possível (esperemos, ou pelo menos não teorizável como repetição). É no meio que devemos encontrar esse conceito de revolução e poder constituinte, logo de um poder constituinte que tem a intensidade da revolução, a extensão massificada das vontades que se organizam em instituição. A passagem para a instituição pela revolução é para mim fundamental. Não há revolução sem instituição. O soviete não é um instrumento clássico, um conselho como uma forma transcendental na qual as pessoas se colocam juntas. É ao mesmo tempo um instrumento de governança, processo de transformação e instrumento de produção, pois não há revolução se essas duas coisas (organização política e organização produtiva) não caminharem juntas. Na revolução, a relação entre social e político é total.

JEAN TIBLE: Arendt separa as duas...

TONI NEGRI: Arendt separa as duas. Toda a cultura burguesa faz isso. Foi Lênin, desse ponto de vista, com uma lucidez formidável, que as junta. Mesmo Carl Schmitt as coloca juntas, mas o faz na exceção. Lá no ponto mais alto das formas, para Schmitt, está o partido, que é o guia, o *führer*, o *führertum*, o que quer dizer a estrutura do guia; são os movimentos sociais que devem ser extremamente ligados ao *führer*. Na concepção schmittiana, é isso, não é uma banal concepção do Estado soberano hobbesiano, trata-se de uma concepção fascista, inteiramente fascista, isto é, da organização social a serviço do *führertum*. Em Lênin, é a organização social que se transforma em partido, em Estado, que se transforma em Estado via o partido, mas para destruir o Estado. Somente de uma maneira totalmente brutal, ingênua e um pouco imbecil, podemos colocar juntos Schmitt e Lênin. São processos completamente diferentes, mas a coisa importante é que no século XX o social e o político estão completamente ligados, são a mesma coisa. E tudo isso é em realidade o que Foucault, na metade do século XX, reconhece como biopolítica. A partir daí o biopolítico é o social e o político colocados juntos e vividos, e visto por baixo, pela vida singular. Eis o político que não vemos como unificado de uma forma abstrata ou altiva, mas ligado pela vida das pessoas, como produção de subjetividade, de singularidade, de vitalidade. Esse é o fundamento novo da ciência política. A ciência política é sempre uma ciência política do poder constituinte e da revolução. Se não o é, torna-se sem sentido. A ciência política verdadeira sempre se concentra em como se constitui o poder; uma concepção dinâmica, interna do poder. É a forma na qual Hobbes e os outros inventaram a modernidade, e hoje estamos de fato na pós-modernidade que não é a ridícula história vazia, Lyotard, Baudrillard, Rorty e essas coisas. É a compreensão do que se tornou nossa sociedade, o poder constituinte, a revolução.

Logo não vejo a revolução como próxima, vejo a revolução em curso. Penso que de um ponto de vista de análise da situação atual, estamos numa passagem, num interregno que é absolutamente fundamental, que começou em 68, que apareceu em 68 e a partir de 68 tais processos se aprofundaram continuamente. Tudo isso, é evidente, nos conduz a uma análise do que se tornou o capitalismo hoje. O capitalismo hoje está numa fase de crise extrema na qual a concepção mesma de valor se dissolveu. E o que é a revolução hoje? Quando dissemos que o comunismo é atual, dissemos que ocorre uma série de processos que juntos revelam a crise do capitalismo nesse nível, que revelam uma nova ontologia da produção, a ontologia do comum, que produz formas de subjetivação mais elevadas que de tempo em tempo, aqui e lá, aparecem. Isto é inevitável, existe uma teleologia materialista que possa nos dizer que a ruptura é necessária? Não, a história permanece sempre algo opaco e sempre interrompida, descontínua: na história deve-se de alguma forma se orientar, mas levando em conta que se orientar é sempre também dirigir suas próprias ações, o problema é o de se colocar nessa ontologia nova e compreender como ela pode se desenvolver, e nisso o problema da revolução e do poder constituinte estão implícitos.

É possível determinar passagens históricas que ocorrem? Eu não sei... Temos fenômenos diferentes a partir de 2011 que são bastante claros. Essa nova composição técnica da força de trabalho, isto é um povo, dos jovens escolarizados com uma força de trabalho cognitivo em geral. É algo então totalmente novo nas nossas experiências que buscaram formas de organização bastante sofisticadas algumas vezes, que vão de um espaço a um outro, que tentaram colocar juntos o espaço virtual e o espaço local. A instituição e a comunicação. Isso é um fenômeno que vemos por toda parte e sobre o qual já foram extraídos formas e modelos de governança, não? Esse modelo *a la* 5 Estrelas italiano ou logo na primeira fase do Podemos ou também em grande parte no Occupy. Modelos de governança foram criados nesse esforço de colocar juntos o caráter físico do exercício do poder no espaço e a capacidade de colocar em conjunto redes virtuais para que ambas se conjuguem.

Nós devemos agora trabalhar a temática do comum. A descoberta de um tecido contra a propriedade privada, contra a empresa, que reconhece o que é comum como primordial hoje na estrutura do trabalho. A ideia de empresa tornou-se agora válida unicamente no terreno financeiro. O capital não consegue organizar o trabalho, ao menos por assim dizer do interior. E é aí também que emergem elementos de autonomia, autonomia produtiva que emerge de forma extremamente importante. Em seguida, tem ainda a inteligência social que interpreta agora uma relação biopolítica, isto é uma relação direta entre o nível da produção e o da reprodução. É uma transição enorme e, nesse contexto, os movimentos feministas são de uma importância extraordinária. Temos então todos esses elementos que assinalam, o que eu dizia antes, um percurso revolucionário. Quando dissemos, a partir de um pensamento marxista, que a revolução sobretudo no ponto mais elevado do capitalismo e não no mais baixo, dissemos que é no ponto mais elevado do desenvolvimento que podemos reconhecer essas coisas novas que são profundamente ligadas às transformações do trabalho, do trabalho cognitivo à capacidade de organizar verdadeiras comunidades, do comum e logo uma igualdade e uma liberdade, o comum e a singularidade; é então esse o devir revolucionário. Mas teria muitas outras coisas a dizer.

JEAN TIBLE: O fascismo está nos espreitando novamente? Ou será que ele nunca nos largou, se pensarmos na fórmula de Deleuze e Guattari de microfascismo? Pode ser interessante tentar compreender o fenômeno Trump nesse contexto... Tem algo que é um tanto estranho para a esquerda, é que após a crise de 2008, nesse momento presente é a extrema direita quem "aproveitou" mais a crítica das desigualdades, do predomínio das finanças e sua máquina de produção de desigualdades. Nesse sentido, como enfrentar isso?

TONI NEGRI: É a pergunta de 1 milhão de dólares. Ninguém poderia imaginar isso, né? É verdade que hoje tem um perigo enorme que se chama o renascimento das formas autoritárias. Primeiro problema: podemos chamá-las de fascismo? É um verdadeiro problema e isto é importante, pois, se estamos convencidos que podemos qualificar de fascistas, as coisas tornam-se mais fáceis por um lado. Mas o problema é talvez muito mais difícil justamente porque são formas autoritárias, formas de ditaduras, de negação de todas as formas de democracia que são novas. Temos então que compreender quais são os elementos antigos, quais são os novos, como eles se articulam. Temos, de um lado, esse elemento demagógico, populista; eu prefiro chamá-lo de demagógico, o que é bem mais verdadeiro que o conceito de populismo... Este elemento demagógico se articula com novas formas de desigualdades, de ruptura do corpo social, da miséria crescente dessa sociedade, do colapso das formas de *welfare*, logo de tudo o que tinha a ver com a condição operária, proletária e a da classe média hoje – são elementos que repetem de alguma forma o velho fascismo. Mas, de outro lado, tem um aspecto extremamente diferente no que toca à concepção de Estado: os novos fascismos são neoliberais, não são estatistas. Melhor, são estatistas somente se considerarmos as coisas do ponto de vista do terrorismo, da luta de classes, do ponto de vista repressivo, mas não são fascistas no sentido dos anos 1930, pois nessa época eram favoráveis a políticas de bem-estar social. Existe então uma diferença que se torna, imediatamente, extremamente importante. É evidente, por exemplo, que um cara como Trump não podemos chamar de fascista, porque não há nada de fascismo tal como o conhecemos na história. Essa relação demagógica com o setor pobre da sociedade é fundamental, mas a gestão de tudo isso o é absolutamente oposta, é o contrário do que foi o velho fascismo. Mesmo toda a história do protecionismo, veremos o que vai acontecer, não? O importante é o fato de que Trump baixou imediatamente os impostos da classe dos empresários, a classe rica. Segundo, abriu o petróleo e os novos campos de acumulação de maneira mais evidente e clara, recuperou velhas formas de exploração como o carvão... Isto é capitalismo selvagem; é o contrário então de tudo que foi o fascismo dos anos 1930 ou mesmo alguns fenômenos posteriores, como na Argentina, por exemplo. É algo que devemos considerar.

Além disso, durante os anos 1900, o conceito de Estado-nação era o do fascismo. O fascismo foi a última forma do grande processo que começou no início do século XIX, durante a crise da Revolução Francesa, na restauração. O conceito de nacionalidade foi o sistema que permitiu o bloqueio da revolução jacobina, investiu até a revolução jacobina de um ponto de vista da burguesia. Bolívar é um grande herói, mas é somente Chávez quem o vê como um herói da libertação do povo. Sim, era uma libertação do povo para organizar a nação burguesa, bem organizada, bem limpa de qualquer elemento que fosse um elemento de terror 1793, na qual a nação, na qual a aristocracia não era mais soberana, mas era absorvida na nova burguesia. Tinha então esse conceito de nação e a última expressão desse conceito foi o fascismo.

Onde isso está nas novas formas autoritárias? Tem um ensaio de intervenção do poder que é, tenho a impressão, completamente ligada ao nível mais elevado do capital. É a reconstrução de uma ordem aristocrática o que está acontecendo. Isso não é uma república. Até mesmo o fascismo era republicano. A organização dessa burguesia que fez essa república. Eis aqui a volta à aristocracia. Vemos isso sobretudo no campo dos direitos civis, né? É a aristocracia religiosa atacando o aborto, o LGBT, a homossexualidade, o *outcoming* universal, a teoria de gênero... É uma outra coisa, é mais um czarismo que um fascismo. Temos que ver como isso vai se desenvolver, estamos no começo de tudo isso.

O problema é o de saber como lutamos contra isto, qual o terreno de luta. Este é o campo mais importante, marcado pelo fim da social-democracia, o fim do socialismo como ele foi interpretado pelo Partido Comunista mesmo. Temos que reencontrar um terreno de luta de classes, porque é somente a luta de classes que pode abater essas coisas e organizar processos constituintes reais, que ligam produção e liberdade. Temos então que inventar isso. O problema do trabalho, do trabalho corporativo, os sindicatos são centrais se reconhecermos que devemos derrubar o neoliberalismo. Isto é bater, atingir, no ponto inteligente do neoliberalismo que havia reconhecido desde o começo que o problema não era a produção industrial e que a produção social e a finança eram a forma na qual a produção social poderia ser dominada e organizada.

Tudo isso ocorreu, peguemos 68 como a data do início, para estarmos de acordo. Eles caminharam, a burguesia, esse novo fascismo caminhou nesse campo a partir de 68, e a social democracia não compreendeu nada disso tudo e acabou por participar de um processo que foi um processo de contínua tentativa de defender os trabalhadores que não podíamos mais defender. Logo, a passagem revolucionária é a da conquista da renda, mas não da renda em si, algo assistencial. Essa é também, e é bom que seja, é bom que tenha o Bolsa Família, mas o problema é o de reencontrar a possibilidade de lutar de uma maneira homogênea e unificada, em torno das grandes dimensões sociais da renda, do PIB. Tem que encontrar no fato do capital socializar a produção um ponto no qual jogar uma posição de classe. A única possibilidade de bloquear o fascismo é aceitar esse terreno. Trata-se do campo que foi indicado pelas lutas a partir dos anos 2000 já em Seattle, mas de uma maneira agora mais organizada a partir de 2011. A entrada no século XXI é a entrada no terreno da luta de classes feita no terreno da reprodução sem esquecer a produção, isso é evidente, mas o terreno social é o terreno fundamental, e isso é a luta de classes, não a luta cidadã!

JEAN TIBLE: Sessenta e oito foi uma revolução. Você já falou disso, mas gostaria de pensar o elo entre o que começa em 68 e esse ciclo mais contemporâneo, de Chiapas, Seattle, Gênova e que retoma depois, a partir da Tunísia. Como você vê essa relação, desse ciclo global com 68? A questão da organização política está presente. Quando você fala da crise do socialismo como você o chama, ela começa em 68 e não para, ainda estamos nela. Temos formas que vão (re)aparecer, por exemplo, para pensar: frente, federações, associações, plataformas, confluências... Temos o caso que você conhece bem da Espanha, não somente do Podemos, mas das outras também, ou mesmo Sanders nos EUA, que parece tentar tomar o controle do Partido Democrata, se compreendo bem. Logo se coloca a questão da organização política, o que de um ponto de vista leninista seria o partido. Como você pensa a organização política desse ponto de vista?

TONI NEGRI: Sim, está claro que hoje podemos, talvez – o talvez continua fundamental, o talvez é ligado não somente às grandes tendências, mas também ao efêmero e à descontinuidade da luta de classes – e então essa prudência – *caute*, dizia Espinosa – é fundamental. Hoje, pela primeira vez, podemos recompor a temática, que eu chamo de empresa política. Empresa e não partido, porque o partido faz parte do século XIX. E o partido é a ideia que há uma vanguarda intelectual que põe junto forças proletárias, indiscriminadas, massificadas. A empresa, no entanto, é a organização das singularidades por baixo. A empresa política na qual a relação produção-reprodução-construção política constituinte estão juntas, se constroem sobre essa base material sobre a qual temos que sempre trabalhar. Eu não sei se essas coisas estão sendo feitas, mas devo dizer francamente que a ilusão da velha forma partido está definitivamente acabada. Esses processos de dissolução da velha forma partido começaram em 68. Em 68 muitas coisas começaram, como a dissolução da velha forma partido. Começaram digo, não? E não se realizaram ou completaram-se. Eu, por exemplo, na Autonomia vivi ainda um ensaio, que era uma tentativa ingênua, diferente da velha vanguarda leninista, mas era mesmo assim uma tentativa de reconstrução de um partido.

Nos anos 1970, as experiências feitas pela Autonomia italiana nesse terreno eram mais avançadas que muitas outras experiências análogas que ocorreram, muito mais atentas ao que era a pluralidade das forças que se apresentavam em cena. Então em 68 começaram essas e outras coisas, isto é a revelação, que é o meio da produção intelectual, era generalizada, e hoje falar de elite intelectual que guia o processo político é completamente idiota, porque as massas estão investidas de intelectualidade, a intelectualidade de massa; o que nós chamamos de *general intellect*, de multidão. São as traduções ideológicas já consolidadas de alguma forma, mas isso é muito importante de ser dito.

O ciclo de lutas que se abriu depois de 68, inclusive aqui na Europa, o longo ciclo italiano que vai até 1979 mais ou menos, é um ciclo que compreende muitas coisas. Em outros lugares houve um percurso diferente. Na França foi 68 e depois 1986, e então 1995, não? E depois 2016. 2005, 2010, 2016. Isso, são ciclos, mas deve-se dizer que em todos esses ciclos a mesma tendência, mais ou menos, se realizou. Há momentos que são de revelação. 68 foi isso. Na Itália, 1977. No atraso italiano tinha também uma antecipação, não? Era justamente a denúncia do partido centralizado, da velha tradição de organização, que se conjugava à descoberta dessa nova natureza do trabalho produtivo e da sua relação com a reprodução. Havia então a possibilidade de estabelecer uma aliança entre os movimentos que estavam enraizados no terreno industrial da classe operária e os que se moviam no terreno da reprodução. Mas isso não ocorreu. Os sindicatos se tornaram corporativos. Mas é preciso tomar cuidado, porque mesmo os sindicatos que fazem ocupação de moradia correm o risco de ser isso, antigos! Mas hoje há muito mais possibilidades de recomposição, mas uma recomposição que não repita e não seja completamente ligada às práticas do leninismo. Trata-se de uma recomposição federal, estamos num interregno, estamos passando de um lado a outro.

E todas as coisas que você dizia, federalismo, etc. Devemos tentar tudo. Para ver, se recompor, não identificar, mas se recompor em uma empresa política. Porque é evidente que o poder deve ser derrotado. E para derrotá-lo é preciso lutar contra ele e, por outro lado, trabalhar para, trabalhar para instituir. Sem ter imagens completamente irreais ou utópicas dessa instituição. Não é Castoriadis, a constituição democrática fácil e bela da Grécia ideal. Não há Grécia aqui, não há *polis*, há somente a polícia. Então não há *polis*, toda essa idealização idiota. Há materialidades; salários, reprodução e criação de filhos, torná-los inteligentes, como reunir pessoas para que elas lutem e transformem o interesse de lutar em desejo de fazê-lo. É esse o fundamento do materialismo revolucionário. Essas são coisas importantes. O materialismo revolucionário sempre demanda ligar a produção à política, sempre ligar a necessidade ao desejo – isso é fundamental.

E então qual é a organização política de hoje? É uma questão por vir. Com Michael, escrevemos recentemente a respeito da empresa política. Dissemos: a estratégia ao movimento e a tática à organização, quer dizer, a estratégia, o conteúdo, a capacidade de desenvolvê-los, o poder constituinte ao movimento e então a tática, portanto a ajuda, algo sempre precário, à empresa política: essa é a passagem que devemos fazer hoje. À empresa (partido) era confiada a estratégia, enquanto o movimento era a tática (a serviço da estratégia). Hoje é o contrário e é preciso encontrar o terreno onde isso seja possível. Por exemplo, para alguns, a renda garantida é uma forma de equilíbrio social. Para um revolucionário, a renda universal garantida e incondicional é o terreno sobre o qual podemos refazer a *Magna Carta*. A antiga *Magna Carta* estabelecia a relação entre os burgueses e a aristocracia. A nova será entre o trabalho social e o capital. Esse é o novo terreno sobre o qual podemos impor a *Magna Carta*, que abra um processo revolucionário.

É preciso reencontrar um novo terreno de luta, como no fordismo era o terreno do salário. Os imbecis diziam "mas não é um terreno político". Merda! Nós explodíamos a estrutura da sociedade, a organização da sociedade impondo, por exemplo, o mesmo aumento de salário para todos na fábrica. Os capitalistas não entendiam; "mas como, eu devo pagar da mesma forma o trabalhador do fim da cadeia de comando e o auxiliar do patrão?". Eles não entendiam, ficavam loucos, não imaginavam essa possibilidade. Nós impusemos isso na Fiat, para lhe dizer a força que tinha a Autonomia na época. E, em Porto Marghera, eram 5 mil liras iguais para todos. Eles ficavam loucos, pois era o ataque à hierarquia, à forma de organização do trabalho. Hoje, é a mesma coisa que é preciso fazer, mas é preciso reencontrar o terreno sobre o qual seja possível fazê-lo. E é por isso que é tão difícil, mas o problema da revolução está sempre ligado a grandes oportunidades, a grandes crises. É isso a crise, não?

JEAN TIBLE: Passemos à dimensão territorial das lutas. Podemos pensar aqui na Comuna de Paris e seu controle territorial; alguns bairros de Milão nos anos 1970 que você cita também no Abecedário ou, hoje, a ZAD (zona a defender) de Notre-Dame-des-Landes ou o Ex Asilo Filangieri em Nápoles. Seriam novos sovietes, sovietes do que você chamou em certo momento de capitalismo cognitivo? Como pensar essa questão do trabalho e a da política? Podemos evocar as comissões de fábrica, mas também a logística, o que parece produzir um deslocamento em relação ao que você dizia antes, pois algumas categorias de trabalhadores podem bloquear o sistema. Curzio Malaparte falava do caráter decisivo da tomada das infraestruturas antes da tomada do Palácio de Inverno em 1917.

TONI NEGRI: O tratado da insurreição de Malaparte.

JEAN TIBLE: Sim, sim.

TONI NEGRI: Eram os manuais. Tinha um feito pelo Togliatti, que o escreveu quando estava na Internacional e dizia que, no momento da insurreição, tem que ir aos correios, rádio e tudo isso. E as consequências são extremamente interessantes, ver como os outros as fizeram. Veja aqui a Maison de la Radio em Paris, o prédio é feito de forma a que não possamos chegar, é uma espécie de forte, tem um bloqueio interno, e você não pode entrar...

JEAN TIBLE: Um castelo...

TONI NEGRI: Um castelo. É divertido de ver. E o tratado sobre a insurreição insistia na ocupação das estações de trem e exige a intervenção imediata sobre a logística da cidade. Está lá, tem todos os desenhos, os estudos que foram feitos, da Comuna até a insurreição de Viena, etc. É incrível esse ponto de vista. Hoje é possível fazê-lo? Teria que atacar imediatamente os grandes servidores. Eu não sei. Voltamos à territorialidade, e isso é importante. E podemos observar que uma metrópole, um espaço urbano que não seja totalmente controlado é impossível de se encontrar. Essa passagem a essa nova situação foi breve. A metrópole tornou-se o ponto central de toda a produção. A metrópole como local do trabalho, fundamental, um local completamente coberto pela logística numa rede logística inimaginável, local e global. Curiosamente, esse é precisamente um dos elementos que impedem o fascismo, o velho fascismo. As metrópoles são ligadas às outras metrópoles, umas às outras de maneira que é praticamente impossível isolá-las.

Onde estão esses lugares onde a passagem ao contrapoder se realiza. A cooperação social é fundamental na produção, tem que transformá-la em contrapoder e isso é um pouco o discurso que agora a nova esquerda (nós, Barcelona, Nápoles e muita gente de toda parte) começa a pensar. Transformar a cooperação social em contrapoder significa estabelecer relações de força nas estruturas democráticas. Por exemplo, estabelecer uma relação de força para construir espaços liberados, zonas liberadas. Fazer zonas liberadas para que o aeroporto de Notre-Dame-des-Landes não seja construído; é o exercício do contrapoder que se torna determinante.

Portanto, organização como contrapoder. O grande problema é de compreender os eixos e os lugares. Numa cidade, por exemplo, um contrapoder pode virar uma relação com a prefeitura, ter uma relação dialética. Por exemplo, em Nápoles, o problema é simples: nós fomos teus eleitores e não queremos entrar na gestão; enquanto eleitores organizados, discutimos contigo nossos problemas: o acolhimento dos migrantes, a possibilidade de criar espaços nos quais a juventude dos bairros se informa, se educa, se desenvolve livremente, a possibilidade de construir e difundir o *welfare* nos bairros pobres e tudo mais. Logo isso se transforma rapidamente numa relação sobre questões fundamentais, fiscais e da estrutura da cidade, o urbanismo, as lutas contra a gentrificação, a manutenção da igualdade na cidade. Passamos diretamente às políticas sobre as coisas concretas, e isso é fundamental; transformar o território sobre o qual trabalhamos. A metrópole é sempre um território no qual vivemos, trabalhamos, produzimos, reproduzimos. São sempre espaços de produção e encontro. E o encontro é produtivo, sempre o é. É exagerado, sim, mas é verdade.

JEAN TIBLE: E a representação nisso tudo? Você diz que a representação é a corrupção da política, mas, ao mesmo tempo, ela pode ser inevitável se pensarmos que somos 8 bilhões ou que não temos tempo de todos tudo fazer. Temos aí uma dimensão incontornável mesmo se temporária. Os sovietes se chamavam deputados dos sovietes, eram representantes de certa forma.

TONI NEGRI: Sim, sim. Temos sempre o velho modelo da Comuna de Paris, não? Representante eleito, controlado pelo povo, mas não renovável etc. Mandatário indireto e não mandatário da vontade geral. O que é a vontade geral? É que o representante não é dos que o elegeram, mas é o representante da vontade geral, da nação. Portanto, ele não pode ser investigado, não pode ser controlado, porque a nação é composta no momento da sua eleição. Mas, como fazer para romper essa forma de representação? É evidente que a representação é sempre necessária. Então o primeiro elemento: os representantes devem ser controlados, com mandatos não renováveis; tem que controlá-los no que eles fazem, de maneira direta no espaço e no tempo. Temos que dizer que hoje existe a possibilidade, via máquinas informáticas, de reduzir o terreno no qual a autonomia do representante se dá. No sentido em que muitas decisões podem ser controladas pelos cidadãos, pelos trabalhadores e isso é algo que ajuda a compreender a realidade.

Mas, atenção, não se deve esquecer que, hoje, a representação nacional é eleita com uma mediação que tira todo elemento direto, somado a uma iníqua relação com a mídia e toda uma série de leis que distanciam o cidadão de seu representante. É sobre esse terreno que existe, se alimenta e se multiplica a corrupção. Temos que, isso é evidente, modificar tudo isso. Uma forma diferente de representação hoje não temos. Nós precisamos de novas formas de representação que tenham capacidade de se organizar em relação à nova composição técnica da sociedade e desenvolver uma relação correta entre representação e as novas formas de controle.

Tem um exemplo que é particularmente difícil de ler, que eu não sei até que ponto é correto, que é exemplo do Partido Comunista chinês. Trata-se de uma forma de organização de representação social que tem uma eficácia e capacidade enormes, porque tem uma relação; 10% da sociedade está no partido, o que significa uma estrutura de controle, mas também de propostas que envolve todos os cantos na sociedade em proporções ilimitadas. Isso é algo que toda ciência política está olhando por ser algo extraordinário. Sabemos tudo que isso pode também significar como corrupção, bloqueio e tudo o que você quiser (mas de um ponto de vista da corrupção e tudo isso, é talvez o equivalente do que ocorre nos países ocidentais). Do ponto de vista da funcionalidade, é muito mais eficiente. Do ponto de vista da representação, eu não vejo além da forma do Partido Comunista Chinês uma outra experiência que possa ser válida ou pelo menos generalizar formas de contrapoder, institucionalidades livres, associações sobre o território e tudo isso.

Existem várias outras propostas e formas de representação, mas organizadas a partir de um modelo que é ainda o reflexo negativo da constituição democrática ocidental clássica. São formas que não estão ainda constituídas em sua autonomia. Ficamos mesmo frente ao que são realidades desenvolvidas no campo, ficamos sempre numa situação de experimentação. Não tem uma, temos que trabalhar isso, ir para a frente, nesse terreno, mas hoje devemos ser realistas e dizer que tudo isso não é ainda um modelo. É isso, mas temos que avançar nesse terreno. E, portanto, não devemos dizer que a outra é melhor, não, a outra está ferrada, não tem nada a fazer. Temos que procurar um outro sistema, mas o sistema sobre o qual fizemos experiências é extremamente precário e não podemos lhe dar confiança como algo que... Temos que ser realistas e trabalhar nisso.

JEAN TIBLE: Uma última pergunta, sobre a repressão do Estado. Você a viu e a viveu de perto. Tenho a impressão (ainda que ela nunca tenha parado) que temos uma onda repressiva por toda parte e com novas técnicas. Todos os *occupy* são expulsos num dia, estado de urgência/emergência na França, no Brasil, a esquerda no governo não a interrompeu de verdade. Ao mesmo tempo, temos os escândalos de espionagem, da NSA, e a indústria israelense da vigilância. Isso não constitui uma novidade, mas não deixa de ser um nó para as lutas e um entrave para a revolução mesmo se Victor Serge dizia que nenhuma repressão pode bloquear o fluxo revolucionário.

TONI NEGRI: Como sempre, essas questões de repressão são um elemento importante. É um problema que, mesmo de brincadeira, não podemos dizer que não existe. Temos que compreender onde a colocamos, a repressão. Temos que evitar colocá-la no primeiro plano, porque o importante não é a repressão em si, mas o medo que ela produz. Isso é a coisa fundamental nos movimentos. A mim, repreenderam o fato que eu dizia que não tinha que ter medo da repressão quando esta nos destruiu, mas estou convencido que tinha razão pois, apesar de tudo, tendo o hábito de não ter medo passamos pela prisão e saímos vivos. Portanto, a primeira coisa a fazer é a de não considerar a repressão como o pior dos inimigos ou como algo que pode te destruir.

Sabemos que o capital é uma relação e sabemos, portanto, que é uma relação que não se dá unicamente entre boas e gentis pessoas, contratual, trata-se de uma relação violenta, e a violência faz parte do poder. E que o poder é também repressão-resistência. Logo o problema da repressão é o de organizar a resistência, e, quando a repressão se torna máxima também, a resposta deve ser sair da legitimidade constitucional. A resistência armada tem suas razões. É evidente que se deve tomar muito cuidado porque a esse tipo de resistência, a repressão é sempre extremamente atenta, essa última reação pode ser extremamente violenta e determinar os efeitos gerais de mal-estar, de destruição e tudo isso. Portanto, todo o problema da tática está aí, é de como evitar que a expressão e o exercício do poder proletário não encontrem uma resposta direta da repressão. E, quando temos essa resposta direta, temos que aprender as leis da guerra, isto é, se retirar, se reconstituir, reaparecer, preparar as alternativas, passar do exército a cavalo à divisão encouraçada como contaram os revolucionários soviéticos. Isso é realmente o reino da tática. A tática é a forma na qual defendemos a estratégia de classe.

Logo tem que desdramatizar e considerar de um ponto de vista crítico a violência do Estado, tem que encará-la sem esquecer que ela é terrivelmente perigosa. E sem assumi-la como o problema fundamental. Tudo isso são elementos a se levar em consideração nesse jogo estranho que é a relação entre estratégia e tática. Se você retomar Maquiavel sobre isso, tem muita coisa a aprender. Maquiavel é um teórico da produção do medo como elemento fundamental do mando e a violência extrema do soberano maquiaveliano é produzida para determinar o amor dos cidadãos; aterrorizar para determinar amor. Aí também, é evidente que podemos puxar a corda na relação de contrapoder até o ponto em que você tem os cidadãos contigo – você não pode se isolar. Mas tem toda uma série de coisas assim a ser consideradas sobre a questão da violência. Não precisa ser negro para fazer violência no Brasil, temos que compreender como fazemos, a tática é isso, fazer violência juntos, entre os brancos comunistas e negros desesperados.

Dados Internacionais de Catalogação na Publicação (CIP)
Vagner Rodolfo CRB-8/9410

N386n Negri, Antonio

Negri no trópico 23°26'14" / Antonio Negri ... [et al.] ; traduzido por Vera Telles; Homero Santiago, Jean Tible. - São Paulo : Autonomia Literária, Editora da Cidade, n-1 edições, 2017.
336 p. ; 14cm x 21cm.

Inclui índice.
ISBN: 978-85-69536-13-0

1. Filosofia. I. Telles, Vera. II. Santiago, Homero. III. Tible, Jean. IV. Título.

CDD 100
2017-468 CDU 1

Índice para catálogo sistemático
1. Filosofia 100
2. Filosofia 1

Autonomia Literária n-1edições

ISBN 9788569536130 ISBN 9788566943436